왜 대통령은 실패하는가

킹메이커는 왜 정치의 패러다임을 바꾸려고 하는가

왜 대통령은
실패하는가

김종인 지음

21세기북스

나라는 선진국, 대통령은 후진국

1.

이승만에서 문재인까지. 대한민국은 모두 열두 명의 대통령을 거쳤다. 문재인이 19대 대통령이지만 이승만이 1~3대, 박정희가 5~9대, 전두환이 11~12대 대통령을 연임했으니 인원으로는 열두 명이 된다. 이승만-윤보선-박정희-최규하-전두환-노태우-김영삼-김대중-노무현-이명박-박근혜-문재인.

무슨 운명의 장난인지 나는 대한민국 70년 역사를 거쳐 간 그 열두 명 대통령 시대를 모두 겪고, 만나고, 함께 일하기도 하였다. 어쩌다 인생의 주사위가 그렇게 던져졌다.

나보니 예상 밖으로 소탈하고 시원스러운 면모가 있어 놀랐던 대통령도 있다. 역사에는 기록되지 않았지만 나만 알고 있는 비밀을 지닌 대통령이 있고, 고민과 결단의 과정에 함께 했던 대통령이 있다. 좀 가까이 오라고 했지만 내가 멀리한 대통령이 있고, 더욱 가까이에서 도와주지 못해 미안한 대통령도 있다.

이 책은 지금껏 우리나라 모든 대통령에 대한, 역사의 순례자로서 내 개인적인 경험과 고찰의 기록이다.

그렇다고 이 책을 대통령에 대한 사담私談이나 늘어놓으려고 쓰는 것은 아니다. 개별 대통령의 성품과 인격에 대해서는 측근과 보좌관들이 쓴 회고와 증언이 숱하다. 대한민국 대통령의 역사를 연대기식으로 잘 풀어낸 책도 많다. 전자가 지나치게 '인간'에 치중했다면 후자는 지나치게 사료史料만 나열했달까. 그 중간쯤 균형을 유지하면서, 전해야 할 메시지를 함께 골라낸, 그런 기록이 없다고 늘 아쉬워했다. 주제넘은 일이기도 하지만 내가 그 역할을 잠깐 맡아보기로 했다.

몇 년 전 내가 회고록을 냈던 이유는 그것을 '정리'라 여겼기 때문이다. 나이가 벌써 팔십 줄에 접어든 사람이 자기 인생을 아직 오르막이라 생각하는 경우는 없다. 인생의 가파른 언덕을 천천히 내려와, 지나온 오솔길을 조용히 돌아볼 나이 정도는 되었다고 생각했다. 모든 일에 결과를 분명히 해야 직성이 풀리는 유난스런 성격인지라, 내가 나 자신에게 인생의 '결과 보고서'를 작성한다는 마음으로 회고록을 썼다. 회고록의 제목은 《영원한 권력은 없다》가 되었다.

그런데 반응이 심상찮았다. 예상보다 많은 독자들이 책을 읽어 주었고, 질문이 쏟아졌다. 나를 회고의 주인공으로 한정하지 말고 대한민국 역사를 중심으로 회고록을 다시 써줬으면 좋겠다는 요구가 많았다. 후배 정치인들이 하는 말이야 예의상 건네는 덕담 정도로 여겼는데, 청년들이 요구하는 부탁은 거절하기 어려웠다. 그래서 나온 책이 예순 살 나이 차이가 나는 2000년생 대학생과의 대화를 엮은 《김종인, 대화》라는 책이다. 역사는 물론 우리 사회 주요 과제와 쟁점, 해결 방법까지 소재로 등장했기 때문에 그만하면 필자로서 '애프터서비스' 정도는 했다고 생각했다.

늘그막에 주책스레 또 한 권의 책을 보탠다. 거창하게 말하자면 이번에는 '나를 위해 정리하려는' 회고록이 아니라 '역사를 위해 정리하려는' 회고록이랄까. 우리나라 대통령과 대통령제를 논하는 책은 많지만 경험자의 시선에서 통시적 시각으로 바라본 책은 드물다. 아니, 없다고 봐야 할 것이다. 초대부터 지금까지 대한민국 대통령을 모두 겪어본 사람이 일반인은 물론 정치권을 통틀어 내가 거의 유일하기 때문이다. 역시 그것을 하나의 '책임'으로 느낀다. 정치의 본령이 책임을 위임받는 행위라면, 어쩌면 이것이 내 인생에 마지막 정치적 책임을 지키는 일이라 생각하고 다시 역사의 증언대 앞에 선다.

객관적 역사와 주관적 경험의 양쪽 기둥을 이어 외줄타기를 하는 방식으로 이 책을 이끌어가려고 한다.

3.

화제를 돌려, 2021년 7월 우리나라는 유엔이 인정한 선진국이 되었다. 유엔무역개발회의UNCTAD가 우리나라를 선진국 그룹에 포함하겠다고 만장일치로 결정한 것이다. 1964년 이 기구가 생긴 이래, 개도국 그룹에 속해 있다가 선진국으로 지위가 격상된 국가는 우리 대한민국이 유일하다.

돌아보면 꿈같은 일이다. 반세기 전 우리나라가 산업화의 첫삽을 뜨기 시작했을 때, 오늘 우리가 이런 모습이 되어 있을 것이라 상상이나 했던가. 목재와 가발이 주요 수출 품목이던 나라였다. 영국의 어느 기자가 "한국에서 민주주의가 정착하는 것은 쓰레기 더미에서 장미꽃이 피어나길 기다리는 것과 같다"라고 모욕적인 언사로 무시하던 나라였다. 그런 나라에서 우리는 경제성장을 이루었고, 민주적인 헌법 개정과 평화적인 정권 교체도 이루었다. 흔한 표현대로 산업화와 민주화의 두 마리 토끼를 모두 잡은 것이다.

그러나 우리는 과연 선진국인가. 국민총생산이나 수출입 실적 같은 거시지표 상으로는 그렇게 되었다지만, 정치, 경제, 사회, 문화 전반에 걸쳐 온전히 선진국이라 말할 수 있을지, 돌아보면 부끄러운 일이다. 특히 오늘날 청년들의 현실을 보고 있노라면 우리는 선진국이니까 만족하고 살라고 말할 수 있을지, 볼수록 답답하고 미안한 일이다.

우리는 모두 역사의 순례자들이다. 과거만 알고 미래는 모르니, 전체로서의 역사에서 지금 우리가 어디쯤 서 있는지 알 길이 없다. 지금 우리는 성장의 정점에 섰을까, 아직 정점에도 이르지 못할 것일까? 혹시 이미 내리막길에 들어선 것은 아닐까? 정확히 파악할 수 없다. 다만 개인적으로, 평생 대한민국을 관조하며 살아온 입장으로서, 최근에는 걱정하는 마음을 가질 수밖에 없다. 출산율, 고용률, 빈곤율, 자살률…… 여러 사회 경제 지표가 그리 희망적이지 않다. 특히 1987년 헌법 개정 이후로 지금껏 이어진 6공화국 정부들을 보면, 1990년대까지 만들어놓은 경제성장의 토대와 과실을 갖고 현상만 유지하면서, 그것을 약간씩 변형하는 정도에 머물러 있는 것 같다. 다음 세대가 무엇을 중심으로 어떻게 번영을 이어갈 것이며, 그것을 위해 지금 우리는 무엇을 준비하고 경제 패러다임을 바꾸어야 하는지, '미래'를 고민하는 지도자가 드물다.

우리 사회가 안고 있는 문제의 원인은 다양하고 복잡하지만 역시 핵심 문제는 나라의 방향키를 잡고 있는 정치적 리더십의 문제에 잇닿아 있다. 그런데 해방 이후 지금까지 온전한 대통령이 하나도 없다. 역대 모든 대통령이 쫓겨나거나, 총에 맞거나, 감옥에 갔다. 민주화 이후로도 그렇다. 본인 아니면 가족과 측근이 감옥에 가고, 스스로 목숨을 끊거나, 탄핵받아 물러났다. 글을 쓰고 있는 이 순간에도 전직 대통령 두 사람이 동시에 감옥에 있다.* 국가적으로도 참담하고 부끄러운 일이다. 대한민국은 정치가 사회의 역동성을 따라가지 못한다. 정치가 때로 사회의 건전한 발전을 가로막는 걸림돌마저 되고 있다.

권력은 잠시 위임되는 것이지 영원한 것이 아니다. 그럼에도 위임받은 권력이 만고불변의 권력인 것처럼 허세를 부리다 국민의 심판을 받고 역사의 뒤안길로 사라졌던 것이 70년 동안 반복한 대한민국 대통령의 역사다. '대통령'이라는 제도에 있어 우리나라는 선진국이 아니라 참혹한 후진국이다. 어떤 대통령이든 "내가 하면 잘할 수 있다"고 큰소리를 떵떵 치며 그 자리에 올랐지만, "당신도 똑같다"는 소리를 들으면서 쓸쓸히 물러나 광장의 귀퉁이에 은거하거나 쓸쓸한 최후를 맞았다.

---

* 이 책의 프롤로그는 2021년 가을에 작성되었고, 당시에는 이명박과 박근혜가 동시 수감되어 있었다. 문재인 대통령의 사면권 행사로 2021년 12월 31일 박근혜는 특별 사면되었다.

도대체 무엇이 문제일까? 왜 우리는 유독 실패한 대통령만 줄지어 뽑아왔던 걸까? 나라는 선진국이 되었는데, 대통령은 왜 그리 영원한 후진국일 걸까. 왜 최고가 아닌 차악을 선택하는 것으로도 모자라, 늘 최악 중에 최악인 후보들끼리 벌이는 대결을 보아야 하는 걸까. 사람이 잘못인 걸까, 제도가 잘못된 걸까. 과연 어디서부터 고쳐야 할까?

우리나라 대통령이 실패했던 원인을 제대로 파악하지 않고 "대통령을 지지하는 마음이 부족했기 때문"이라고 전혀 엉뚱한 곳에서 답을 찾는 사람들도 있다. 그리하여 특정한 대통령을 앞뒤 가리지 않고 극단적으로 지지하는 정치세력이 생겨나, 오늘 한국의 민주주의는 모진 시련을 겪는 중이기도 하다. 나라의 운運은 정말 여기서 다한 걸까.

4.

이 책은 "왜 대통령은 실패하는가?"라는 문제를 역사의 창으로 들여다볼 것이다. 제목부터 너무 회의적이지 않으냐고 힐난하는 목소리가 들리지만, 실패의 과정 속에 성공의 조건을 유추하려고 한다. 어쭙잖은 내 경험에서 그렇게 골라낸 결과는 '대통령에게 건네는 6가지 조언'이라는 제목으로 정리해두었다. 어제의 대통령을 통해 내일의 대통령이 지녀야 할 조건을 발견할 수 있을 것이다. '대통령'이라는 제도가 나아가야 할 방향이 대체 무엇인지, 궁극적으로는 그것을 독자들과 함께 고민하는 시간이 되었으면 한다.

이 책은 다소 독특한 구성을 취할 것이다. 먼저 미시微視를 들여다볼 것이다. 정치에도 분명히 거시巨視와 미시가 있고, 미시적 현상 가운데 거시적 담론이 들어 있다. 그런 미시적 탐색의 대상으로 2020년 4월 실시된 국회의원 총선거부터 내가 야당 비상대책위원회 위원장을 맡아 치렀던 2021년 4월 서울·부산 시장 재보궐 선거까지의 과정을 살펴볼 것이다.

60년 넘는 정치 인생을 겪으면서 늘 안타까웠던 점은 미시와 거시를 함께 아우르며 미래를 넓은 시야에서 바라보는 정치인이 드물다는 사실이다. 심지어 한두 달 뒤에 벌어질 일마저 제대로 예측하지 못하는 정치인이 숱하다. 그래서 정치를 정책과 균형으로 대하지 않고 일시적인 '선거의 기술'로만 접근하는 정치인이 득세한다. 기술자는 많은데 정치인이 없다. 우리의 정치는 그래서 실패했다.

정치가 실패하는 이유는 국민의 뜻을 제대로 읽지 못하기 때문이다. 정치는 암요인심暗邀人心으로, 숨어 있는 민심의 뜻을 찾아 푸는 것이 정치의 책무다. 하지만 지난 세월 우리의 정치는 변화의 꽁무니조차 따라가지 못했고, 시가市街의 고통스런 비명이 하늘을 찔러도 그러한 목소리에 제대로 호응하지 못했다. 그렇게 윤회하는 역사를 가장 최근 기간 있었던 미시의 역사 가운데 살펴볼 것이다. 미시에서 찾은 교훈을 바탕으로 대한민국 대통령 역사를 거시적 관점에서 다시 돌아볼 것이다.

글을 쓰고 있는 지금, 대한민국 20대 대통령을 뽑는 선거를 앞두고 여러 후보가 각축 중이다. 혹 새로운 대통령이 선출된 시점에서 이 책을 읽고 있을 독자들이 있을 것이다. 다음 대통령, 그다음 대통령, 혹은 미래의 어느 시점에서 지금 이 책을 읽고 있는 독자도 있을 것이다. 그러나 아무리 세월이 흘러도 변치 않는 진리가 있다. 지나치게 많은 힘을 위임받은 권력, 그러면서 제대로 견제받지 못한 권력은 반드시 부패하고 타락하기 마련이라는 사실이다. 그렇게 부패하고 타락한 권력은 반드시 국민의 힘으로 심판받아 물러나게 된다는 사실이다. 하지만 언제까지 심판하고 타도하고 다시 뽑고 할 수만은 없는 일 아닌가. 조금이라도 나아지는 모양이 있어야 할 것 아닌가. '누구를 뽑을까?'보다 '어떻게 바꿀까?'에 더 관심을 두어야 하는 이유가 바로 거기에 있다. 이 책을 통해 '대안'을 함께 검토하는 시간을 가졌으면 하는 바람이다.

국민의 삶을 책임지겠다는 각오로 정치를 시작한 사람이라면 모름지기 대통령이 될 꿈을 갖는 것이 당연하다. 부디 미래의 대통령에게, 그런 대통령을 결정하는 유권자에게, 내 증언과 조언이 작은 도움이라도 되었으면 하는 바람이 이 책에 따라붙는 목표다.

찰리 채플린은 "삶은 가까이서 보면 비극, 멀리서 보면 희극"이라 했다. 이에 견주어 대한민국 대통령의 역사를 표현하자면 "대통령은 개인적으로도 비극, 역사로서는 더욱 비극"이었다. 언제까지 우리가 그러한 '대통령 후진국'으로 남을 수는 없는 일. 부끄러운 역사를 딛고 낡은 권력 구조가 바뀌어 부디 이 나라가 희망으로 전환하기를 바라는 것이 이 책을 집필하는 가장 큰 이유다.

세상에서 가장 큰 용기는 자신을 냉정하게 돌아볼 줄 아는 용기다. 역사도 그렇다.

목차

1부   왜 정치는 실패하는가

21대 총선에서 서울시장 재보궐 선거까지

2020년 1월 6일로 기억한다. 황교안 대표에게 전화가 왔다. 황교안은 당시 자유한국당 대표였다. 그런데 바른미래당에서 분당한 새로운보수당 등과 이른바 보수 대통합을 해야 하니 나더러 통합추진위원장을 맡아달라는 것이다. 나는 "통합해봤자 아무런 의미가 없다"고 답했다.

2002년 16대 대선에서 노무현이 정몽준과 선거 직전 단일화에 성공해 지지율이 반등하며 극적인 승리를 거둔 이후로, 우리나라 정치권엔 통합과 단일화에 대한 환상 같은 것이 존재한다. 합치면 되는 줄 안다. 그러나, 늘 강조하는 말이지만, 1+1이 2가 되지 않는 영역이 정치다. 1+1이 3이나 4가 되기도 하지만,

1+1이 1.5에도 미치지 않는 결과가 나타나기도 하는 영역이 정치다.

뭉치면 이긴다?

정당끼리 통합을 추진하려면 국민적 공감대가 우선 바탕에 있어야 한다. 자유한국당이나 새로운보수당이나 과거 새누리당에 뿌리를 두고 있는 정당이다. 새누리당 비박非朴계가 탈당해 바른정당을 만들고, 그들이 다른 야당과 통합해 다시 만든 정당이 바른미래당, 거기서 또다시 떨어져나온 정당이 새로운보수당 아닌가. 그렇게 탈당하고 합치고 다시 합치는 과정에 국민은 이미 진력이 나 있을뿐더러, 어차피 한 몸이었던 형제가 다시 한 몸이 되는 통합이다. 국민이 관심이나 있겠는가.

대체 저 사람들이 왜 합치는 것인지 납득이 되지 않는다. 내용도 없고 감동도 없다. 서로 다른 이념을 합치는 것도 아니고, 노선과 정책이 조율되는 과정도 아니고, 그렇다고 진지한 화해가 이뤄지거나 주요 정치인이 바뀌는 것도 아니고……. 그런 통합은 해서 뭐하나. 선거를 앞두고 자신들의 편의성 추구를 위해 일시적으로 합치는 시늉을 하는 행위 이상도 이하도 아니다. 많은 국민의 시선이 그랬을 것이다. 위원장 제의를 거절했다. 다음 날에도 전화가 왔지만 재차 거절했다.

그럼에도 당시 야권에 있는 사람들은 통합만 하면 다가오는 총선에 이길 수 있으리라 기대했던 것 같다. 갈라진 보수 표를 모을 수 있다고 예상한 것이다. 문제는 바로 거기에 있다. 원인은 '보수 표가 갈라진 데' 있지 않다. 등 돌린 중도와 무당층을 돌려세우지 못하는 데 있다. 그런데도 정치권에 있는 사람들은 문제의 원인을 꼭 엉뚱한 곳에서 찾는다. 진보든 보수든 정치인들이 가진 고질병이다.

통합의 근본은 자기들끼리 이합집산하는 행위가 아니다. 중도를 포괄하는 것이 핵심이다. 그것만 잘하면 보수 통합이건 진보 통합이건 저절로 이루어진다. 사실은 정당끼리 합칠 필요조차 없다. 중심을 잡는 정당이 스스로 변화해 확장력이 생기면, 민심은 구심력을 발휘해 자연히 그쪽으로 쏠리게 되어 있다. 군소정당도 '변화한 정당' 쪽으로 조용히 흡수된다. 국민의 관심은 집권 가능성이 있고 지지 기반이 넓은 '강한(믿음직한) 정당'을 찾아 움직이는 법이다. 그런데도 정치인들은 평소에는 극단적 지지층에만 매달리면서 중도 확장에 관심이 없다가, 항상 선거를 앞두고서야 지지율이 발등에 떨어져 "단일화" "통합" "확장성" 하면서 호들갑을 편다. 자신들에게 불리한 부분을 만회하기 위해 외부 인사를 데려와 선거 기간에만 간판으로 삼고, 그것으로 고루한 이미지를 희석하려 든다.

어쨌든 그런 노력이라도 하니까 가상하기도 하지만, 국민은 바보가 아니다. 정치적 셈법에 따른 통합과 단일화에 속지 않는다. 여론조사 20% 정당과 10% 정당이 합친다고 지지율이 30%가 될까? 앞에 말한 것처럼 1+1이 2가 되지 않는 영역이 정치다. 때로 3이 되고 4가 될 수도 있지만 1+1이 그저 1이 될 수 있고 오히려 축소될 수도 있는 것이 민심이다. 국민의 관심과 열망에 따른 통합과 영입이냐, 정치 셈법에 따른 기계적 결합이냐에 따라 다르다. 사실이 이러할진대 정치인들은 선거철만 되면 희한한 덧셈을 한다. 여론조사 결과를 서로 비교하면서, 혹은 지난 선거에서 양분되었던 표의 숫자를 합쳐보면서, '뭉치면 이긴다'고 말한다. 미숙한 정치인들이나 맹신하는 산수 학습에 불과하다.

나는 1963년부터 정당이 통합하는 과정을 여러 차례 직접 겪고 목격했다. 군사 정변에 맞서 야권이 하나로 뭉쳐야 한다는 1963년의 그 통합마저 정치인 각자의 의지가 뚜렷하지 않고 기계적 결합에만 치중하다 보니 오히려 분열의 씨앗이 되었고 국민으로부터 외면받았다. 눈앞에 다가온 선거를 위한 기교나 기술 정도로 통합을 활용하는 정치는 반드시 실패한다. 국민을 눈속임하려 들어서는 안 된다. 변화와 역동성이 없는 통합에 무슨 의미가 있겠나. 보수 정당들의 통합추진위원장은 박형준(2022년 현재 부산광역시장) 전 의원이 맡았다. 나는 그저 관전자의 위치에서 지켜보기로 결심했다.

들도 보도 못한 '야당 심판론'

2020년 21대 총선 3~4개월 전만 해도 여러 상황이 보수 야당에 절대적으로 불리한 분위기는 아니었다. 당시 여론조사 결과를 보면 다가오는 총선에 '야당을 심판해야 한다'는 여론도 적지 않았지만 정부 여당의 실정이 워낙 심각해 '야권이 이길 수도 있지 않을까' 예상하는 사람 또한 적지 않았다. 하지만 나는 그렇게 보지 않았다. 대통령 임기 중간에 열리는 총선은 대체로 중간평가 성격을 갖는다. 여당의 실정이 그토록 심각했으면 정권 심판 여론이 압도적으로 높게 나타나야 하는데, 뜬금없는 '야당 심판론'이 존재하는 것이다. 사실은 '야당 심판'이라는 용어 자체가 어색하다. 그동안 여당 심판이란 말은 들어봤어도 야당 심판이란 말이 그렇게 득세하는 경우는 겪지 못했다. 그만큼 보수 야당에 대한 당시 국민의 여론이 좋지 않았다. 대통령이 탄핵을 당했으면, 그가 속했던 정당도 응당한 대가를 치러야 마땅하지 않은가. 자신들이 배출한 대통령은 감옥에 보내놓고, 자신들은 아무런 책임도 지지 않고 무사태평했던 것이다. 보수 정당에 대한 응분의 정치적 책임을 묻겠다고 국민은 벼르고 있었다. 그래서 나는 "야당에 그리 쉽지 않은 총선이 될 것"이라고 언론 인터뷰를 통해 여러 번 말했다.

그럴더라도 여당에 분노하는 민심이 상당했던 것도 사실이다. 이른바 '소득주도성장'이라 부르는 앞뒤 바뀐 정책으로 문재인 정부 들어 단기간에 급속히 최저임금이 인상되며 무엇보다 자영업자들의 불만이 높았다. 임금 비용이 올라가니 기업은 채용을 줄였고, 일자리가 사라지면서 고용 참사가 벌어졌다. 그때서야 청와대는 대통령 집무실에 일자리 현황판을 만들었다며 야단을 피웠지만 청년들의 황망한 울음소리는 세상에 들끓었다. 게다가 청와대 민정수석을 거쳐 법무부장관에 임명된 자의 위선적 행태가 알려지면서 주부와 20~30대, 양심적 지식인들의 마음이 돌아섰다. 청와대 대변인을 지낸 자가 국민에게는 부동산 투기하지 말라고 경고해놓고 자신은 십억 원의 대출을 받아 개발 예정지에 상가를 사들인 것은 물론, 그러는 사이 정부 관사에서 살고 있었다는 파렴치한 사실이 알려지면서 중장년층과 수도권 민심까지 싸늘하게 굳었다. 대통령이 자기 친구를 울산시장에 당선시키기 위해 선거에 개입하고 청와대 직원까지 동원했다는 의혹 또한 제기됐다. 일에는 아마추어, 자기이익을 챙기는 것에는 프로급인 정부가 아닐 수 없었다. 정권의 사면초가였다.

정상적인 정치 지형이라면, 이런 상황에서는 야당이 압승을 거둬야 마땅한 선거였다. 오죽했으면 여당 국회의원 가운데 눈치 빠른 몇 명은 미리 총선 불출마 선언을 하기까지 했다. 낙선을 예상했을 수 있고, 정치적 양심에 비추어 자기 스스로 마음에 걸리는 구석도 많았을 것이다. 물론 다시 정확히 짚고 넘어가자면, 야당이 변화를 위한 노력을 전혀 기울이지 않았는데 오롯이 여당의 실수로 인한 호재였다. 야당 내부 소식을 들어보니 벌써 선거에 이겼다고 들뜬 분위기라는 이야기마저 들렸다.

그즈음 야당 조경태 의원에게서 연락이 왔다. 자신이 공심위(공직후보자추천심사위원회) 위원장을 맡게 되었는데 도와달라는 것이다. 당시 야당은 미래통합당으로 합쳐 있었다. 일부 언론에서 내가 통합당 공천심사위원장을 맡게 될 것이라는 보도가 있었다. 언론은 당사자 의견은 묻지도 않고 이러한 추측성 기사를 일단 내보내고 보는 경향이 있다.

나는 특별히 관심이 없었다. 야당이 긴장감도 없고 변화를 추구하지 않고 있는데 거기서 공천 심사를 맡아 뭘 할 수 있을 것이며, 그리하여 야당이 승리를 거둔들 우리 정치에 무슨 도움이 될까 싶었다. 당시 여당과 야당의 행태로 보아서는 차라리 정치권에 제3의 세력이 등장하여 대안적 역할을 해주는 편이 국가를 위해 좋은 일 아닐까, 하는 것이 그 무렵의 내 생각이었다.

그 당시 야당은 시국에 대한 위기의식이나 강력한 수권 의지가 없을뿐더러, 이제 막 통합된 정당이다 보니 내부가 시끄러워 공천 과정이 그리 매끄럽지 못할 것이 뻔했다. 당사자가 위기의식이 없고 변화의 필요성에 공감하지 않으면 개혁을 추진하기 어렵다. 더구나 그때 나는 이미 '정치권을 떠난 사람'이라는 인식을 스스로 강하게 갖고 있었다. 괜히 어수선한 판에 끼어들어 불편한 입장에 처하고 싶지 않았다. 내가 나설 자리가 아니라고 여겼다. 공천심사위원장은 김형오 전 국회의장이 맡기로 했다는 소식이 들렸다.

이해할 수 없는 공천

총선은 공천이 어떠냐에 따라 승패가 절반쯤 결정된다. 대체로 우리나라 총선은 인물이 아니라 정당을 중심으로 투표를 결정하는 유권자가 많다. 그러니 공천 과정에서부터 정당이 혁신적인 모양을 갖춰야 한다. 변화와 혁신을 위한 노력의 흔적이 공천 과정과 결과에 고스란히 드러나야 한다. 그러한 정당은 성공하고, 그렇지 못한 정당은 실패한다.

공천에 온갖 내홍을 겪다 새누리당이 크게 실패한 2016년 20대 총선이 대표적 사례다. 반면 당시 총선에서 민주당은 국민들에게 지탄받는 후보자 몇 명을 솎아냄으로써 개혁 공천이라는 평가를 받았고, 예상치 않은 제1당이 되었다. 21대 총선도 그때의 재판再版을 보는 것 같았다. 야당 공천은 온갖 잡음과 사건 사고에 휩싸였다. 반면 여당 공천은 비교적 순조롭게 진행됐다. 위기의식이 없으니 당시 야당은 누가 공천심사위원장을 맡더라도 개혁 공천을 추진하기 어려운 상황이기는 했다. 그렇더라도 '왜 그런 공천을 했을까' 하는 의문이 곳곳에 남는다.

공천의 핵심은 수도권에 있다. 총선에서 수도권은 성패의 대부분을 좌우한다. 국민의 절반, 국회 의석의 절반이 수도권에 있기도 하지만, 수도권 주민들이 대체로 지방 출신이기 때문에 다들 지방에 인맥이 있어, 수도권 민심은 곧장 전국으로 파급되는 효과를 낳는다. 평균적인 교육 수준도 수도권이 높고, 여론 변화에 민감한 성향도 수도권이 도드라진다. 수도권은 특정한 지역색에도 쉽게 휘둘리지 않는다. 따라서 전국 모든 선거구 공천에 최선을 다해야겠지만 특히 수도권 공천에 만전을 기해야 한다. 설령 지방 공천은 평이한 수준으로 하더라도 수도권을 제대로 공천하면 선거 전반의 민심이 호의적으로 작동한다. 백번 양보해 대대적인 물갈이 공천을 하지 않더라도 수도권에서 구태舊態를 보여주는 상징적 인물 몇 명을 솎아내는 것만으로도 충분하다. 그것만으로도 국민은 그나마 노력하는 정당이라는 인상을 갖게 되고, 세상은 미약하나마 앞으로 전진하는 것이다.

그런데 당시 야당은 이상한 공천을 했다. 수도권에서, 특히 서울에서, 그동안 국민의 평판이 좋지 않았던 정치인들을 그대로 공천한 것이다. 오히려 그들을 간판으로 내세웠다. 그러니 국민의 눈에는 야당의 변화 의지가 전혀 느껴지지 않았고, 유리한 여론조사 결과만 믿고 국민의 인내력을 시험하는 것 아닌가 하는 불만의 목소리까지 들렸다. 공천 막바지에는 코로나19 바이러스가 국내에 상륙하면서 정세가 야당에 불리하게 전환하고 있었는데 막무가내식 수도권 공천 결과를 그대로 밀고 나갔다.

특이한 점으로는, 정작 물갈이를 해야 할 수도권 공천은 소홀히 하면서 영남에 대대적 물갈이 공천을 추구했다는 사실이다. 의도는 대체로 짐작하겠으나, 영남은 아무리 물갈이 공천을 해봤자 국민이 별로 알지 못한다. 감동도 의미도 없다. 압도적 인물이 아닌 이상 국민이 다 '그 사람이 그 사람'일 것이라 생각하고 후보자에게 특별한 관심조차 없는 선거구에 왜 그리 심혈을 기울여 공천했던 것일까. 임박한 선거에서 무엇을 지향해야 하는지, 국민의 뜻이 과연 무엇인지, 어디에 포커스를 맞춰야 하는지, 선거의 방향을 완전히 잘못 설정한 것이다. 상식과 반대로 달려간 공천이었다.

야당은 수도권에 개혁 공천을 하지 않아서 뭔가 허전한 부분을 이벤트로 채우려 했다. 대표적인 사례가 서울 강남 선거구에 탈북 외교관 출신 태영호 씨를 공천한 일이다. 당시 선거가 야당에 위험하겠다고 내가 판단한 결정적 계기도 태영호 공천에서 비롯했다.

물론 내가 나중에 비상대책위원장을 맡고 직접 겪어보니 태영호 의원이 굉장히 훌륭한 인재라는 사실은 틀림없다. 그런데 개인적으로 훌륭한 것과 그 사람을 정당의 핵심 지역구에 공천하는 일은 다른 문제다. 알다시피 탈북인은 국내에서 공개적인 활동을 하는 데 많은 제약이 따른다. 게다가 북한 정권의 암살 위협에 시달려 경호원 여러 명이 24시간 밀착 경호를 해야 하는 태영호 의원의 경우는 더욱 그렇다. 과연 정상적으로 지역구 주민과 만나고 거침없는 의정 활동을 할 수 있을까?

강남구는 보수 정당의 이른바 전통적인 텃밭이다. 그럴수록 지역에서 오래 터전을 닦은 사람, 지역을 위해 확실히 일할 수 있거나 지역을 대표할 만한 인물을 공천해 '일하는 정당'이라는 정치적 이미지를 구축해도 부족할 판에 '여기는 우리 지역구니까 무조건 당선된다'는 식으로 공천해버렸다. 그 지역 유권자들이 과연 어떻게 생각하겠는가. 보수 정당이 우리 지역을 대체 어떻게 바라보기에 이런 행위를 하느냐고 당황스럽게 여기지 않을까. 국민을 상대로 무언가를 시험하고 실험하려는 듯한 정치는 결코 성공하지 못한다.

국민 전체 입장에서 북한 출신 외교관의 식견과 전문성이 필요하다면 태영호 의원은 비례대표 당선권 정도로 공천하는 방향이 옳았다고 본다. 언젠가 탈북인도 지역구에 출마해 당선되는 사례가 많아져야겠지만, 그것도 상식과 절차에 따라야 하지 않겠는가. 당시 총선 공천은 정치를 희화화한 것은 물론 우리 사회가 소중히 보듬고 함께 나아가야 할 탈북인까지 희화화해버렸다. 연예인마냥 탈북인을 앞세운 것이다. 이벤트에 치중하는 정치가 궁극적으로 승리하는 경우를 나는 보지 못했다.

만든 사람도 모르는 괴이한 선거법

총선을 앞두고 이른바 '연동형 비례대표' 제도가 또 한참 말썽이었다. 여당인 민주당이 진보 정당을 표방하는 정의당과 연합해 기어이 그 제도를 밀어붙인 것이다.

연동형 비례대표라는 제도를 아주 간단히 취지만 설명하자면, 용어 그대로 지역구와 전국구(비례대표)를 연동하는 방식이다. 총선에서 유권자는 후보와 정당에 각각 1표씩 투표권을 행사하는데, 결과를 보면 특정 후보에게는 표가 쏠렸지만 그가 속한 정당에는 표가 적게 나오는 경우가 있고, 그 반대의 경우도 있다. 특정 정당은 지지하는데 지역구 후보가 마음에 들지 않거나 아예 출마한 후보가 없는 것이다. 이걸 연동해서 유권자의 기대 격차를 보정해보겠다는 뜻이 연동형 비례대표제에 있다.

이 제도는 독일의 정당 명부식 선거제도를 모방했다. 독일이 그런 방식으로 국회의원을 뽑는다. 하지만 독일의 취지는 전국 단위에서 지역구와 비례대표를 연동하는 것이 아니라 '각 지역별로' 정당 투표를 정리해 군소정당도 당선될 수 있도록 제도를 만든 것이다. 비유컨대 우리나라 호남 지역에서 보수 정당 후보도 당선될 수 있도록 만들거나, 영남에서 민주당 후보가 많이 당선될 수 있도록 유도하는 취지다.

독일은 내각제 국가다. 내각제는 '연합정부'를 기본적인 전제로 삼기 때문에 다양한 소수 정당이 자라나게 되어 있다. 그러나 우리는 대통령중심제 국가다. 승자독식의 제도이기 때문에, 연합은커녕 강고한 양대 정당 구조가 만들어진다. 그런데 내각제 국가의 제도를 대통령중심제 국가에 가져온다고 다양한 정당이 싹틀 수 있을까? 사과 씨앗을 복숭아나무 근처에 심었다고 복숭아 싹이 돋아나기를 기다리는 것과 같다. 제도를 외형만 수입해 가져온다고 결과가 저절로 만들어지는 것이 아니다.

더구나 독일의 내각제에는 역사적 배경이 있다. 2차대전 이후 독일 국민이 앞으로는 뭉치지 못하게 만들려고 연합군이 독일의 정치 제도를 일부러 복잡하게 만든 것이다. 소수정당의 난립을 유도하는 선거제도도 그래서 형성됐다.*

가까운 예를 들어 소개하자. 독일 연방의회에는 정원定員이 없다. 연동형 비례대표제에 의해 늘 초과의석이 발생하는데, 소수정당을 우대하는 방향으로 제도가 작동하다 보니 2017년 총

---

* 최저 5% 득표 기준점은 두고 있다. 또 유권자들은 대체로 합리적 판단을 한다. 그래서 생각만큼 소수정당이 많지는 않다.

선에서는 무려 111석의 초과 의석이 발생했다.* 정원이 598석인데 의원은 709명이 탄생한 것이다. 이 내용이 무슨 뜻인지 금방 이해하지 못하는 독자들이 많을 것이다. 그만큼 연동형 비례대표제는 직관적으로 다가오지 않는 복잡한 제도다. 그렇잖아도 정치 불신이 높은 우리나라에서 이런 유형의 제도를 제대로 운용할 수 있을까?

21대 총선에 연동형 비례대표제를 도입한 민주당과 정의당은 독일식 제도의 이런 취지나 역사, 배경, 문제점 등은 자세히 알지 못했을 것이다. 이들은 하는 일마다 이런 식이다. 제도의 배경은 따져보지도 않고 남의 것을 베끼면 되는 줄 안다. 최저임금을 올리면 그저 저소득층에게 좋고 경제가 살아난다는 식의 단편적 사고밖에 할 줄 모른다. 단순함에 있어서는 과거 정권 사람들하고 다를 바가 없는 사람들이다. 더구나 남의 제도를 가져와 그걸 잘 살리면 모르겠는데, 취지와 효용을 알 수 없는 제도로 변질시켜 버린다. 실제로 당시 선거법 개정안을 주도한 민주당 의원에게 연동형 비례대표제의 셈법에 대해 묻자 자기도 잘 모르겠다고 고개를 갸우뚱거릴 정도였다. 정의당 관계자는 "국민은 그런 걸 (자세히) 알 필요 없다"는 말까지 하지 않았나. 정의당이 강력히 요구하니까, 정국 운영의 협조를 받기 위

---

* 사실은 독일의 이 제도도 초과의석이 주로 기민당CDU과 사민당SPD 양대 정당 쪽에서 발생한다.

해 민주당은 아무 생각 없이 그것을 일단 받아들인 것이다. 아무리 그렇다고 민주주의 사회에서 정치의 중핵인 선거제도를 장사꾼이 덤으로 건네는 상품처럼 주고받을 수 있단 말인가?

설상가상으로 선거를 고작 1~2개월 남겨놓고 이 제도의 핵심 쟁점이 담긴 개정안을 날치기로 통과시키겠다고 공언했다. 제1야당과 합의조차 없이 일방 처리하겠다는 것이다. 우리 역사상, 이런 식의 선거법 개정은 군사정권 시절에도 없던 일이다. 군사정권도 외형상으로는 야당, 특히 제1야당은 우대하는 상식과 절차에 따랐다.

이 제도는 태생부터 악용하기 쉬운 제도였다. 연동형 비례대표 제도를 다른 말로 하면 "지역구 후보를 내지 못하고 비례대표 명단만 갖고 있는 정당이라 할지라도 우대하겠다"는 뜻인데, 상식적으로 어떤 결과가 나오겠는가? 실체는 없으면서 비례대표 후보만 모집하는 이른바 '페이퍼 정당'이 생겨나지 않겠는가.

그렇지 않아도 우리나라 정치는 민주적 토론과 합의 문화가 취약하다. 승자독식의 구조 때문에 어떻게든 선거에서 이겨야 한다는 의지가 유난히 강한데, 제도를 바꾸면 어떤 정당인들 새로운 제도에 묵묵히 따르기만 하겠나. 어떻게든 이기는 방법을 고안해 내지 않겠는가. 입법 초기부터 야당이 '만약 그렇게 하면 위성정당을 창당하겠다'고 공언했지만 여당은 제도를 보완할 생각조차 없이 군소정당과 야합해 자기들 맘대로 선거법 개정을 밀어붙였다. 서민들이 사소한 게임을 하나 하더라도 참석자들이 모두 둘러앉은 가운데 룰을 정하는 법이다. 그런데 국가의 선거법을 그렇게 일방적으로 통과시킬 수 있는가. 민주주의 상식을 뒤집은 일이다. 폭주의 시작이었다.

결과적으로 어떤 일이 일어났는지 보자. 야당은 '미래한국당'이라는 페이퍼 정당을 만들었고, 민주당은 '더불어시민당'이라는 페이퍼 정당을 만들었다. 대한민국 양대 정당이 전체주의 국가에나 있는 '위성정당'을 앞세워 눈 가리고 아웅 하는 식의 선거를 치르게 되었다. 세계적으로 "우리는 정치 후진국입니다"라고 고백하는 부끄러운 일이고 명백히 국민을 기만하는 행위다. 이토록 우스꽝스러운 선거가 헌정사에 언제 있었을까. 민주화 시대의 코미디다.

그런 위성정당을 야당만 만들었다면 또 모르겠다. 여당도 위성정당을 만들었다. '위성정당'이라는 것이 정녕 꼼수이고 연동형 비례대표제의 취지를 무색하게 만드는 악용 사례라고 생각했으면 자기들은 하지 말았어야 하는 것 아닌가. 그 제도가 민주주의를 위한 필수적인 제도라고 정녕 그렇게 생각해 제1야당을 무시하면서까지 날치기로 통과시켰으면 자기들은 그 제도를 그대로 따랐어야 할 것 아닌가. 그럼에도 '더불어시민당'

을 만들었다. 야당이 위성정당을 만드니 어쩔 수 없이 맞대응하는 것이라고 변명했지만, 제도 자체에 큰 모순이 있는 것을 알면서 밀어붙인 사람들이 괜스레 야당 탓만 하는 것이다.

차제에 짚고 넘어갈 문제가 하나 있다. 민주당 정치인들은 사람이나 집단의 기본적 욕망, 의지 같은 것을 무시하고 아무렇게나 제도를 밀어붙이는 경향이 있다. 욕망은 언제 어디나 존재하기 마련이다. 제도가 허술하면 욕망은 제도의 빈틈을 뚫고 나가려는 성향이 있다. 그렇다고 욕망을 탓할 것인가. 욕망을 충족할 현실적 방도를 모색하거나 제도를 촘촘히 잘 만들어 욕망의 일탈을 제어해야 할 것 아닌가. 하지만 민주당 사람들은 항상 욕망 자체만 나무란다. 욕망은 죄가 없다.

더 우스운 현상은 자기들도 끝내 그 욕망에 굴복한다는 사실이다. 민주당의 이른바 '내로남불' 성향이 다 그런 한계에서 비롯된다. 자기들도 할 것 다 하는 욕망의 존재이면서 타인의 욕망을 억눌러 성인聖人인 척하려고 든다. 세상은 그런 행위를 '가식'이나 '위선'이라는 이름으로 부른다. 위성정당 창당이 그런 작은 사례를 보여주고 있다. 더 큰 문제는, 여당이 이토록 한심한데, 야당도 그에 못지않게 한심해 민심의 공백을 전혀 끌어안지 못하고 있다는 데 있었다.

21대 총선에서 야당은 위성정당 공천마저 그야말로 가관이었다. 어쨌든 불가피하게 위성정당을 만들었으면 다른 어느 때보다 비례대표 공천에 신중을 기했어야 하는 것 아닌가. 그런데, 아무리 형식적인 위성정당이라지만, 탄핵당한 대통령의 측근으로 통했던 인물을 당 대표로 임명했다. 게다가 전경련(전국경제인연합회) 산하 연구소에서 일했던 이념 편향적인 인물을 공천심사위원장으로 데려왔다. 박근혜＋재벌이라……. 그런 이미지를 불식하기 위해 몸부림치며 노력해도 부족할 판에 이 무슨 역주행이란 말인가. 도대체 선거를 치를 의지가 있는 것인지 의심되는 대목이었다.

야당은 논란이 예상되는 사람들을 줄줄이 비례대표 명단에 올렸다. 그러면서 공천심사위원장은 "(정권과 싸울) 전사를 뽑았다"고 말했다. '국민의 대표'가 될 국회의원 후보자를 그런 엉뚱한 기준에 입각해 고르고 있었으니 의회가 제대로 돌아갈 리 있겠나. 여당이나 야당이나 똑같다. 나라가 온통 싸움질밖에 할 줄 모른다. 마치 싸우려고 국회의원에 나서고, 싸우려고 국회의원을 뽑는 것 같다. 논란이 일자 비례대표 명단을 바꾸고, 거기에 당사자들이 반발하는 등 일대 소란이 일었다. 그런 정당, 그런 선거에 어느 누가 희망을 느낄 수 있을까. '여당도 문제지만 보수 야당은 더 싫다'는 여론을 야당만 모르고 있었던 것이다.

코로나19 팬데믹이라는 돌발 변수

회고록 《영원한 권력은 없다》가 3월 25일 출간됐다. 공교롭게도 그날은 21대 총선 후보자 등록을 시작하기 바로 전날이었다. 2월에 출판사 측에 원고를 건넸고, 원래 5월쯤 출간하려던 책이다. 그런데 출판사에서 정치인 회고록은 정치적 이슈가 있을 때 출간해야 독자들에게 더욱 도움이 될 수 있다는 연락이 왔다. 상업적인 출판사로서야 당연히 그런 점을 감안하기 마련이니 내가 그걸 가로막을 명분은 없어 보였다.

내가 회고록을 쓴 이유는 현실 정치와 인연을 끊으려는 생각 때문이었다. 현직에 있을 때야 바쁘기도 하고, 회고록에는 여러 사람의 실명이 부득불 거론되어야 할 텐데 예의가 아니기도 해서, 그리고 나 같은 사람이 그리 대단한 존재도 아닌데 거창하게 회고록까지 보탤 필요 있을까 싶어 출간 제의를 여러 차례 거절했다. 하지만 이제 현직을 떠났으니, 정리하고 돌아보려는 마음으로 쓴 책이다.

그런데 그것이 반대 시그널을 줬던 것일까. 세상은 회고록 출간을 '정치 복귀 선언'쯤으로 받아들인 것 같다. 3월 27일, 황교안 대표가 우리 집으로 찾아왔다. 이번에는 총선에 총괄선대위원장을 맡아달라는 것이다. 자신이 당 대표로서 정치 1번지 종로구에 출마하게 되어서 전국 단위 선거를 이끌 겨를이 없으니 선거운동 전반을 맡아달라는 사정이었다.

고민이 깊었다. 내가 출마하는 것도 아니니, 국민의 한 사람으로서, 선거운동을 하지 못할 이유는 없다. 그러나 총선은 공천이 80%, 선거운동이 20%쯤 좌우한다. 아무리 선거운동을 열심히 한들 애초에 공천이 뒤틀려 있으면 판세를 뒤집기 쉽지 않다. 앞서 몇 번의 총선을 살펴봐도 공천 잡음이 있었던 정당 치고 총선에 승리한 경우가 없다. 내가 공천에 일절 관여하지 않았는데 선거운동만 떠맡아 결과에는 책임을 져야 하는 애매한 상황이 벌어질 수도 있는 일이다.

그즈음 시국에 굉장히 중요한 변화가 있었다. 중국에서 발발한 코로나19 바이러스가 전 세계로 번지더니 국내에도 첫 확진자가 발생한 것이다. 사건 발생 초반에는 중국발 입국자를 막는 문제, 마스크를 착용하는 문제 등으로 정부 여당이 우왕좌왕하는 모습을 보였다. "보건용 마스크를 반드시 착용하라"고 하더니 마스크가 부족한 상황이 되니까 "천 마스크도 괜찮다", "말리거나 빨아 써도 괜찮다"고 주무 부처 장관의 말이 자꾸 바뀌고, 심지어 서울시 교육감은 "마스크는 필요 없다"는 말까지 해서 여론의 빈축을 샀다. 마스크 순번제를 실시해, 약국 앞에 국민이 길게 줄을 늘어선 진풍경이 벌어지기도 했다. 주가도 폭락했다. 그렇잖아도 무능한 정부에 무능 프레임이 하나 더 얹히는 순간이었다.

하지만 마스크 수급이 차츰 안정됐다. 과거 사스, 메르스 사태 등을 겪으며 만든 긴급상황 대처 매뉴얼, 세계 최고 수준인 우리나라의 의료보험제도, 의료진의 노력과 헌신, 국민의 착실한 방역 협조 등으로 사태가 점차 안정적으로 관리되기 시작한 것이다. 코로나19 확진자·사망자 수치가 다른 나라보다 확연히 작게 나타났다. 여기에도 복합적 요인이 작용했다. 역사와 문화가 다르니 마스크를 착용하라는 강제 조치에 대한 각국 국민의 반응이 달랐고, 자영업자들의 영업을 강제로 규제하는 것에 대한 반응도 나라마다 달랐다(자유민주주의 국가 가운데 우리나라처럼 국민과 자영업자들이 정부의 방역 지침에 순순히 따라준 나라도 드물다). 생로병사를 개인 스스로 책임질 문제인지 공동체가 함께 해결할 문제인지에 대한 인식과 태도 역시 나라별로 달랐다.

위기도 적당한 수준의 위기이면 모르겠는데 심각한 위기가 닥치면 국민의 태도 또한 달라진다. 생존의 본능이 작동하면서 현재 집권하는 정부에 일단 협조하는 것이 우선이라는 보수적 인식이 생겨나는 법이다. 동양 문화권 국민이 서양 문화권 국민보다 그런 경향이 다소 높다. 국민이 하나 된 힘으로 전쟁과 가난, 위기를 극복하고 경제성장을 이룩한 우리나라의 경우는 더욱 그렇다.

제반 상황이 야당에 극도로 불리했다. 그렇잖아도 '야당 심판' 여론이 적지 않은 마당에 여당에 유리한 팬데믹 위기까지 겹쳐 치르는 총선이니 결과가 좋게 나오길 기대하는 일은 더욱 어려워졌다. 내가 선거운동을 맡는다고 결과가 달라질 가능성이 있을까. 게다가 경험이나 나이로 보아 나 같은 사람은 고문이나 공동선대위원장으로 이름을 올리는 것이 그동안의 정치권에서의 일반적 관례다. '총괄 선대위원장'이란 직함을 내걸고 현장에서 직접 선거를 이끄는 일이 좀 경망스레 보이지는 않을까 하는 걱정마저 솔직히 있었다.

판세가 불리했다. 그래서 오히려 고민이었다. 일반적인 상식으로야 판세가 불리하면 냉정하게 거절하는 것이 맞겠지만, 명색이 정치인이라면 판단의 기준이 달라야 하지 않을까. 당면해 개인적인 유불리만 따져서는 안 되는 일이다. 내가 발 벗고 나선다고 해도 크게 달라질 것이 없다 하더라도 그런 상황에서는 어떻게든 돕는 것이 정치적 도리라고 생각했다. 나중에 야당이 완전히 무너지고 무임승차하듯 나서는 것보다 책임질 수 있을 때 책임을 껴안는 편이 낫다는 판단을 했다. 총괄선대위원장 직을 수락하겠다고 황교안 대표에게 알렸다. 공식 선거운동이 시작되기 이틀 전이었다.

탄핵당한 대통령, 책임없는 정당

그로부터 보름 뒤, 나는 우리집 거실 소파에 앉아 총선 출구조사 결과를 기다리고 있었다. 당사黨舍에서 함께 선거 결과를 지켜보자는 제안도 있었지만 지난 보름 동안 모든 에너지를 다 쏟아 극도로 피곤한 상태였다. 결과는 예상했던 가운데 최악으로 나왔다. 패할 것이라는 사실은 알고 있었지만 그렇게까지 큰 차이로 패할 것이라고는 생각지 못했다. 야당에 대한 국민의 불신이 이토록 높았던가.

지난 보름간 선거운동 과정을 돌아보았다. 나름대로 열심히 뛰었다. 언론에 내 왕성한 체력이 화제가 될 정도로 전국을 누비고 다녔다.

당직자들도 좀 놀라는 표정이었다. 나를 총괄선대위원장으로 데려올 때, 일종의 간판처럼 이름이나 빌리는 것쯤으로 생각했나 보다. 뒷방 노인처럼 당사에 앉아 TV에 얼굴이나 비추면서 입으로 선거운동을 지휘할 것이라 예상했던 것 같다. 그럴 요량이었으면 그 직책을 수락하지도 않았다. 막상 당사에 출근해보니 총괄선대위원장으로서 내가 할 수 있는 일이 별로 없기는 했다. 직책 수락을 선거운동 시작 직전에 하다 보니 선거 캠페인과 관련한 제반 구도는 이미 짜인 상태였다. 박근혜 탄핵 이후 몇 년간 야당이 내부적으로 이렇게 무너졌나 싶을 정도로 준비 상황이 엉성했다. 그래도 어쩔 수 없는 일. 그런 상황에서 내가 할 수 있는 역할은 승합차 타고 전국을 돌아다니면서 연설 차량에 올라 문재인 정부 심판과 야당 지지를 호소하는 방법밖에 없었다. 많을 때는 하루에만 열 군데 선거구를 옮겨 다니며 마이크를 잡다보니 집에 돌아갈 때는 늘 목이 붓고 편치 않았다. 약을 먹고 다음날 선거운동을 하러 다시 집을 나섰다.

괜히 실없이 개인적 고충을 토로했는데, 잘못된 정치 때문에 국민이 겪고 있는 고통보다야 크겠는가. 정치인은 그런 걸 생각하면서 다시 일어서야 한다.

어쨌든 선거 결과에 대한 '느낌'은 현장을 뛰는 운동원이 가장 잘 안다. 국민 다수가 우리를 지지하고 있는지 그렇지 않은지, 현장의 분위기로 많은 것을 체득할 수 있다. 그것을 이른바 '밑바닥 민심'이라 말한다. 내가 민심의 바닥을 훑으며 다녀보니, 정부 여당에 대한 불만의 여론도 분명 많았지만, 야당에 대한 불신 또한 적지 않음을 감지할 수 있었다. 새벽부터 저녁까지 하루종일 연설 차량에 올라 마이크 잡고 연설하는 것이 내가 스스로 작성한 일과표의 전부였다. 그러는 동안 거리에서 시장에서 상점에서 국민들을 만났고, 무언가 석연찮은 표정을 읽을 수 있었다.

당시 야당의 가장 큰 문제점은 '탄핵된 대통령을 배출한 정당'이라는 인식의 벽을 여전히 넘지 못한다는 점에 있었다. 전직 대통령이 그렇게 큰 잘못을 저지르고 쫓겨났는데, 대통령이 속했던 정당은 아무런 정치적 책임을 지지 않았다는 지적이다.

탄핵되고 구속됨으로써 대통령 개인은 어느 정도 정치·법률적 책임을 다했는지 모르겠지만, 그런 대통령을 배출한 정당은 과연 어떤 책임 있는 태도를 보였는가.

　무릇 꿇고 눈물 흘리면서 '잘못했습니다' 하는 것이 사과가 아니다. 정치인의 사과란 그에 상응하는 정치적 변화를 보이는 것이다. 구체적으로 말하자면, 박근혜가 탄핵되고 곧바로 실시된 대통령 선거에 새누리당은 후보를 내지 말았어야 했다. 그게 국민에 대한 도리이고 정치적 양심이 있는 태도다. 그런데도 국민이 모를 것처럼 당명을 바꾸고, 구태의연한 조직과 정강 정책을 그대로 유지하면서, 마치 보수적인 색채가 부족해 박근혜가 탄핵되었던 것처럼 정당을 더욱 보수적으로 색칠하면서, 자꾸 선거에 나와 '한 표를 달라'고 애원하니, 이건 누가 봐도 염치없는 행위였다. 그렇게 대선과 지방선거에 연전연패하고도 다시 총선에 나와 표를 달라고 하니, 선거운동을 이끌고 있는 나로서도 얼굴이 화끈거릴 정도였다. 그것이 일반적 국민의 시선이기도 했다. 특히 젊은 유권자들은 "문재인 정부가 아무리 미워도 보수 야당은 지지할 수 없다"고 내 앞에서 싸늘하게 말했다. 코로나19로 국민의 전반적 위기의식이 높아졌고, 여당 지지자들의 결집 심리마저 높았다. 야당으로선 2중, 3중의 벽을 넘어야 하는 형국이었다.

　애초에 총선이 시작되기 전에, 이미 오래전부터 야당은 이명박·박근혜 정권과 선을 긋는 노력을 부단히 했어야 마땅하다. 뼈를 깎는 변화를 추구하면서, 당의 체질을 완전히 바꿔놓는 모습을 국민에게 보여줘야 했다. 그런데 야당은 반대로 흘러갔다. 이른바 '보수 강성' 지지자들의 목소리에 야당 내부가 휘청이는 모습을 선거운동 기간에 여러 차례 목격했다.

막말하는 정치인

선거는 단기전이기 때문에 무슨 일이 발생하면 쉽게 수습하기 어렵다. 따라 공천 단계에서부터 좋은 후보를 골라야 한다. 특히 총선은 300명에 가까운 후보가 있기 때문에, 뭐가 어디서 어떻게 튀어나올지 모르는 캄캄한 밤길과도 같다. 결국 '실수를 적게 하는 쪽'이 이긴다.

21대 총선에서 잡음은 줄곧 야당에서 터져 나왔다. 역시 후보들의 '입'이 문제였다. 어떤 후보는 '30~40대 유권자들은 논리가 부족하다'는 내용으로 세대 비하 발언을 했고, 또 어떤 후보는 '세월호 천막 농성을 하는 텐트 안에서 불미스러운 일이 있었다'는 발언을 했다. 그런 후보자들이 수도권, 그것도 전통적으로 민주당이 강세인 지역에 공천된 후보들이라 더욱 문제였다.

공천을 할 때 흔히 범하는 실수가 있다. 당선 가능성이 낮은 선거구에 이른바 '공격수' 위주로, 이념 성향이 독특한 후보를 내세우는 경향이 있다. 져도 좋으니 당신은 꾸준히 공격이나 하라는 뜻으로 그런 공천을 하는데, 잘못된 상식이다. 그러는 가운데 꼭 문제가 발생한다. 운동경기에서도 어설픈 공격을 하려다 실수가 일어나는 법이다. 21대 총선은 잘못된 공천의 전형처럼 그 법칙을 따라갔다. 당선 가능성이 낮은 선거구에 오히려 능력있는 인물을 공천함으로써 정당에 대한 국민의 전반적 신뢰를 높여야 할 텐데, 누가 봐도 이상한 사람들을 될 대로 되라는 듯 공천해 버렸다.

다시 강조하지만 정치에 있어 수도권은 중요하다. 지방이 중요하지 않다는 말이 아니다. 수도권은 전국 여론을 주도하는 경향이 있다. 지역색에 따라 휩쓸리는 투표 성향이 낮고, 유권자 개개인의 정치의식도 뚜렷하다. 그래서 모든 선거, 모든 정치가 '수도권 여론'에 선제적 관심을 기울여야 한다. 설령 다른 지역에서 모두 이겼더라도 수도권에서 패했으면 위기의식을 느껴야 하고, 정치 지도자라면 수도권 민심의 동향에 늘 촉각을 곤두세우고 있어야 한다.

다른 지역도 아니고 그토록 중요한 수도권에서 자꾸 설화가 벌어지니 선거를 총괄하는 사람으로서 당혹스런 노릇이었다.

선거는 역시 단기전인지라 무언가를 해명하고 논리적으로 대응한 겨를이 없다. 그러려면 이미 선거운동 기간이 끝나 있다. 끌려가는 선거가 아니라 '이끌고 나가는' 선거가 되어야 한다. 긍정적 이슈로 여론을 장악하지 못하고 부정적 이슈를 해명하는 식으로 자꾸 반응하다 보면 어느새 끌려가는 선거로 바뀌어 있다. 그런 '맞대응의 늪'에 빠져들면 안 된다.

생업에 바쁜 국민은 뉴스의 제목 정도로 정치적 상황을 파악할 뿐 개별 사안을 구체적으로 알지 못한다. 정치에 관심 많은 유권자라면 모르겠으되 어떻게 일반 국민이 모든 정치적 이슈에 대해 자세한 내막까지 알고 있겠나. 그것이 맹점이다. 정치는 정치에 관심 많은 국민이 아니라 '일반적인 모든 국민'을 대상으로 하는 일이라는 사실을 잊지 말아야 한다. 따라서 처음부터 물줄기를 잘 만들어야 한다. 기본적으로 정당에 대한 신뢰가 있으면 일부 인사의 돌출적인 발언도 '특정인의 일탈'쯤으로 여기겠지만, 정당에 대한 신뢰가 없으면 '저 당은 원래 그런 당'이라는 부정적 인식이 확산하면서 전체 판세에 영향을 미친다.

이른바 막말 당사자로 지목된 후보 가운데 일부는 약간 억울한 사람도 있을 것이다. 발언의 배경이나 전후 맥락은 그것이 아니었다고 해명하고 싶을 것이다. 하지만 당시 후보들의 막말은 긍정의 물줄기를 만드는 데 분명 커다란 걸림돌이었다. 흔히하는 말로 '정면 돌파' 할 수 있는 상황이 아니었다. 평상시 같으면 국민의 판단에 맡기거나 전략적 침묵을 택할 수 있는 사안이라 할지라도 선거운동 기간에는 그렇게 하지 못한다. 선을 분명히 그어야 한다. 그러니 후보자도 어느 때보다 말조심을 해야 하고, 정당으로서는 만일의 사태가 발생했을 때 과감히 접근해 부정적 여론이 전체에 영향을 미치지 못하도록 신속히 차단하는 것이 선거 기간 정무적 판단의 특징이다. 화재가 나더라도 집 한 채 소실로 끝나야지 온 마을이 불타 없어지도록 내버려둘 수는 없는 일 아닌가.

선거를 책임진 사람으로서 고민이 많았다. 막말에 대한 대응 방식을 놓고 여기저기서 다양한 의견이 쏟아졌다. 수도권 출마자들은 혹시라도 자기 지역구에 피해가 올까 봐 막말 당사자에 대한 강력한 조치를 주문했다. 선거운동을 하는데 민심이 싸늘하다는 호소가 잇따랐다. 반대로 그 막말이 옳다면서 문자 메시지를 보내는 사람도 있었다. 당원 게시판에 막말을 옹호하는 의견을 줄지어 올리는 극성 당원들도 있었다. 같은 정당에 어떻게 이렇게 극과 극이 공존하고 있을까, 놀라움을 느낄 정도였다. 선거운동 기간 이런 현상을 여러 번 목격했다.

모든 선거가 그렇지만 당시 총선은 '민생'을 이슈로 풀어야 하는 선거였다. 팬데믹이 몰려오던 상황이라 더욱 그랬다. 정부 여당은 '안정론'을 내세우며 선거를 이끌어갈 텐데, 야당으로서 무작정 심판론만 들고 나갈 수는 없는 형편이었다. 그런데 야당 한쪽에서는 계속 '투쟁'을 강조했다. 마치 싸우지 못해 화가 덜 풀린 사람들 같았다. 물론 야당으로서 정부 여당의 폭정에 맞서 싸울 것은 싸워야 하지만 그것도 정세와 여론을 살펴가며 해야 할 것 아닌가. 설 자리 누울 자리 따지지 않는다면 그것이 어디 정치인가. 야당이 어디서부터 어떻게 잘못되었는지 알 수 있는 대목이었다. 바깥에서 바라볼 때도 야당이 한심하다는 생각이었지만, 막상 안에 들어와보니 예상했던 것 이상이었다. 선거 전략이 문제가 아니라 정당으로서 준비 자체가 되어 있지 않았다. 정치를 쉽게 생각하는 아마추어들이, '정당'에 대한 개념조차 없이, 그저 통합만 하면 선거를 이긴다는 발상에서 비롯된 참사였다. 그것은 국민의 수준을 우습게 여기는 사고관이기도 했다.

어쨌든 보름간 선거운동을 총괄했던 나로서는 패장의 멍에를 안게 됐다. 정치인으로서 이럴 때는 억울하거나 섭섭하게 생각할 필요가 없다. 내 판단에 스스로 책임을 지고 최선을 다했으면 되는 일이다. 다만 국민에게 죄송할 따름이다.

다음 대선을 준비할 수준

역대 우리나라 총선 가운데 양대 정당 구도에서 야당이 그토록 참패한 선거는 2020년 총선이 처음이었다. 특히 수도권에서는 거의 전멸하다시피 했다.

선거가 끝나고 야당은 혁신론과 자강론으로 나뉘었다.

'혁신론'은 비상대책위원회를 구성해 당을 비상 체제로 운영하고, 그것으로 위기를 극복하자는 주장이었다. 반면 '자강론'은 비대위 같은 기구를 만들 필요 없이 즉각 정상적인 정당 운영 체제로 돌아가 스스로 강해지자는 주장이었다. 자강하겠다는 의지는 좋지만 그렇게 해서 과연 어떤 방향으로 강해질 것인지, 그것이 문제다. 애초에 잘못 생산된 자동차를 고칠 생각을 않고 '그냥 달리다 보면 나아질 것'이라고 강변하는 것과 같지 않은가.

하지만 비대위를 구성한다고 혁신이 된다는 보장도 없다. 비대위는 우리나라 정치의 고질병 가운데 하나다. 어떤 정당이든 선거에 크게 패해 사기가 꺾이면 비대위를 만들어 당장 위기 상황을 모면할 생각만 한다.

내가 총괄선대위원장이었으니 정치를 모르는 사람들이 볼 때는 내게 패배의 책임이 있는 것처럼 보였지만 정치권에 있는 사람들은 그렇게 생각하지 않았다. 내가 선거운동 직전에야 그 직책을 맡아 연설하며 전국을 돌아다닌 죄(?)밖에 없다는 사실을 알고 있었기 때문에 나를 비대위원장으로 불러야 한다는 의견이 등장했다. 나는 그런 눈속임 정치에 들러리처럼 나서고 싶지는 않았다.

선거가 끝나자 심재철 원내대표가 찾아왔다. 비상대책위원장을 맡아달라는 것이다. 생각해보겠다고만 말하고 돌려보냈다. 애초에 총선 이후가 더 걱정이란 생각에 선거운동을 맡았고, 이미 야당과 운명 공동체처럼 되었는데, 완강히 거절할 수는 없는 노릇이었다. 그렇다고 상대방이 혁신하려는 의지가 명확하지 않은데 그 자리에서 승낙하는 일도 경솔하고, 앞으로의 혁신 작업에 도움이 되지 않을 거라는 생각이었다.

통합당은 갈수록 자중지란에 빠졌다. 총선에서 당선된 의원들끼리 원내대표를 뽑았는데, 이번에는 새로 선출된 주호영 원내대표가 나를 찾아왔다. 역시 비대위원장을 맡아달라고 부탁했다.

나는 '무엇 때문에 비대위를 만들려고 하는지'부터 물었다. 그저 불리한 정국을 회피하려는 용도라면 그런 비대위원장은 백번 간청해도 맡지 않겠다고 했다. 그것을 언론은 내가 이른바 '전권'을 요구하고 있다고 보도했다. 나는 전권의 ㅈ(지읒)자도 꺼내지 않았다. 언론은 항상 그런 식이기 때문에 그리 개의치 않는다. 또 내가 '무제한 임기'를 요구하고 있다고 보도하는 언론도 있었다. 대체로 정치권에서 누가 어떤 자리를 맡는다는 이야기가 오갈 때는 그에 반대하는 사람들이 역정보를 흘리는 못된 짓을 많이 하기 때문에 이런 보도에도 별로 개의치 않는다. 특정한 언론이 한번 그렇게 보도하면 '인용 보도'라며 무수한 언론이 확인조차 하지 않고 베껴 쓰는 것도 우리나라 언론의 특징이다. 하지만 상식이 있는 사람이라면 그런 소문이 말도 되지 않는다는 사실을 금방 알 수 있을 것이다. 비대위원장이라는 자리가 명예와 권력이 주어지는 직위도 아닐진대, 임기에 대체 무슨 의미가 있어 내가 오래 머물길 원한다는 말인가.

임기의 '기한' 자체가 중요한 것이 아니다. 당사자들이 비상사태임을 인식하고 혁신하려는 '의지'가 있는지 없는지부터 확인하는 일이 우선이다. 환자가 자기 병을 고칠 생각이 없는데 의사가 청진기를 들고 가봤자 무슨 소용이 있는가. 또 무엇을 개혁의 중장기 목표로 정할 것이며 언제까지 그 단초를 마련할 것인지, 그런 전망을 가늠하는 일이 핵심이다. 적당히 환부만 봉합하는 방식으로 끝낼 것인지, 아예 종합 진단과 개복 수술까지 각오할 것인지, 치료의 범위와 수준을 결정하는 일이다. 정치뿐 아니라 어떤 분야에 있어서든 특정한 직위를 맡게 된다면 마땅히 그리해야 하지 않을까. 목표를 중심으로 기한을 설정해야지, 기한 자체가 목표가 되어서는 안 된다. 그것이 '일'하려는 사람의 자세다.

야당 내부에서는 비대위원장 임기를 8월 말까지 하자느니,

12월 말까지로 하자느니 하면서 갑론을박했다. 내 입장에서는 꽤 불쾌한 다툼이다. 내가 그 자리를 가고 싶은 안달이 난 사람도 아니고, 자기들 표현대로 '모셔오는' 사람인데, 영입 대상을 앞에 두고 '이분은 언제까지 할 사람'이라고 다투는 것이 도리에 맞는 일인가. 정치적 도리뿐 아니라 인간적 도리에도 어긋난다.

　다들 임기에만 촉각을 곤두세우고 있다는 현실이 한심하게 느껴졌다. 당시 야당뿐 아니라 우리나라 정당의 기존 비상대책위라는 기구가 항상 이렇다. '무엇을 어떻게 할 것인가'에 대한 논의는 없이 늘 자리와 임기만 놓고 다툰다. 왜 그러는 것일까? 비대위라는 기구를 일시적 위기 모면용, 그러니까 국민을 잠시 눈속임하려는 용도로 생각하니 그러는 것 아닐까? 당시 야당은 또 다른 이유가 있었다. 당시 야당은 특정한 중심축 없이 여러 계파(이른바 친박, 친이, 새보수 등)가 대립하는 양상이었는데, 비대위원장 임기가 정확히 정해져야 그때까지 변화에 따르는 척하면서, 다음 순서로 특정 계파가 당권을 장악할 스케줄이 명확히 그려지니까 그랬던 것 아닐까.

　나는 "야당이 다음 대선을 준비할 수준을 갖출 수 있을 때까지" 비대위원장을 맡는 것이 좋겠다고 밝혔다. '요구'라는 것은, 뒤에 가서 다른 말을 하는 것보다, 일을 시작하기 전에 분명히 밝히는 것이 좋다. 언론에도 매번 그렇게 말했다. '몇 년 몇 월 며칠'이라는 숫자로 표현되는 임기보다 두루뭉술해 보이겠지만, 오히려 그렇게 '목표를 기준으로 하여' 설정하는 것이 비상 상황을 책임진 사람으로서는 정직한 태도다.

그렇다면 '다음 대선을 준비할 수준'라는 것은 과연 어느 정도 수준을 말하는 것이냐. 그러다 영영 그 자리를 맡으려는 것 아니냐 하는 의심이 있을 수 있지만, 그렇게 사람을 믿지 못하면 대체 영입은 왜 한단 말인가. 일을 처리하는 수준이 기대에 미치지 못하면 정당이 갖고 있는 민주적 절차에 따라 언제든 물러나라고 하면 되는 일이다.

현실적으로 정당은 '선거'에 승리해 국민을 책임질 기회를 잡아야 명실상부 수권정당으로서의 지위와 역할을 확인할 수 있다. 민주당 오거돈 부산시장이 성추행 사건을 일으켜 이듬해 4월 부산시장 재보궐 선거가 열릴 예정이었다. 정당은 선거를 티핑포인트Tipping point로 분위기가 전환하는 경향이 있다. 굳이 비상대책위원장 임기를 정한다면 그 정도 시기를 목표로 삼아 다음 대선을 준비하는 것이 좋겠다고 생각했다. 그래서 임기를 "이듬해 봄 정도로 생각한다"고 말했다. 그제야 정치인들이 잠잠해졌다.

3대 목표, 3대 실천

야당에 가서 내가 할 일은 세 가지 정도라고 봤다. 더 많을 필요도 없이, 딱 세 가지에 집중하면 될 것이라고 각오했다.

첫째, 이명박−박근혜 전직 대통령 문제에 대해 국민에게 사과하는 일. 그것만으로도 야당에 대한 국민의 불만과 불신을 어느 정도 풀고 안심하는 마음을 줄 수 있을 것이라 생각했다.

둘째, 당명과 정강정책을 바꾸는 일. 당명은 그렇다치고, 정강정책은 당의 혁신을 보여주는 핵심 징표다(그런데 기존의 정당 비대위를 보면, 정강정책의 변화에는 특별한 관심도 없고 당명 변화나 이합집산에만 촉각을 곤두세운다. 진정한 개혁을 목적으로 하는 비대위가 아니었기 때문이다). 미국 민주당이 만년 야당 신세를 극복하고 정치사에 새로운 이정표를 세울 수 있었던 비결, 독일 사민당이 30년 만에야 기민당을 이길 수 있었던 비결은 국민도 놀랄 만큼 철저한 변화와 혁신을 단행한 데 있었다.

셋째, 잃어버린 수도권 민심을 되찾고 전국 정당으로 외연을 확장하는 일. 그동안 보수 정당은 호남은 지레 포기하는 듯한 태도를 취해왔다. 그것은 호남뿐 아니라 수도권을 포기하는 일이고, 나아가 정치를 포기하는 행위나 다름없다. 공화주의 국가에서 정치를 하는 사람들이 특정한 지역을 아예 포기하는 구상을 짠다는 것이 말이 되는가.

더 큰 욕심을 부릴 필요도 없이 이 세 가지만 잘해도 내가 할 일은 어느 정도 하는 것이라 생각했다. 간단해 보이지만 짧은 시간 안에 이런 일을 이룰 수 있을까 걱정되기도 했다. 정치는 혼자 할 수 있는 일이 아니기 때문이다. 홀로 정당을 만든다면야 하루 이틀에도 끝낼 수 있는 일이겠지만, 오랜 세월을 거쳐 숱한 정치적 계파가 존재하고 다양한 당원들이 섞여 있는 정당 내부의 의견을 조율하면서 이런 성과를 내기 위해서는 꽤 많은 진통을 겪어야 하리라 예상했다. 그런 기간을 짧게 6개월, 길게는 1년 정도로 예상했던 것이다.

사실 반세기가량 축조된 체질을 고치기에는 1년도 터무니없는 기간이다. 혁신의 완성이 아니라 혁신의 실마리라도 마련하겠다고 조용히 다짐했다. 2020년 6월 1일, 미래통합당 비상대책위원장으로 당사에 출근했다.

광주 참회와 기본소득

그 뒤로 전개된 상황에 대해서는 자세히 설명하지 않아도 될 것이다. 계획을 그대로 실천한 것뿐이다. 전직 대통령 문제에 대해 대국민 사과를 했고, 당명을 바꾸고 정강정책을 새로 만들었으며, 5.18 묘지를 찾아가 무릎 꿇고 사죄했고, 정당 구성원들의 언행을 조심하도록 하고, 정책 정당으로서 기본을 갖추기 위한 노력을 계속했다.

예상했던 대로 이런 과정이 쉽지는 않았다. 전직 대통령 문제에 대국민 사과를 하는 일마저 몇 개의 능선을 넘어야 했다. 비상대책위원장이면 비상시국에 당 대표의 역할을 대신하는 것이다. 따라서 정당 대표로서 국민 앞에 사과하는 행위가 된다. 그런데 당내 일부 계파는 "당신이 무슨 자격으로 그러느냐" 시비를 걸었고, "개인적인 사과"라고 의미를 깎아내리려는 시도까지 했다. 이런 정당에 무슨 미래가 있을까. 회의감이 일었다. 내가 무슨 개인적 영광을 바라 국민 앞에 그런 사과를 처연히 했겠는가.

탄핵의 멍에를 계속 안고 가는 모습으로는 국민의 지지를 받을 수 없다. 그런데도 일부 편향된 강경파들은 "박근혜 대통령에 대한 탄핵은 부당하다"는 의미 없는 주장이나 반복하고, 일부 정치인이 그런 강경파들에게 둘러싸여 있는 것이 야당의 현실이었다. 그런 세력과 완전히 선을 긋는 일이 생각보다 쉽지 않은 과정이었다.

정강 정책을 정할 때도 그랬다. '5.18정신'을 전문前文에 포함하는 일이 그랬고, 강령에 '기본소득'을 담을 때도 그랬다.

딱 다섯 글자인 '5.18정신'을 갖고 한참 옥신각신했다. "5.18 정신이 대체 무엇이냐"느니, "5.18을 넣으려면 그와 비슷한 다른 민주화운동까지 다 전문에 넣어야 한다"느니, 말도 안 되는 오기와 고집을 부리는 사람들이 많았다. 낡은 이념과 명분에 휩싸여 자잘한 자구字句나 추상적 개념에 연연하는 사람들이 정치권엔 흔하다. 왕가의 상중에 상복을 몇 년 입어야 하느냐를 갖고 다투던 조선시대 예송 논쟁을 보는 것만 같다(결국 강령 전문에는 여러 민주화운동을 최대한 많이 집어넣어 "자유민주주의를 공고히 한 2.28 대구민주운동, 3.8대전 민주의거, 3.15의거, 4.19혁명, 부마항쟁, 5.18민주화운동, 6.10항쟁 등 현대사의 민주화운동 정신을 이어간다"로 결정됐다. 간단히 "3.1운동 정신, 4.19혁명, 5.18민주화운동, 6월 항쟁의 정신을 계승한다"고 하는 것과 뭐가 다를까).

정강 정책은 당면한 지침이 아니라 정당의 장기적 과제를 보여주는 일이다. 따라서 시대가 나아갈 방향을 예측해야 하는데, 그런 측면에서 기본소득을 1조 1항으로 내세웠다. 이에 대해서도 좌파 정책이라느니 포퓰리즘적 발상이라느니 하면서 당내에 반대하는 사람들이 들끓었다. 기본소득 제도에 대한 현실 배경에 대해서는 내가 대학생과 대화한 내용을 엮은 책《김종인, 대화》에서 어느 정도 설명했으니 여기서는 생략하도록 하겠다. 다만 '장기적 과제'임을 분명히 해둔다. 내가 야당의 새로운 방향으로 제시한 '약자와의 동행'이라는 표현에도 반감을 표시하는 사람들이 있었다.

5.18 민주묘지를 참배하는 일마저 곱지 않은 시선으로 바라보는 당내 인사들이 있었다. 2020년 8월 19일 아침, 나는 당직자들과 함께 광주를 찾아가 5.18 묘역 추모탑 앞에 무릎 꿇고 사과의 뜻을 밝혔다. 개인적인 참회의 뜻도 있어 별도의 성명서를 준비했다. 언론에서는 이것을 '무릎 사과'라고 표현했다. 혹자는 내가 그렇게 무릎 꿇고 사과한 것에 대해 '호남을 향한 구애'라고 평가했는데, 행위의 절반만 바라본 것이다. 5.18은 호남뿐 아니라 모든 국민의 역사다. 역사에 참회하는 일이라고 생각했다. 나는 개인적으로도 특별히 참회할 부분이 있다고 봤고, 야당이 자신의 뿌리를 생각한다면 함께 반성할 대목이라고 봤다. 이 부분에 통렬히 반성하는 것이 지나간 역사와 조금이라도 화해하고 국민의 마음을 풀어주는 길이라고 생각했다. 그래서 무릎을 꿇은 것이다. 무릎뿐이겠는가. 역사와 화해하고 국민의 마음이 풀린다면 무슨 일이든 해야 할 것이다.

　　'호남 출신 수도권 유권자'를 겨냥한 행보라고 해석한 평론가도 있었지만, 이것도 절반만 바라본 시각이다. 눈앞에 당장 선거가 있는 것도 아니었기에 표를 의식한 행위가 결코 아니었다. 굳이 의도가 있다면 모든 국민에게 "야당이 조금씩 '정상적' 정당이 되어가고 있습니다"라고 말하고 싶었다. 비정상적 정당에서 정상적 정당으로 변화하는 징표다.

　　이런 사과와 반성마저 반대하는 일부 야권 사람들이 있었다.

그것마저 "일개인의 참배"라고 깎아내리는 것이다. 대체 무엇을 추구하는 사람들일까. 야당이 계속 특정 지역 의석에만 만족하는 정당, 낡은 이념에 얽매인 정당으로 머물기만 바라는 걸까. 그것으로 그들이 얻고자 하는 바는 무엇일까.

5.18 묘지를 참배하기 한 달 전, 예상치 못한 일이 발생했다. 민주당 소속 박원순 서울시장이 갑자기 실종되었다는 보도가 있었다. 박원순은 이튿날 변사체로 발견됐다. 박 시장이 여비서를 성추행해 법정에 설 위기에 처하자 유서를 남기고 극단적 선택을 한 것이다. 서울시장 보궐 선거가 예고됐다. 원래 부산시장 보궐 선거만 있었는데 서울시장 선거까지 겹치게 되었다. 부산에 이어 서울까지, 대한민국 양대 도시 재보궐 선거가 모두 이런 성추행에서 비롯되다니, 국가적으로 부끄러운 일이다.

상임위원장 전체 보이콧 전략

당을 가급적 조용하게 운영하는 것도 비대위원장으로서 중점을 두었던 부분이다. 그걸 두고 또 말이 많았다. 집권 의지가 없다느니, '싸우는 야당'의 모습이 보이지 않는다느니, 그렇게 하면 전통적인 지지층이 이탈한다느니, '여당의 2중대 노릇이나 한다'느니, 온갖 비난이 들끓었다. 어떤 사람들이 그런 비난을 하는지 다 아는 일이다. 이미 각오했던 일이기도 하다.

나는 야당을 맡는 동안 극한 투쟁을 하지 않았다. 오히려 반대 전략으로 나갔다. 완전한 도전자로서의 태도를 취했다. 실제로 상황 자체가 그렇지 않은가. 여당은 개헌까지 시도할 수 있는 200석 가까운 의석을 갖고 있고, 야당은 고작 100석 정도다. 민주주의는 어차피 마지막엔 '표결'로 결정할 수밖에 없는데, 수적으로 절대 약세인 야당인 실질적으로 할 수 있는 일이란 없다. 여당이 만들 수 없는 정책을 만들어 세상에 내놓고, 법안 심의 과정에 전문성을 발휘해 문제점을 낱낱이 지적하는 정도가 야당 의원으로서 할 수 있는 최선이다. 여당의 잘못된 정책과 일방적 법안 처리를 물리적 힘으로 저지할 수도 있겠지만 그것도 '옛날' 국회에서나 가능한 이야기다. 요즘 그런 행위를 아름답게 바라보는 국민은 없다. 궁극적인 방법은 다음 선거에 이겨 다수당이 되는 수밖에…… 현실적으로 냉정히 그렇다.

물론 원내 투쟁이나 장외 투쟁 같은 것이 필요한 때도 있다. 국민이 정부의 폭정을 제대로 알지 못하거나, 국민의 반정부 여론이 높아 광장에서 그런 감정을 풀어야 하거나, 의회주의의 한계를 넘어 정부 여당과 명확히 선을 그어야 할 때 그렇다. 하지만 요즘은 언론매체가 다양하게 발달했고 국민의 정치의식도 높다. 정치의 세세한 부분까지는 아니더라도 정부의 잘잘못 정도는 국민이 다 알고 있고, 나름의 판단 능력을 지니고 있다. 굳이 선동하는 방식으로 국민을 거리로 이끌고 나가거나 계몽하는 식으로 접근할 필요가 없다는 말이다. 일반적 여론을 믿고 제도와 절차에 따라야 한다. 민주주의 사회에서 국민은 선거로 마음을 표현하는 것이니, 그때를 기다리며 준비하는 수밖에 없다.

더구나 당시는 코로나19가 모든 이슈를 장악한 상황이었다. 국민이 정치에 관심을 기울이지 못하고 오로지 일상 회복만 기대하던 때였다. 일체 집단행동이 눈살을 찌푸리게 만들던 시기였다. 그런 시기에 야당으로서 무엇을 할 수 있단 말인가. 중과부적이어서 정규군으로 대적하기 어려울 때 게릴라 전법을 쓸 수밖에 없는데, 중국 모택동의 게릴라 전술에 이런 항목이 있다. 적진아퇴敵進我退. 적이 진격할 때 나는 퇴각한다는 뜻이다. 적군이 압도적인 기세로 밀고 들어올 때 나는 일단 물러나 뒤에서 조용히 힘을 기르는 것이 최선이다. 그것을 또 도광양회韜光養晦라고 표현하지 않는가. 기다리다 보면, 상대방은 자기 힘을 믿고 지나치게 행동하다 언젠가 실수하기 마련이다. 실수를 기다리는 것도 난세의 처세술 가운데 하나다.

역시 여당이 과욕을 부렸다. 힘의 우위만 믿고, 그동안의 관례를 무시하고 엉뚱한 무리수를 두기 시작한 것이다.

새로운 국회가 시작하여 여야가 상임위원장 배분을 놓고 협상을 시작할 때다. 난데없이 여당이 법사(법제사법)위원장 자리까지 자기들이 가져가겠다고 고집을 부렸다. 관례상 법사위원장은 야당 몫이다. 민주주의를 위한 최소한의 견제 장치로 그렇다. 국회 각 상임위를 통과한 법안은 최종적으로 법사위에 올라와 법률적 체계와 자구 검토 등을 마치게 되는데, 법사위를 통과하지 못하면 법안을 본회의 표결에 부치기 어렵다. 법규로 정한 것은 아니지만, 그동안 전통으로 야당 의원이 법사위원장을 맡도록 했다. 그리하여 거대 여당의 폭주를 막는 것이다. 민주화 이래 이어온 전통이다. 물론 민주주의의 대원칙은 다수결이지만, 모든 것을 다수결에만 맡겨놓으면 공화주의 정신에 반하는 것은 물론 민주주의 본연의 의미까지 훼손한다. 그런 이유로 다른 모든 상임위는 여당이 가져가더라도 오직 법사위만이라도 야당이 운영하도록 함으로써 민주주의 최후의 보루를 남겨놓는 것이다. 훌륭한 의회주의적 배려와 전통으로, 민주당이 야당이던 시절 만든 전통이기도 하다. 그런데 민주당이 여당이 되니, 그것도 역사상 유례없는 거대 여당이 되니, 법사위원장 자리까지 자기들이 몽땅 가져가겠다는 것이다. 자기들의 전통을 스스로 허무는 격이다. '마음대로 다 하겠다'는 폭주 선언이나 다름없었다.

정치적으로 이렇게 강경하게 나오는 상대에게 대응하는 방법은 두 가지다. 강경하게 맞서 아예 실행조차 못하도록 저지하거나, 마음대로 하도록 내버려 두고 결과로서 폐단을 보여주거나. 당시 선택할 수 있는 방법은 당연히 후자다. 상황을 다시 돌아보자면, 당시 여당은 개헌까지 시도할 수 있는 의석을 갖고 있고 야당은 그들의 절반 정도였다. 코로나19 팬데믹으로 국민의 정치적 관심까지 희박한 시국이었다. "소수라도 의지를 갖고 싸우면 된다"고 말하는 사람들이 있는데, 그렇게 싸워서 얻을 수 있는 결과는 무엇인가. '다수결'이라는 현실 세계를 망각하면 안 된다. 현실은 언제나 현실이다.

그래서 여당이 정 법사위원장 자리를 가져가겠다면 우리는 모든 상임위원장 자리를 포기하겠다고 밝혔다. 이것도 전례가 없는 일이다. 전례 없이 폭주하는 상대에게는 전례 없는 조치로써 맞서는 것이 야당 나름의 비폭력 강경책 아니겠나. 국정 운영의 모든 책임을 여당이 짊어지도록 하겠다는 뜻이었다. 그러한 상황에 야당이 다른 상임위원장 자리 몇 개를 얻어 무의미한 의회 투쟁을 계속하면 국민들 시선으로는 "정부는 일하려고 하는데 국회 때문에 위기 극복이 안된다"는 양비론적 회의감에 휩싸이게 된다. 여당이 야당에 핑계대기 좋은 조건이 마련되는 것이다. 어차피 여당이 폭주하겠다 마음먹고 실질적 견제책이 없는 마당에 야당이 그러한 정치적 공동 책임의 멍에까지 뒤집어 쓸 필요는 없지 않은가. '발목 잡는 야당'이라는 프레임을 벗어나기에 오히려 좋은 기회라 여겼다.

형세가 그러할진대 여기에도 당내 반발이 있었다. 이왕 국회의원이 된 김에 상임위원장 정도는 해봐야 되지 않겠느냐 기대했던 일부 야당 의원들, 특히 3선, 4선 '고참' 중진 의원들의 불만이 컸다. 내가 상임위원장 전체 보이콧 전략을 내놓음으로써 자신들이 상임위원장이 될 수 있는 기회가 가로막혀 버린 것이다. 내가 얼마나 얄미웠겠나. 본심은 거기에 있으면서 상임위원장 보이콧 전략을 "민주당 2중대가 되는 격"이라고 비난했다. "싸우는 야당이 되어야 한다"는 허망한 말만 되풀이했다. 어디서 뭘 어떻게 싸운단 말인가. 그동안 야당을 엉망으로 만들어놓고 쫓겨나 당 바깥에 있던 일부 정치인들이 그런 비난을 부추겼다. 의도야 뻔하지 않은가.

외부 인사와 보수 언론

서울·부산시장 재보궐 선거가 열렸다. 선거를 앞두고 당이 또 갈라졌다. 특히 서울시장 후보를 정하는 문제를 놓고 당이 위태로울 정도로 입장이 양분됐다.

하나의 견해는 "서울시장 선거에 반드시 우리 당 후보를 추대해 이겨야 한다"는 주장이었고, 다른 견해는 "우리 스스로 이길 힘이 없으니 외부 인사를 데려와야 한다"(혹은 '외부 인사에게 시장 자리를 양보해야 한다')는 주장이었다. 후자를 주장하는 사람들에게는 묘한 공통점이 있었다. 내가 비상대책위원장을 맡는다는 보도가 있을 때 나를 가장 강력하게 반대했던 사람들, 전직 대통령 문제 사과나 5.18 묘소 참배, 정강정책 개편 등 일체 혁신 노력에 반대했던 사람들, 상임위원장 전체 보이콧 전략에 반대했던 사람들이다. 이 모든 것에 해당하는 사람도 있다. 이것이 담고 있는 의미는 굳이 설명하지 않아도 될 것이다.

　야당의 입장에서 당시 재보궐 선거의 정치적 의미를 살피자면 '그동안 변화 노력에 대해 국민에게 평가를 받는 일'이었다. 총선에서 참패한 직후 야당은 다음 대통령 선거에 대한 희망이 전혀 보이지 않았다. 정당 자체가 무기력했고, 변변한 대통령 후보조차 없어, 오죽했으면 내가 "방송인 백종원 씨는 어떻습니까?"라는 말을 건넬 정도였다(정말 백종원 씨를 영입하겠다는 뜻이 아니라, 그만큼 서민적이고 개혁적인 풍모를 지닌 정치 신인이 등장하였으면 하는 바람이었다). 어쨌든 내가 비상대책위원장을 맡은 이후로 야당은 나름대로 변화를 위한 노력을 계속해왔다. 다가오는 재보궐 선거만 잘 치른다면 그동안 만들어놓은 정치적 토대를 바탕으로 다음 대선을 준비할 여력도 생겨날 수 있다고 판단했다. 그런데 그 상황에 "우리 후보를 내지 말자"니, 이러한 주장이 담고 있는 속뜻은 과연 무엇을 의미하는가. 그동안의 성과 자체를 부정하는 것이다. 그동안 보수 야당이 개혁을 위해 노력해왔던 방향이 마음에 들지 않는다는 뜻이다. 그러니 모든 것을 무위로 돌리기 위해 '외부 인사'를 통해 당을 뒤흔들고 "성과는 없었다"라고 말하려는 것이다. 정치를 자꾸 과거로 되돌리려는 것이거나, 혹은 완전히 해체하자는 주장인데, 그런 비현실적이고 무책임한 행위가 어딨는가.

사람은 때로 자신이 지금 서 있는 '위치'에 따라 행동의 방향성을 완고히 규정 받는다. 당시 나로서는 그랬다. 어쨌든 당시나는 야당의 비상대책위원장으로 정당의 임시 대표자였다. 내가 그 역할을 맡지 않고 정당 바깥에 있었더라면 다른 입장과태도를 가졌을지도 모른다. 제3의 후보를 추대하자고 말이다. 하지만 정당을 책임지고 있는 이상, '우리 당' 입장에서 사고하고, 어떻게든 '우리 당'을 지키고 강화하는 방향으로 결정하는것이 당연하지 않은가. 대표자의 마땅한 책무다.

　　나는 처음부터 끝까지 확고하게 "우리 당 후보를 내세워야한다"는 입장이었다. 그렇게 할 수밖에 없었다. 아무리 바깥에인지도 있는 다른 후보가 있다한들, 우리 당 후보를 내세우고, 우리 당 후보를 단일 후보로 만들기 위해 끝까지 노력할 의무가내게는 있는 것이다. '당 대표'라는 사람이 겉으로 대표 명찰을달고서 속으로는 다른 마음을 갖는다면 그것만큼 속물적이고이기적인 행위가 어디 있겠나. 게다가 지금까지 야당의 변화와혁신을 위한 노력을 해왔는데, 여기서 외부 인사에게 단일 후보자리를 내준다면, 우리 당은 자체적으로 후보를 낼 수조차 없는정당이라고 자임하는 꼴이 되고 만다. 그동안 성과가 물거품이되는 것이고, 그렇게 해서는 다음 대선을 치를 정치적 동력도잃게 된다. 대선을 치를 수 있을 정도로 당을 재기시켜놓고 물러나겠다는 다짐과 약속을 저버리는 꼴이 된다. 모든 일은 결과로써 과정을 증명해야 하는 법이다.

외부에서 자꾸 당 내부를 흔들었다. 우리 후보로는 이길 수 없다, 제3후보에게 양보해야 한다, 김종인이 개인적 감정에 휩싸여 쓸데없는 욕심을 부린다……. 보수적인 언론사도 일제히 그런 논평을 내면서 나에 대한 공격을 이어갔다. 심지어 우리 당 서울시장 후보로 결정된 사람(오세훈)에게 전화를 걸어 다른 사람(안철수)에게 양보하라고 회유 반 협박 반으로 재촉하는 당내외 인사까지 있었다. 오죽했으면 후보가 밤늦게 내게 전화를 걸어 심리적인 압박감을 호소할 정도였다. 절대 흔들리지 말고 당신이 갈 길을 꿋꿋이 가라고 격려했다.

내가 무작정 '우리 당'이라는 원칙을 강조했던 건 아니다. 당시 여론조사 결과를 꾸준히 파악해보니, 우리 당 자체 후보로 충분히 이길 수 있고, 혹여 3자 대결 구도가 되어도 이길 수 있다는 확신까지 있었다.

우리 당 후보에게 자리를 양보하라고 재촉(?)하는 그 외부 인사는 각종 여론조사에서 1등을 한 적이 한 번도 없었다. 우리 당이 내부 경선을 하던 때라 각 후보 예정자(오세훈, 나경원)의 지지율이 분산되어 있었지만, 그럼에도 외부 인사가 뚜렷이 1등을 한 적이 없다. 우리 당에서 누군가 공식 후보로 결정되면 (특히 오세훈으로 결정되면) 지지율이 거기로 쏠릴 것은 분명하다고 판단했다. 후보 개인에 대한 평판이 비슷하다면 국민은 '될 사람'을 밀어주는 것이 선거의 법칙이기 때문이다. 우리 당 후보가 시너지를 얻어 지지율이 더욱 올라갈 것이 확실하다. 그럼에도 군이 외부 인사에게 양보할 이유는 무엇인가.

게다가 그 외부 인사는 원래 서울시장 후보로 나설 생각이 없었는데 우리 당을 안팎에서 뒤흔들어보려는 사람들의 부추김에 이끌려 갑작스레 후보로 나서게 되었다. 지난 1년간 그런 사람들의 어리석은 몸부림에 맞서 잘 버텨왔는데 마지막에 삽바를 놓을 이유가 없었다.

당시 서울·부산시장 재보궐 선거는 여당의 책임, 그것도 성추행이라는 극히 불미스러운 행동으로 치러지는 선거라서 애초에 야권에 유리한 선거였다. 당시 선거가 부산뿐 아니라 서울에서까지 치러지게 된 것은 중요한 정치적 의미가 있었다. 수도권에서 정권 심판의 여론을 확인하고, 다음 대통령 선거를 준비하는 전초전 성격이 있는 것이다. 보수 언론도 문제다. 사실관계만 잘 보도하면 될 텐데 가끔 지나친 진영 의식을 발휘해 무리수를 두곤 한다. 혹시라도 야권 후보가 분열돼 서울시장 선거에 질까 봐, 유난히 '우리 당 후보'를 강조하는 나에 대한 비난을 계속 이어갔다. 언론이 세상을 이끌어간다는 자신감에 충만한 것일까. 이런 것도 하루 이틀 본 풍경이 아니니 어쨌든 그것도 무시했다.

결국 여론조사를 통해 우리 당 후보가 단일 후보로 결정됐다. 무엇이 현명한 선택인지 국민이 오히려 더 잘 알고 있었던 것이다. 선거에서도 압도적인 표 차이로 당선됐다. 거의 60% 가까운 득표율로 이겼다. 우리나라 정치가 이렇게 다이내믹하다. 불과 1년 사이에 여론이 완전히 뒤집힌 것이다. 민심은 매섭고 빠르다.

정권 심판 선거

눈여겨봐야 할 대목은 역시 서울시장 개표 결과다. 역대 우리나라 모든 선거를 통틀어 여당이 서울 지역 모든 선거구에서 그토록 완패한 선거는 2021년 서울시장 재보궐 선거가 처음이었다. 여당은 단 하나의 선거구에서도 승리하지 못했다. 30년 넘게 강력한 민주당 지지 성향을 보여줬던 선거구 유권자들마저 야당을 지지했다. 정권 심판 여론이 그토록 높았다.

결과를 정리하자면, 당시 선거는 야당이 잘해서 이긴 것이 아니라 '여당이 못해' 이긴 선거다. 아파트 가격이 폭등했다. 우매한 정권은 그것을 자꾸 세금이나 규제로만 막으려 했다. "부동산은 자신 있으니 믿어달라"고 호언하던 대통령이, 막상 문제가 커지니 자신은 뒤로 빠지고 총리와 장관을 앞세워 마치 남의 일처럼 관료들을 질타했다. 아파트 한 채 있는 중산층은 세금이 올라 아우성, 아파트 한 채 없는 청년들은 내 집 마련의 희망이 사라져 망연자실이었다. 게다가 주택개발과 관리를 책임진 LH

공사 직원들이 개발예정지에 대대적인 땅 투기를 했던 사실이 드러나 분노하는 민심이 하늘을 찔렀다.

부동산 문제뿐 아니다. 지난 정부의 과오를 들추기 위해 이른 바 '적폐청산'을 할 때는 검찰을 충견처럼 앞세우더니, 그런 검찰이 현 정부를 향해 수사의 예봉을 돌리니 갑작스레 세상 모든 잘못이 검찰에서 비롯된 것처럼 난리를 피웠다. 법무부장관이란 사람이 검찰총장을 쫓아내기 위해 온갖 해괴한 짓을 다 벌이는 한심스런 다툼이 1년 가까이 계속됐다. 정상적인 국가, 정상적인 정부에서는 일어날 수 없는 일들이다. 국민은 거기에도 염증을 느꼈다.

결국 2021년 4.7재보궐 선거는 부동산 선거였고, 조세저항 선거였으며, 검찰총장 탄압에 반대하는 선거, 정권 심판의 성격이 뚜렷한 선거였다. 우리나라 역대 모든 선거가 그렇듯, 견제받지 못하는 권력은 스스로 패망을 재촉하는 법이다. 그러한 진리를 다시 한번 확인하는 선거이기도 했다.

선거 다음 날, 나는 비대위원장 자리를 떠났다. 풀어야 할 과제가 아직 많지만 기본적으로 내가 해야 할 일은 했다고 봤다. 거기서 더 많은 일을 하려고 해봤자 괜한 오해만 사게 된다. 애초에 약속했던 대로 "다음 대통령 선거를 준비할 수준"은 어느 정도 갖추었으니 이제는 다른 사람이 바통을 이어받아 야당을 잘 이끌어줬으면 하는 바람만 가졌다. 그동안 나를 '개인적인 욕심에 휩싸여 선거를 망치려는 사람' 정도로 매도했던 보수 언론은 선거가 끝나자 나를 선거의 영웅인 양 추켜세웠다. 언론은 원래 그런 법이다. 일희일비하거나 동요할 필요 없다.

언론이 내게 친화적으로 돌아선 마당에 야당 사람들에게 따뜻한 덕담이나 건네주고 떠났으면 개인적으로 더할 나위 없이 좋은 이미지를 남길 수도 있었을 것이다. 그러나 내가 무슨 개인적 명예나 직위를 바라 그 자리를 맡았던 것이 아니다. 마지막까지 쓴소리를 했다. 퇴임사에 "이번 선거의 결과를 '국민의 승리'로 겸허히 받아들이지 않고 자신들이 승리한 것이라 착각하면서 개혁의 고삐를 늦춘다면 당은 다시 사분오열할 것이고, 정권교체와 민생회복을 이룩할 천재일우의 기회는 소멸하게 될 것"이라고 경고했다. 그러자 또 일부 언론과 야권 극단세력이 '자신이 마시던 우물에 침을 뱉고 떠난다'고 비난했다. 역시 내버려 둘 일이다.

야당이 승리에 도취하지 않고 부디 변화와 개혁을 위한 노력을 계속하길 바랄 따름이었다. 총선 선거대책위원장을 맡아 당사에 처음 출근하던 날과는 달리 비교적 홀가분한 마음으로 집에 돌아갈 수 있었다. 1년여 만에 자유인이 되었다.

영원한 권력은 없다

이 책은 '왜 대통령은 실패하는가' 하는 이유를 소개하는 책이다. 그런데 21대 총선부터 야당 비상대책위, 그리고 서울·부산시장 재보궐 선거에 이르는 과정을 이토록 소상히 소개하는 이유는 앞에 밝힌 것처럼 정치의 거시와 미시를 함께 보여드리기 위해서다. 미시 속에 거시의 담론이 존재한다.

초대 이승만 대통령부터 시작해 지금껏 70년에 이르는 우리나라 정치 역사는 고찰의 범위에 있어 당연히 '거시'에 해당한다. 대한민국 역사에 완연한 거시사巨視史다. 그런데 어느 정도 범위를 우리는 과연 '거시'라고 말할 수 있을까? 10년, 20년 단위만 거시일까? 정치 전략의 측면에서 보면 6개월, 1년마저도 거시가 된다. 6개월 뒤에 어떤 변화가 일어날지 모르는 것이 정치고 민심이다. 그 사이에 광활한 우주 같은 기회가 펼쳐져 있다. 따라서 무릇 정치인이라면 6개월과 1년 사이라도 열심히 노력하면 민심을 설득하고 되돌릴 수 있다는 자신감을 갖고 해결을 모색해야 한다.

내가 정치 인생 60년을 거치며 느꼈던 작은 교훈을 독자들에게 보여드리기 위해, 지금 글을 쓰고 있는 때와 가장 가까운 시기인 2020~2021년의 정치적 사건을 예를 들어 소개했다. 독자들이 잘 알지 못하는 정치의 속살과 역학관계를 소개하는 데에도 좋은 예시가 될 수 있을 것이라 생각한다. 그럼 앞에서 구체적으로 소개하지 못했던 내용을 다시 들여다보며 다음 장으로 넘어가도록 하자.

앞에서 "미국 민주당이 만년 야당 신세를 극복하고 정치사에 새로운 이정표를 세울 수 있었던 비결, 독일 사민당이 30년 만에야 기민당을 이길 수 있었던 비결은 국민이 놀랄 만큼 철저한 혁신을 단행한 것에 있었다"고 말했다. 익히 알고 계시는 독자들이 많겠지만, 이 부분에 부연 설명을 드리려고 한다.

현재의 미국 민주당이 공화당보다 리버럴하고 진보적인 정당이라고 대부분 알고 있지만 과거엔 그렇지 않았다. 원래 미국 민주당은 서부 농업지대에 기반을 두고 있어 동부 공업지대에 지지 기반을 둔 공화당보다 훨씬 보수적인 정당이었다. 출발이 그렇다. 남북전쟁에서도 공화당은 노예해방을 주장한 북부 편이었고, 민주당은 노예제 존속을 고집한 남부에 뿌리를 두고 있다. 1900년대 초반에 미국 독점기업들을 해체한 시어도어 루스벨트 대통령은 공화당 소속이었다. 에이브러햄 링컨 대통령이 공화당원이었다고 알려주면 요즘엔 의아하게 생각하는 사람마저 있을 정도다.

그럼 과연 어떻게 해서 민주당과 공화당의 성격이 바뀌었을까. 공화당은 원래 진취적 정당이었고, 도시 상공인과 지식인이 열성적 지지 기반이었다. 양당의 체질이 뒤바뀌게 된 계기는 1930년대 대공황과 1960년대 민권운동을 거치면서 비롯됐다. 대통령으로 따지자면 프랭클린 루스벨트, 존 F. 케네디 등을 거치면서 미국의 민주당이 정치 성향을 바꾸어 공화당보다 더욱 혁신적인 정당으로 변모한 것에서 시작했다. 시대의 흐름을 빠르게 파악하고 변화의 방향 앞에 먼저 가 있었던 것이다. 단순히 선거 공학 측면에서 보아도, 선거인단이 많고 여론 전파력이 높은 동서부 대도시 민심을 사로잡지 않으면 민주당의 미래에 희망이 없음을 일찍이 간파했던 것이다.

민주당은 공화당의 의제를 빼앗고, 전통적인 공화당 지지 기반을 자신의 기반으로 대체했다. 원래 동부 공업지대 벨트가 빨간색, 중부 농업지대가 파란색이었는데(공화당의 상징이 빨강, 민주당은 파랑이다), 최근 미국 대통령 선거 결과를 보면 완전히 반대로 그려진 지도를 목격할 수 있을 것이다. 오랜 변화의 노력을 통해 그렇게 되었다.

독일 기민당과 사민당 역시 그렇다. 2차대전 이후 지금까지 독일 내각의 정치 성향을 보면, 70년 역사 가운데 50년 정도를 보수 정당인 기민당이 집권했고, 나머지 20년을 진보 정당인 사민당이 이끌고 있다. 그런데 2차대전 직후 독일 국내외 정세가 기민당에 유리했던 것이 결코 아니다. 독일은 파시스트 정당이 집권해 국가를 패망의 길로 이끌었고 거기에 보수 정당이 협조했다는 역사적 과오가 있기 때문에 전쟁 직후에는 '보수'라는 말조차 꺼내기 어려운 분위기였다. 그럼에도 이른바 보수 정당인 기민당이 지금껏 독일의 주요 정당으로 자리할 수 있었던 배경은 '보수'를 전면에 내걸었기 때문이 아니다. 오히려 보수의 '보' 자조차 꺼내놓지 않았고, 대신 철저한 혁신을 위해 노력했다. 독일 기민당은 그리하여 패전 직후 20년 동안 연속으로 집권하는 의외의 대기록을 세웠다. 단독 내각을 구성할 기회가 있었을 때에도 연립내각을 추구하면서 정치적 균형감각을 잃지 않았다. 기민당의 장기집권 비결은 폭주가 아니라 조화에 있었다.

그러면 또 어떻게 해서 사민당은 기민당의 장기집권 구도를 끊어놓을 수 있었을까. 사민당이 선택한 방법은 '사민당을 더욱 사민당스럽게'가 아니라 '사민당을 기민당스럽게' 혁신하는 쪽에 있었다. 1950년대 말 사민당은 고데스베르크 프로그램Godesberg Program이라 부르는 혁신의 노력을 통해 국유화를 비롯한 사회주의적 정강 정책을 버리고 당의 방향성을 기민당 쪽으로 밀고 나갔다. 원래는 사민당이 기민당보다 전통과 역사가 훨씬 오래된 정당인데, 사민당은 그렇게 기민당의 의제를 끌어오고 나서야 비로소 첫 집권을 이룩할 수 있었다. 그리고 지금껏 독일은 기민당·사민당이 번갈아 집권하는 중이다. 물론 어떤 경우에도 단독으로 집권하지 않고 소수 정당들과 어울려 연합 정부를 구성한다.

정치라는 것이 대저 이렇다. 국민은 변화를 추구하고 혁신을 위해 노력하는 정당에 마음을 주는 법이다. 우리가 정치에서 발견할 수 있는 제1의 교훈이 그것이고, 정치인이라면 언제나 명심해야 할 평생의 과제다. 내가 야당 비상대책위원장 직을 맡았을 때 당명뿐 아니라 정강정책을 바꾸는 데 심혈을 기울였던 이유는 바로 그것 때문이었다. 나름대로 노력은 했는데, 국민의 마음에 깊숙이 다가가지는 못한 것 같다. 어떻게 첫술에 배부를 수 있겠나. 어쨌든 정치권 후배들이 그런 노력의 의미를 잊지 않고 계속 정진해나가기를 바랄 따름이다.

여기서 여당(민주당)에게 건네고픈 이야기도 있다. 내가 비상대책위원장을 맡을 적에 여당은 이른바 검수완박(검찰 수사권 완전 박탈)이라 부르는 검찰 해체 작업에 몰두했고, 권력형 비리수사를 전담한다는 명목으로 공수처(고위공직자범죄수사처) 설치에 주력했다. 언론사 기자들이 공수처에 대한 소감을 물을 때마다 나는 이런 내용으로 답했다. "할 테면 해보라." 거대 여당이 기어이 그것을 만들겠다니 막을 방도는 없지만, 할 테면 한번 해보라는 것이다.

민주당의 가장 큰 문제점은 자신들이 천년만년 여당일 줄 안다는 점이다. 지금의 여당이 야당이 되면 그때는 '그때의 여당'이 공수처라는 칼자루를 쥐게 된다. 지금은 자신들의 칼자루라고 생각하지만, 언젠가는 칼끝이 자신을 향할 수도 있다는 말이다. 물론 그렇게 해서 공수처가 여야를 똑같이 겨누는 칼날이었으면 좋겠지만, 솔직히 민주당이 그런 의도로 공수처를 만들지는 않았다고 본다. 당면해 자신들의 비위와 범죄 행위를 덮기 위해 공수처를 내세워 그럴듯한 명분으로 치장하였을 뿐, 그 뒤로 그 기구가 하고 있는 행동을 보라. 검사들의 실력도 형편없고, 오로지 야당만 추적하고 조사하는 조직으로 운영되고 있지 않은가. 국가는 안중에 없고 오직 자신들 눈앞의 안위만 생각하면서 그런 무모한 짓을 저질렀다. 정권이 바뀌면, 멀쩡할 것 같은가.

지금은 민주당이 검찰의 힘을 빼기 위해 공수처라는 도피처를 만들어 방패막이로 삼고 있지만, 정권이 바뀌면 공수처는 또 '그때 여당'의 도피처로 활용되기 마련이다. 대한민국은 민주주의 국가이고 공화주의 국가이니 어떤 정당이든 영원히 권력을 잡을 수는 없는 법이다. 만년 여당 없고 만년 야당 없다. 정권은 뺏고 뺏기기 마련이다. 그런데 한국의 민주당은 언제나 오로지 '지금'만 생각한다. 심지어 국가의 재정이나 교육, 연금 개혁 같은 장기적 과제마저 그렇게 다룬다. 바통을 이어받을 정부는 안중에도 없이, 오로지 당면한 위기만 잠깐 눈속임으로 극복하면 된다는 식으로 정책을 다룬다. 무능하고 한심한 사람들이다. 그러한 피해가 고스란히 국민에게 돌아간다는 측면에서 대단한 위험하고 난폭한 운전자에 해당한다.

법사위원장을 여당이 가져간 것 또한 그렇다. 당시에는 자기들이 다수당이니까, 법사위원장 자리까지 빼앗아 많은 것을 속 시원히 처리할 수 있게 되었다고 기뻐했다. 그런 웃음을 보면서 유치하다는 생각밖에 들지 않았다. 민주주의의 기본을 모르는 것이다. 앞으로 자신들이 소수당이 되었을 때를 생각해보라. 민주당이 천년만년 다수당으로 살아갈 것 같은가. 물론 그때 가서는 또 다른 말을 하지 않을까. 그때그때 편의에 따라 기준을 바꾸는 위선적인 태도가 아닐 수 없다. 이들이 민주주의를 이론적 표피로만 이해하고 공화주의적 사고가 결여되어 있다는 사실이 여실히 드러나는 대목이다.

여당이나 야당이나 역사의 한 치 앞도 내다보지 못하고 오늘을 만끽하는 것에만 급급한 것이 한국 정치의 현실이다. 미시와 거시를 통틀어 그렇다. 그래서 나는 조금 거창하지만 회고록 제목을 '영원한 권력이 없다'라고 했다. 세상에 정말 영원한 권력이란 없다. 자기 혁신을 위한 노력을 게을리 말아야 한다. 국민은 준엄한 심판자다. 언제나 정신 똑바로 차리고 이런 사실을 잊지 말아야 한다.

국민은 변화를 갈망한다

내가 비상대책위원장 소임을 마치고 물러난 후 야당에서는 차기 당 대표를 선출하는 전당대회가 열렸다. 36세 젊은 청년이 새로운 당 대표로 선출됐다. 계속 변화를 추구하라는 국민의 열망이 반영된 것 아니겠는가. 혁신의 고삐를 늦추지 말라는 국민의 명령인 것이다.

이준석 노원구 당협위원장이 당 대표 후보로 출마하겠다고 처음 연락했을 때, 나는 '정치적 경험을 잘 쌓으라'는 정도로만 덕담을 건넸다. 사실은 설마 당선될 수 있을 것이라고 기대하지 않았다. 솔직히 그랬다. 당 대표 선출 방식에 여론조사가 포함된다지만, 당내에 기반이 취약한 이 위원장이 과연 당원들의 벽을 넘어설 수 있을지에 대해 회의적이었다.

그런데 이변이 일어났다. 여론조사에서 이 위원장이 50% 가까운 국민의 지지를 받는 것으로 나타난 것이다. 그때까지도 설마 했다. 그리고 기적이 이어졌다. 당 대표 후보자가 모금할 수 있는 정치후원금 1억 5천만 원을 이틀 만에 채우더니, 여론조사에서 압도적 지지를 받은 것은 물론, 당원 투표까지 승리한 것이다. 결국 이 위원장은 역대 최연소 당 대표로 선출되었다. 국민이 야당의 변화를 얼마나 간절히 바라고 있는지 여실히 알 수 있는 대목이다. 혁신에 대한 국민의 열망을 당원들이 함부로 거스르지 못한다는 사실 또한 발견할 수 있었다. 결국 국민이 승리한 것이다.

나로서는 반성할 대목이다. 여전히 국민은 야당을 바라보며 현실적 대안을 기대한다. 변화에 대한 희망의 끈을 놓지 않는 것이다. 삶이 힘들 때, 국민이 정치권에서 야당 말고 어디에 현실적 기대를 하겠는가. 나는 그런 점을 쉬이 간과했다. 나이가 든 탓일까. 이준석이 무모한 도전을 하는 것이라고 지레 기대를 거두었었다.

물론 당 대표 한 명이 바뀌었다고 야당이 금세 획기적으로 달라지지는 않을 것이다. 젊은 당 대표가 복잡한 현실 정치판을 잘 헤쳐 나갈 수 있을지 걱정이 되기도 했다. 어쨌든 '정권교체'라는 과제를 이룩하기 위해서는 야당이 어떤 방향으로 변화의 노력을 계속해야 하는지 국민의힘 당 대표 선거 과정을 통해 다시 여실히 확인했다. 국민의 기대와 열망에 주목해야 한다.

재삼 강조하지만 변화를 추구하는 정치여야 한다. 국민은 그러한 정당에 지지를 보내고, 그렇지 않은 정당에는 실망을 표한다. 한곳에 안주하고 머무르는 정치가 되어서는 안된다. 특정한 지지층에 휩쓸려서는 안된다. 국민이 무엇을 요구하고 있으며, 시대가 어떤 방향으로 변화하고 있는지, 시야를 넓게, 그리고 멀리 보고 나아가야 한다. 이것을 잘 이해하고 순응한 정치는 살아남았고, 그러지 못한 정치는 실패했다. 이 책에서 독자들에게 소개할 내용도 그런 메시지의 연장선이 될 것이다. 좀 지겹다 느껴질 정도로 그런 이야기를 반복할 것이다. 60년 넘게 정치 현장에서 보고 느낀 결론이 그렇다.

앞선 회고록에서 나는 '영원한 권력은 없다'라고 권력의 덧없음을 경고했다. 지난날 대한민국 모든 대통령이 종국에는 지나친 욕심을 부리는 바람에, 권력이 영원할 것처럼 고집과 착각을 부리는 바람에 실패했다고 소개했다. 이번에는 변화와 조화의 측면에서 살펴볼 것이다. '변해야 산다', '역사와 국민 앞에 정직해야 한다'는 것이 미리 언급하는 이 책의 결론이다. 시대와 국민의 요구에 따라 조화롭게 발전해야 한다. 그런 정치가 승리하고 궁극적으로 살아남는다. 나이 든 사람의 잔소리 같은 이야기를 계속 이어나갈까 한다.

2부　내가 만난 대한민국 대통령

이승만에서 문재인까지

가까이 있는 물체의 구조를 크게 확대해 보기 위해서는 현미경이 필요하다. 멀리 있는 물체를 끌어당겨 보기 위해서는 망원경이 필요하다. 또 일상을 살피기 위해서는 세상을 바라보는 눈이 필요하다. 미시의 역사에는 현미경, 거시의 역사에는 망원경을 들이대야 하고, 우리에게 필요한 것은 그것을 바라보는 관점이다.

2020~2021년에 고정되어 있던 관찰의 현미경을 이제는 망원경으로 바꾸어 거시의 영역으로 확장해보자. 관조의 시선으로 멀리 역사를 바라보도록 하자.

이번 장에서는 이승만부터 문재인에 이르기까지 우리 역사를 스쳐 간 열두 명의 대통령에 대해 살펴볼 것이다. 공인으로서의 대통령을 살펴볼 것이며, 그 시대의 역사를 함께 돌아볼 것이다. 대한민국 70여 년의 역사와 함께한 대통령을 한 명씩 상세히 소개하려면 제법 많은 분량이 필요할 터이니 영화를 4배속으로 확인하는 방식과 같이 핵심만 빠르게 살펴볼 것이다.

미시와 거시를 통틀어 미리 이야기하는 결론은 이렇다. 모든 대통령은 권력에 대한 탐욕이 망가뜨렸다. 시대의 변화와 국민의 요구에 호응한 대통령은 박수를 받았지만 성공은 오래가지 못했으며, 막강한 권력에 취해 허세를 부리다 결국 스스로 무너졌다. 허망하게도 대한민국 역대 대통령이 하나같이 그랬다. 사람이 문제였을까, 제도가 그러한 욕망을 불러온 것일까? 거기서 우리는 교훈과 대안을 찾아야 한다.

1. 이승만
— 건국의 공로를 스스로 무너뜨린 대통령

8.15해방이 이루어졌다.

사실 우리 민족은 근대적 '정치'라는 것을 경험할 겨를이 없었다. 왕조시대에 백성이 정치를 경험하지 못한 것이야 말할 것도 없다. 개화 이후 근대국가를 만든다고 만들었지만 열강의 틈바구니에 끼어 우리 자신의 정치를 경험할 수 없었다. 신분 타파가 제대로 이루어지지 않은 상태에서 국가가 이름만 바꾸고 기존 지배계층이 서로 옥신각신하는 수준이었다. 그러다 국권을 잃었다. 식민통치를 받던 36년 동안에는 정치라는 것이 존재할 수조차 없었다. 정치는 물론 외교라는 용어의 뜻이 무엇인지도 모른 채 우리는 36년을 암흑 속에서 지냈다.

그러다 해방을 맞았다. 갑자기, 우리에게 없던, '정치'가 튀어나온 것이다. 정치를 한 번도 경험한 적 없으니, 우리 민족에게 해방은 정치의 복원이 아니라 정치의 탄생에 가까웠다.

해방과 동시에 '정당'이 우후죽순 생겨나기는 했다. 정치를 하려면 우선 정당을 만들어야 한다는 사실 정도는 해방 전에도 알기는 알았다. 하지만 식민지 시절에는 우리가 참여할 수 있는 정치 제도가 없었으니 정당도 다 '지하 정당' 수준이었고, 그런 정당에서 민주적 훈련이 제대로 이루어졌을 리 없다. 상해 임시 정부에도 의회와 정당은 있었다. 그러나 낯선 이국 땅에서, 그것도 항상 쫓겨 다니는 처지에, 토론과 합의에 따른 민주적 의사 결정 과정이 원만히 진행될 수 있었겠나. 8.15해방 당시 우리 민족이 지니고 있던 민주주의 자원이 솔직히 그랬다. 정당의 조악함이야 말할 것도 없다. 우국지사 몇 명이 모여 '무슨 당'이라고 선포하면 그것이 정당이 되는 식이었다. 그렇게 우리에게 정치는 모든 것을 처음부터 다시 시작해야 하는 숙제와 같았다.

태평양전쟁 말기의 일제는 외형상 강고해 보였다. 미국에게 선전포고하고, 중국 대륙을 차근차근 점령하고, 소련과도 맞붙고 있었으니 우리나라가 곧 독립될 것이라 예상하는 사람은 해방을 목전에 둔 무렵까지도 그리 많지 않았다. 따라서 광복이 되면 스스로 국가를 수립하고 나라를 어떻게 이끌겠다는 뚜렷한 계획을 세우고 있던 정치 집단 역시 흔치 않았다. 누구를 탓할 일은 아니다. 함석헌의 표현대로 "도둑처럼 갑자기 찾아온 해방"이었기 때문이다.

이승만의 자연스러운 권위

해방이 됐으니 정치적 헤게모니는 일제와 맞서 싸웠던 사람들이 우선권을 갖는 것이 당연했다.

식민지 시절 우리의 독립운동은 크게 국내파, 상해 임시정부파, 구미파로 나뉘었다. 해방 직후 국내파는 국내에 거주하고 있었으니 새로운 국가의 청사진을 그려야 할 역할도 우선 그들에게 있었는데, 의견이 엇갈렸다. 국내파를 중심으로 당장 정부 수립을 선포하자는 사람들이 있는 반면, 독립운동을 이끌었던 상해 임시정부가 있었으니 그분들이 들어오면 받들면 되지 않느냐고 주장하는 사람들도 있었다. 하지만 미군정이 상해 임시정부를 인정하지 않아, 김구와 이승만은 임시정부 대표자 자격이 아니라 개인 자격으로 입국할 수밖에 없었다. 지금이야 비행기를 타고 금방 들어올 수 있지만 당시엔 교통이 좋지 않았고, 또 입국하는 자격 문제를 놓고 미군 사령부와 논란도 있어, 이승만은 10월 17일, 김구는 11월 23일에 고국 땅을 밟을 수 있었다.

미군 사령부가 임시정부의 대표 자격을 인정하지 않은 것에 대해 의문을 갖는 사람들이 있겠지만 당시의 시대적 상황으로는 어쩌면 자연스러운 조치다. 우선 우리 임시정부가 독립운동 기간 내내 열심히 싸우긴 했지만 어쨌든 형식상으로는 연합국의 승인을 받은 정부가 아니었기 때문이다. 다른 이유로는, 한반도에서 일본군 무장을 해제하고 과도기 혼란을 통제하는 임무를 갖고 진주한 미군이 잘 알지도 못하는 정치세력을 임시정부라고 자격을 인정할 권한 자체가 없었기 때문이다. 만약 그때 미군이 임시정부를 대표로 인정했다면 그게 더 이상한 일 아니었을까.

그렇게 입국한 해외파 독립운동가 가운데 이승만이 일반 국민에게 가장 추앙받는 인물이었던 것은 분명하다. 해외파들이 입국하기 전에 국내파 독립운동가들끼리 새로운 정부 수립을 구상할 때, 이승만은 정부의 대표자로 추대되었다. 이승만 본인이 요구하지도 않았는데 그랬고, 국내파 독립운동가 상당수가 좌익 성향 인물들이었는데도 그랬다. 그만큼 이승만의 대내외적 인지도가 높았던 것이다. 당시 지식인이나 일반 국민을 대상으로 실시한 간단한 여론조사 결과를 보아도, 새로운 정부의 지도자로 이승만이 적격이라는 답변이 제일 높았다. 그다음이 김구, 여운형, 김규식 정도 순서였다. 그렇게 이승만은 비교적 자연스러운 권위를 지니고 있었다.

'대한민국'을 수립한 탁월한 공로

해방 직후 정치 상황을 언급하는 이유는 '건국'이 그리 간단한 일이 아니었다는 사실을 강조하기 위해서다. 지금 사람들은 1945년 8월 15일 우리 민족이 해방되었고, 미국과 소련이 한반도를 남북으로 양단해 진주했고, 그래서 각각 정부가 수립되었다는 식으로 암기하듯 말한다. 물 흐르듯 모든 일이 착착 진행되었다고 생각할 수도 있겠지만 그 과정이 결코 순탄하지 않았다.

해방 정국에 순수한 정치적 이상을 품은 청년들이 '상해 임시정부를 받들자'는 다짐으로 독립운동 지도자들을 찾아갔으나 적잖이 실망하고 돌아섰다. 그분들이 독립운동을 하는 데에는 큰 역할을 하셨을지 모르지만, 실제 만나보니 새로운 국가를 이끌어 나갈 능력은 부족한 측면이 많다고 느꼈던 것이다. 혁명과 건설은 성격이 다르다. 기대가 크면 실망도 큰 법일까. 자신의 생각과 다르다고 정치인을 암살하는 일이 비일비재하게 벌어졌고, 김구, 여운형, 장덕수, 송진우, 현준혁 등이 그런 와중에 운명을 달리했다. 좌우 이념 대립은 갈수록 심각해졌다.

당시 왜 통일 정부를 수립하지 않았느냐고 비난하는 사람도 있다. 그러나 미국과 소련이 일본군 무장해제를 이유로 한반도 지도를 절반으로 접어 남과 북에 따로 진주하기로 결정한 때로부터 분단은 이미 '확정적 예고'에 가깝지 않았을까. 지금 사람들 시각으로는 끝까지 통일 정부 수립을 주장한 인사들이 이상적으로 보일지 모르지만 당시의 현실로는 몽상에 불과했다.

한반도의 남과 북을 미국과 소련이 분할 관리하는 상태에서 과연 어떤 방식, 어떤 형태로 통일 정부 탄생이 가능할 수 있단 말인가. 게다가 좌우 대립이 갈수록 심각해지는 상황이었다. 강대국들은 그래서 일정 기간 한반도를 신탁 통치하겠다는, 자기들 나름대로는 현실적이라 생각하는 방안을 내놓았지만 우리는 그것을 받아들일 수 없었다. 36년 동안이나 식민통치를 받았는데 다시 다른 나라에게 통치를 위임한다는 발상 자체가 받아들이기 어려운 부분이었다. 찬탁 – 반탁 논쟁 가운데 이른바 반탁이 우세했던 것도 그런 국민감정 때문이다. 우리는 패전국 국민이 아닌데 왜 가해자처럼 취급을 받아야 하느냐 하는 말이다.*

아무리 그렇더라도 당시 강대국 지도자들은 '오랜 식민통치

* 사실 국제사회의 형식논리로 우리는 패전국의 식민지였던 것은 맞다. 2차대전 이후 카메룬, 소말리아, 뉴기니 등이 신탁통치를 받았으며 대체로 1960~70년대에 독립하였다. 우리도 그렇게 신탁통치를 받았으면 전쟁도 없었을 것이고, 나중에 통일도 되었을 것이라 주장하는 사람이 있지만 나는 그러한 견해에 동의하지 않는다. 그런 방향으로 갔으면 한반도 전체가 공산화되었을 가능성이 굉장히 높다고 본다.

를 겪은 한국인이 독자적으로 정부를 수립할 능력이 있을까' 하는 회의적인 시선으로 바라봤는데, 그런 점에 있어 이승만의 공로가 크다. 당시 이승만이라는 정치인이 존재했던 것은 우리 역사에 행운이 아닐까 싶을 정도로 이승만은 정부 수립에 지대한 역할을 했다. 독립운동 기간 동안 구미권에 머물며 국제 정세에 밝았던 이승만은 2차대전 이후 열강의 대립과 변화의 흐름을 정확히 꿰뚫고 있었고, 단독 정부 수립으로 노선을 확정해 현실을 빠르게 그 방향으로 이끌어갔다. 이승만이 이상에만 사로잡혀 있는 인물이었다면 절대 불가능했을 일이다. 어쩌면 우리 국민은 필요한 시기에 필요한 능력을 갖춘 지도자를 갖고 있었던 셈이다.

결국 유엔에서 '한반도 전체 선거를 통한 정부 수립'을 결정했다. 기존의 신탁통치 검토에서 입장을 선회한 것이다. 유엔은 그런 결정을 실행하기 위해 선거감시단까지 만들어 한반도에 파견했다. 하지만 북한은 유엔 감시단 입국을 받아들이지 않았고, 그런 이유로 정부 수립을 위한 5.10선거를 남한 단독으로 실시하게 되었다. 이렇게 우리나라는 유엔의 결정과 감시하에 수립된 국가였기 때문에 나중에 북한이 전쟁을 일으켜 침략하자 유엔 차원에서 군대를 만들어 대응할 수 있는 분명한 이유도 생겨날 수 있었다.

하루만에 뒤집힌 헌법

5.10 선거가 실시됐다. 그때 우리 국민 중에는 '선거'라는 제도를 태어나 처음 경험하는 사람이 대부분이었다. 정치인들도 그랬다. 선거를 통해 '국회'가 소집된다는데, 국회라는 용어를 사회과학 서적 같은 데서 보기는 봤지만 정확히 무엇인지 피부로 다가오지 않았다. 그래서, 뒤에 다시 이야기하겠지만, '일개 국회의원으로서 뭘 할 수 있겠어'하는 생각에 출마하지 않은 정치인도 꽤 있었다. 우리나라 제헌국회는 그렇게 소집됐다.

제헌국회에서 헌법을 만들고, 헌법에 따라 지도자를 선출하고, 그 지도자가 정부 수립을 선포하는 것이 신생 국가가 만들어지는 일반적인 과정이다.

제헌헌법은 유진오 선생이 초안을 작성했다. 유진오는 보성 전문학교에서 법학을 오래 가르친, 당시 우리나라에 몇 안 되는 법학자 가운데 한 사람이었다. 식민지 시절에 조선인은 헌법에 학문적 관심을 쏟을 이유가 별로 없었고, 헌법을 직접 만들어 본 경험은 당연히 한 번도 없어, 다른 나라 헌법을 크게 참조해 제헌헌법을 만들 수밖에 없었다. 그 대상이 바로 독일 헌법이었다. 우리나라 제헌헌법은 독일 바이마르공화국 헌법을 거의 베끼다시피해서 만들었다. 유진오를 비롯한 당시 우리나라 법학자들이 대부분 독일을 중심으로 한 대륙법 이론을 따르고 있었으니, 이론상으로는 가장 이상적으로 보였던 바이마르공화국 헌법을 모델로 삼은 것은 어쩌면 당연한 선택이다.

그런데 이 바이마르공화국 헌법이 의원내각제를 기둥으로 한다. 1차 세계대전이 끝날 무렵 독일에서는 11월 혁명이 일어나 황제를 폐위하고 새로운 공화국을 구성했는데, 그때 만들어진 권력 구조가 대통령이 존재하기는 하되 권한은 최소화하고 의회의 역할과 권한을 크게 강화한 절충형 의원내각제였다. 흔히 '이원집정부제'라고 부르기는 하지만 사실은 내각제 원형에 가까운 제도였다.

유진오의 헌법 초안도 그래서 내각제였다. 대통령을 국가원수로 내세우긴 했으나 형식상 지위일 따름이고, 내각을 중심으로 권력의 균형을 유지하는 제도를 만들었다. 이것이 이승만의 심사에 거슬렸다.

당시 국내 여론은 '어쨌든 대통령은 이승만'이었다. 다수 국민도 그렇고, 제헌의회 의원들도 이승만 말고 다른 지도자는 상정조차 하지 않을 정도였다. 따라서 이승만 입장에서는, 어차피 대통령은 자신이 맡게 될 것인데 그런 대통령의 권한이 너무도 작게 설정되어 있는 것이 불만이었던 것이다. 5.10선거로 소집된 제헌국회 의장을 이승만이 맡았다. 제헌국회에서 이제 헌법만 통과시키면 되는데, 헌법 초안이 의장 마음에 들지 않은 것이다. 여기서 우리나라 헌법의 대통령제로의 탈선과 변이가 시작된다.

당시 가장 큰 정당은 한민당이었다. 그럼에도 제헌의회 200석 가운데 한민당은 고작 22석이었다. 무소속이 100석을 넘었고, 나머지는 모두 군소정당이었다. 이승만으로서는 각개격파하기 아주 좋은 구조가 아닐 수 없다.

이승만은 헌법 초안을 만든 유진오와 한민당 당수 김성수, 제헌국회 부의장 신익희 등을 불러 내각제가 아닌 완연한 대통령제로의 변경을 설득한다. 그리하여 내각제로 초안이 작성된 제헌헌법을 단 며칠 사이에 대통령중심제로 바꿔 국회에 제출토록 한다. 우리 헌법이 대통령중심제를 기본으로 하면서도 '국무총리' 같은 내각제적인 용어가 등장하는 이유가 바로 이런 역사적 흔적 때문이다. 제헌헌법에 대통령과 총리가 공존하는 것은 일종의 정치적 타협의 산물이기도 하다. 제헌의회 당시 정치 지도자들의 구상으로는 이승만 때까지는 일시적으로 대통령제로 권력구조를 운용하더라도 언젠가는 내각제를 부활하겠다는 의지의 표현으로 총리 제도를 남겨두었다. 그런 날이 금방 올 것이라 기대했지만 4.19가 일어날 때까지 긴 시간을 기다리게 될 것이라고는 상상조차 하지 못했을 것이다. 그리고 그것마저 다시 쿠데타로 뒤집혀, 대한민국이 무려 70년 동안 대통령제로 고착될 것이라고는 기대조차 하지 않았을 것이다.

이승만은 우리나라 헌법의 골격을 단순히 대통령제로 바꾼 것뿐 아니라, 다른 어느 나라에서도 볼 수 없는 막강한 권한을 가진 대통령 제도가 구축되도록 만들었다. 스스로 왕이 되고 싶었던 것이다. 요즘 이승만을 역사적으로 폄훼하는 사람들이 이승만이 고집스레 만든 제왕적 대통령제는 극구 찬양하는 모습을 보이는데, 그것은 하나의 아이러니한 현상이다. 역사를 제대로 알고 그러는지 모르겠다.

'대통령'이라는 횡포의 시작

제헌국회는 2년간의 자기 역할을 마치고 1950년 다시 국회의원 총선거가 실시됐다. 그렇게 하여 선출된 대한민국 2대 국회는 비운의 국회다.

앞에 잠깐 언급한 것처럼 제헌국회는 그 역사적인 위상에도 불구하고 쟁쟁한 정치인 가운데 출마하지 않은 분들이 꽤 많았다. 여러 이유가 있다. 정치인들이 국회와 정당의 역할에 대한 이해가 아직 부족했던 측면이 있고, 남한 단독으로 치러지는 선거에 유감을 갖고 참여하지 않은 정치인도 있었다. 하지만 제헌국회 활동이 시작하고 정부 체계가 갖춰지는 모습을 보면서 2대 총선에는 비교적 많은 정치인들이 출마를 결심했다. 물론 제헌국회도 훌륭한 분들로 구성되어 있지만, 2대 국회는 인적 구성이 더욱 풍부하고 진일보하게 된 것이다.

그럼에도 2대 국회는 한 달도 제대로 운영되지 못했다. 그래서 '비운의 국회'라고 한다. 2대 국회는 1950년 5월 30일 선출돼 이튿날 개원했는데 6월 25일 전쟁이 일어났다. 계엄령이 선포되자 국회의 기능은 멈추었다. 게다가 인민군이 남침해 서울이 빠른 속도로 점령당하면서 미처 피신하지 못한 국회의원 상당수가 납치돼 북한으로 끌려갔다.

무소불위의 권력은 위기 상황에 더욱 전횡을 일삼는 법이다. 위기를 핑계로 권력을 휘두를 기회가 생기기 때문이다. 6.25전쟁 상황에서도 그랬다. 수도가 부산으로 옮겨졌고, 대통령의 횡포는 그즈음 더욱 심해졌다.

제헌헌법의 대통령 제도는 4년 중임제였고, 국회에서 간접선거로 대통령을 선출했다. 중임은 1회만 가능했다. 그런데 이승만이 당시 국회 상황을 둘러보니 자신이 재선조차 위태로운 것이다. 이승만 입장에서 볼 때 문제는 국회, 그리고 간선제였다. 국민적 지지도로 보면 자신이 재선을 확신할 수 있지만, 간선제라는 장애물 때문에 재선이 어렵다고 판단한 것이다.

대중적 명성과 정치적 위상 때문에 이승만을 초대 대통령으로 추대하긴 했지만, 4년쯤 지나자 국회의원들은 변화를 바라게 되었다. 막강한 권한을 갖는 대통령이라는 직위를 특정한 사람이 연임하는 것이 문제가 있다고 봤던 것이다. 또 전쟁 발발 직후 혼란을 수습하는 과정, 국민국방군 사건 등을 보면서 이승만의 국가 운영 능력에 회의감을 갖는 정치인도 있었다. 그래서 초대 부통령으로 추대됐던 이시영이나 초대 미국 대사로 미국과 관계가 좋았던 장면을 2대 대통령으로 선출하자는 의견이 다수를 이뤘다. 이승만은 그러한 동향을 파악하고 먼저 정치적 승부수를 던졌다. 국회에 대통령 직선제 개헌안을 제출한 것이다.

일반적인 시선으로야 대통령 직선제가 훨씬 민주적으로 보이겠지만 꼭 그렇지만은 않다. 당시 이승만의 입장에서 보면 간선제로는 재선이 불가능하고 직선제로는 가능한 상황이었다. 이럴 때는 직선제가 맞을까, 간선제가 옳을까. 만고불변의 정답은 없다. 어쨌든 이승만은 대통령 재선을 위해 헌법을 바꾸려 시도했다. 정치적 판단과 절차에 따라 진행한 것이니 개헌 시도 자체를 나무랄 일은 아니지만, 문제는 그게 아니다. 국회에서 직선제 개헌안이 부결됐다(찬성 14, 반대 143, 기권 1). 그렇다면 의회의 결정에 따라야 할 텐데 이승만은 폭주를 시작했다. 군인들을 동원해 국회의원들을 버스에 싣고 가서 구금해버린 것이다. 그중에 몇 명은 공산당과 관련이 있다고 구속했다. 그것이 이른바 부산정치파동이다. 우리나라 대통령이 권력의 욕심으로 민주주의를 파괴한 최초의 사건이라고 말할 수 있겠다.

이승만이 이범석보다 함태영을 선호한 이유

그리하여 밤중에 국회를 열어 기립 표결로 통과한(찬성 163, 기권 3) 헌법이 이른바 발췌개헌이다. 이승만이 제출한 직선제 개헌안, 이에 맞서 국회의원들이 제출한 내각제 개헌안을 뒤섞어 '발췌'해서 만들었다고 해서 그런 이름이 붙었다. 국가의 기둥인 헌법을 권력 유지의 편의상, 강압적인 분위기에서, 뒤섞어버린 것이다. 전쟁 중 혼란을 수습한다는 명분을 앞세웠다.

뒤이어 대통령 직선제가 실시됐다. 그전까지 이승만은 특별한 정당을 필요로 하지 않는 사람이었다. 자신의 개인적인 명성만으로도 충분히 권력 유지가 가능하다고 봤기 때문이다. 하지만 전국 규모 선거를 치르기 위해서는 이제 정당이 필요하게 되었고, 그리하여 탄생한 정당이 자유당이다. 부산정치파동 과정에 청년들을 동원해 관제 시위를 주도하고 국회의원 구금에도 관여한 이범석이 자유당 창당을 이끌었다.

당시에는 대통령과 함께 부통령이라는 직책이 있었다. 미국의 제도를 본떠 만들기는 했는데 미국처럼 대통령 후보가 부통령 후보를 지목하는 러닝메이트 방식이 아니었다. 대통령과 부통령이 따로 출마해 따로 당선되는 방식이었다. 발췌개헌 이후 자유당에서는 이승만을 대통령 후보로 추대했고, 부통령 후보로는 이범석이 나섰다. 그런데 여기에 또 흥미로운 점이 있다.

이범석이 분명 자유당 부통령 후보임에도 불구하고, 이승만이 마음이 바뀌어 이범석은 자기 러닝메이트가 아니라고 선언하고, 자유당 쪽에도 이범석을 지지하지 않도록 배후에서 조치한 것이다. 자기보다 나이가 많은 무소속 함태영 후보를 부통령으로 지원했고, 결국 함태영이 당선됐다. 왜 그랬을까? 당시 부통령에게는 특별한 정치적 권한이 있지 않았지만, 어쨌든 대통령 궐위 시 역할을 대신하는 2인자라는 위상이 있었다. 젊은 이범석이 급부상하는 것이 이승만으로서는 불안했던 것이다.

무소속이자 인지도도 거의 없는 함태영을 부통령으로 당선시키기 위해 온갖 부정행위가 저질러졌다. 경찰과 공무원이 부정선거에 동원되었다. 1952년 8월 2일 실시된 정부통령 선거는 우리나라 관권 부정선거의 시작점이라 할 수 있겠다.

탐욕이 보여준 유치함

1953년 휴전협정이 체결되고, 곧이어 한미상호방위조약이 체결됐다. 당시만 해도 전쟁 피해를 수습하는 일에 온 국민의 관심이 집중되어 있을 때니 대통령이 잘하니 못하니 평가하는 사람이 별로 없었다. 부산정치파동이나 발췌개헌이 반민주적 폭거이긴 하지만 워낙 혼란의 와중인 데다 정치의식도 그리 높지 않던 때라—게다가 그런 결과로 대통령 직선제가 실시되었으니―국민들이 그리 큰 불만을 갖지 않았다. 오히려 이승만이 정치를 잘한다는 평가가 많았다.

2대 대통령으로서 이승만의 임기는 1956년까지였다. 이때부터 이승만은 종신 대통령이 되겠다는 욕심이 생겨난 것 같다. 미리 그것을 준비했다.

발췌개헌으로 대통령 직선제를 성취하긴 했지만 이승만은 당시 헌법에 있던 연임 제한 규정까지 바꿀 수는 없었다. 연임 제한 규정을 빼자고 제안하면 자신의 권력욕이 너무 적나라하게 드러나기 때문이다. 사실은 그래서 발췌개헌 당시 국회의원들도 개헌안에 어느 정도 동의할 수 있었다. '4년만 더 참으면 된다'고 생각하지 않았을까. 그런데 그것은 이승만의 권력욕을 너무 만만하게 본 것이었다. 이승만은 연임 제한 조항을 삭제하는 길에 나섰다.

먼저 넘어야 했던 관문은 국회. 이승만 입장에서 보자면, 자유당이 압도적 다수당이 되어야 헌법 개정도 가능할 것 아닌가. 1954년 5월, 3대 국회의원 총선거가 열렸다. 노골적 부정선거가 자행됐다. 투표에 있어 부정행위가 아니라 아예 야당 후보자들이 출마하지 못하도록 서류를 빼앗거나 경찰서에 끌고 가 폭행하거나 구금하는 등, 지금으로서는 상상도 하지 못할 방식이 이어졌다. 그런데 그렇게 하고도 개헌 가능선인 3분의 2 의석 확보에 실패한다.

상황이 이 정도 되면, 보통 사람이라면 결과에 승복하고 말 텐데 이승만의 권력 욕심은 대단했다. 3대 국회가 열리자마자 초대 대통령에 한해 선수選數 제한을 없앤 개헌안을 제출했다. 그런데 1표가 모자라 부결됐다. 그렇게 부결되었음에도 이튿날 "국회 정원 203명의 3분의 2는 135.333이고 거기서 0.3은 반올림에서 누락해야 한다"는 우격다짐식 논리를 앞세워 개헌안을 통과시킨다. 이것이 이른바 사사오입 개헌으로, 이승만을 위한 맞춤형 개헌이다. 한 인간이 권력에 대한 욕심에 휩싸이면 어떻게 한없이 유치해지는지 보여주는 대표적 사례가 아닐 수 없다. 거기서부터 대통령과 일반 국민의 정서적 괴리도 본격화됐다. 그나마 이승만을 존경했던 마음이 하나둘 사라지기 시작한 것이다. 대통령이 헌법에 의해 당선됐으면 그 룰을 지켜야 할 텐데, 룰을 깼기 때문에 신뢰를 상실했다고 말해야 할 것이다. 권력에 대한 탐욕이 대통령에 대한 불신을 자초했다.

워싱턴과 이승만의 차이

초대 대통령 이승만이 정권을 연장해나가는 과정을 차근차근 소개하는 이유를 많은 독자들이 쉬이 짐작할 것이다.

이승만은 구미파 독립운동가였다. 일찍이 개화된 문명에 눈을 떠 우리 역사상 최초로 민간 일간 신문을 창간했고, 독립운동에 투신해 옥고를 치렀으며, 그러다 미국으로 건너가 박사 학위를 받고 국권 회복을 위한 외교 활동에 평생을 바쳤다. 일본이 조만간 미국과 전쟁을 벌일 것이라고 예견한 책《재팬 인사이트 아웃》이 미국에서 베스트셀러가 될 정도로 국제 정세의 흐름을 읽는 눈도 밝았다. 이승만의 이러한 능력과 자질이 우리 민족에게 큰 도움이 되었던 것도 사실이다. 2차대전 이후 국제 정세가 급속히 냉전으로 전환하고 한반도에서 열강의 이해관계가 맞부딪히는 상황에서 이승만의 냉철한 판단과 고집이 아니었으면 우리나라는 정부 수립 자체가 쉽지 않았을 것이다. 하지만 미국에서 오랜 세월 살면서 민주주의를 목격한 사람이 막상 조국에 돌아와 대통령이 되어서는 왜 그렇게 무모한 행위를 거듭했던 것인지, 안타까운 대목이다.

미국의 초대 대통령 조지 워싱턴은 2기 임기가 끝나고 측근들이 재임하라고 권했는데도 "내가 대통령을 계속하면 왕이 되는 일이나 다름없지 않느냐"면서 "우리는 왕이 싫어 여기까지 온 사람들"이라고 말했다. 당시 미국 헌법에는 연임을 제한하는 조항이 없어 워싱턴은 마음만 먹으면 얼마든지 대통령을 계속할 수 있었으나 스스로 거절했다. 그리고 그것은 미국 민주주의에 훌륭한 전통으로 남았다. 조지 워싱턴은 독립을 이끈 전쟁 영웅이자 건국의 아버지, 초대 대통령으로 정파를 초월해 모든 미국인에게 존경받는다.

　이승만도 첫 임기에 만족했더라면 평가가 크게 달라지지 않았을까. 우리나라의 역사도 바뀌었을 것이다. 발췌개헌 과정에 문제가 있었지만 그렇게 재임만 하고 3선 개헌은 하지 않았더라면, 조지 워싱턴 정도까지는 아니더라도, 한국의 '건국의 아버지'로서 충분히 존경받았을 것이다. 그의 치적을 무시할 수 없기 때문이다. 복잡한 대내외 환경 가운데 정확한 현실 판단으로 정부 수립을 이끌었고, 외교적 경험과 역량으로 유엔의 지지를 얻을 수 있었고, 전쟁을 마무리하면서 지금 이 시각에도 우리의 평화와 안전을 지켜주고 있는 미국과의 군사적 동맹 관계를 확립했다는 사실만으로도 이승만의 업적은 가히 인정할 수 있다.

　이승만이 아니었으면 지금 우리는 어떤 나라, 어떤 체제 아래에서 살고 있을까. 어쩌면 '오늘의 우리'를 있도록 만들어준 인물이 바로 이승만이다. 그럼에도 불구하고, 자신의 업적과 영광을 스스로 발로 걷어차버린 인물이 또 이승만이기도 하다. 모든 것이 지나친 권력욕 때문에 그렇다. '내가 아니면 안 될 것'이라는 지독한 정치적 자기본능주의가 늘 권력자를 망친다.

못살겠다, 갈아보자

6.25전쟁으로 많은 것이 파괴되었지만 유엔군 참전과 미국의 원조, 정부와 국민의 복구 노력으로 우리나라 경제는 1957년이 되자 전쟁 이전 수준을 회복했다. 그때만 해도 이승만에 대한 국민의 정서적 믿음은 상당했다. 손아귀에 아무것도 없는 공권空拳의 상태에서 정부를 수립하고, 그것마저도 전쟁으로 파괴되어 절체절명의 위기에 빠져 있던 국가를 이승만이 차츰 정상으로 되돌려놓았기 때문이다. 그런 일련의 과정을 국민이 직접 눈으로 목격했다. 이승만이 1956년 선거에 도전하지 않고 정상적으로 물러났으면 한국의 민주주의도 제대로 정착했을 가능성이 높다. 당시 기라성 같은 정치인들이 아직 생존해 있었고, 야당이 집권해도 정부를 이끌어나갈 만한 능력 있는 인물이 충분히 있었기 때문이다. 하지만 이승만은 룰을 깼다. 우리나라 정치에 아주 좋지 않은 선례를 만들었다.

1956년 대통령 선거에서 야당 신익희 후보가 내걸었던 선거 구호는 '못살겠다, 갈아보자'였다. 그러한 구호가 등장하고 국민이 거기에 크게 공감한다는 사실에서 이승만에 대한 정치적 신뢰가 이미 한계에 봉착했음을 알 수 있다. 선거는 많은 부분 국민의 경제적 상황, 즉 민생에서 좌우된다. 경제 상황이 아무리 힘들어도 국민이 '한 번 더 믿어보자' 생각하는 선거가 있고, 작금의 고단함이 모두 지도자의 무능 탓으로 느껴지는 선거가 있다. 물론 3선 개헌까지 하고도 당선될 수 있을 정도로 이승만에 대한 국민적 지지는 상당했지만, 이승만의 당선 자체가 문제가 아니었다. 그 내면에 꿈틀거리고 있는 변화의 요구를 이승만은 읽지 못했던 것이다. 그것이 바로 '못살겠다, 갈아보자'는 구호였다. 정치는 혼자 하는 것이 아니다. 그런데 대통령은 이런 부분을 간과하기 쉽다. 자기 자신에 대한 국민의 높은 지지율에 도취되어 집권세력 자체가 썩어가고 있다는 사실을 발견하지 못하다가 결국 집권세력과 함께 무너지는 경우가 많다.

1956년 대통령 선거 때 민주당 후보자 연설회가 한강 백사장*에서 열렸다. 자그마치 30만 명이 그 연설을 듣기 위해 몰려들었다. 당시 서울 인구가 100만이었으니 변화에 대한 국민의 열망이 얼마나 대단했는지 알 수 있는 대목이다. 서울 시내가 텅 비었다는 말이 있을 정도였다. 나도 고등학생이었는데 연설을 듣기 위해 종로에서 여의도까지 땀을 뻘뻘 흘리면서 걸어간 기억이 생생하다. 무릇 정치 지도자라면 수도권의 이런 민심 변화에 촉각을 곤두세우고 있어야 한다.

그런데 참 연극 같은 일이 벌어졌다. 유력한 야당 후보인 신익희 후보가 선거운동 도중 갑자기 사망한 사건이 일어난 것이

---

* 지금의 여의도를 말한다. 당시 여의도에는 국제공항이 있었고, 그 옆으로 넓은 백사장이 있어 대규모 군중 집회 장소로 종종 사용했다.

다. 지방 유세를 가기 위해 열차로 이동하다가 심장마비로 사망했다. 사망 당시 바로 옆에 아들이 있었으니 루머에 불과했지만, 묘한 시기에 석연찮은 이유로 돌연 돌아가셨으니 항간에는 독살설까지 나돌고 민심이 그리 좋지 않았다.

갑자기 후보가 유고 상태가 되었으니 야당(민주당)으로서는 대안을 만들어야 할 것 아닌가. 이미 확정된 후보라 다른 사람을 내세울 수도 없고, 그렇다고 다른 정당의 후보를 지지하기도 애매했다. 그때 다른 정당(진보당) 후보로 조봉암이 있었다. 당시 민주당은 조봉암을 대신 지지하자는 사람들과 '조봉암은 사상이 불순해서 안된다'는 사람들로 나뉘어 옥신각신 싸웠다. 결국 아무런 결론도 내리지 못하고 끝났는데, 민주당이 조봉암을 지지했다고 해도 결과를 뒤집지는 못했을 것이다. 선거 결과 이승만은 55%, 조봉암은 24%를 얻었다. 그런데 죽은 신익희도 20%가량 표가 나왔다. 이른바 '신익희 추모표'라고 부르는 표였다. 현실에서는 아무런 쓸모도 없는 무효표에 불과하지만 절대 이승만을 찍지 않고, 그리고 조봉암도 찍지 않겠다는 여론이 그만큼 존재했던 것이다.

급진적인 이미지가 강한 조봉암이 24%나 득표한 것은 당시 화제가 되었던 부분이다. 그런데 여기서 이승만이 또 지극히 잘못된 반응을 하고 만다. 어쨌든 신익희가 사망했기 때문에 차선으로 표가 그쪽으로 몰려간 것인데, 이것을 잘못 해석하고 조봉암을 잠재적 위협요소로 인식하여 그를 제거하려 시도한 것이다. 1958년 조봉암은 진보당 사건으로 체포되어 재판을 받고, 이듬해 형장의 이슬로 사라졌다. 명백한 사법 살인이다.

국민이 권력에 보내는 경고장 - '선거'

3선 개헌을 전후한 시기에 이승만은 정치적 판단 능력을 거의 상실하지 않았나 싶다. 권력과 성취에 도취되어 자신이 무슨 일을 하든 국민이 지지해주리라 판단했던 것 같다.

이른바 깨진 유리창의 법칙Broken Windows Theory처럼, 정권도 붕괴가 오기 전에 민심이 집권세력에 여러 차례 시그널을 보낸다. 그렇게 하면 위험하다고, 그렇게 하면 안 된다고 말이다. 민심이 권력에게 경고장을 보내는 통로가 바로 선거다. 이승만에게는 그런 계기가 두 번 있었다. 먼저 1956년 자신이 3선을 이룬 대통령 선거가 그랬고, 1958년 4대 국회의원 총선거가 그랬다.

1956년 선거에서 이승만은 신익희가 사망함으로써 거의 단일후보나 다름없었는데 신익희 추모표가 180만 표나 나오고 조봉암에게도 200만 표가 쏟아졌다. 이승만은 그 400만에 가까운 표가 갖고 있는 의미를 분명히 파악했어야 했다. 그런데 시그널을 완전히 반대로 해석해 조봉암을 제거하는 파행으로 폭주하게 된다.

1958년 치러진 국회의원 총선거도 그렇다. 그때 선거에서 자유당은 서울에서 1석을 빼놓고 다 졌다. 역대 우리나라 선거에서 여당이 수도권에 그만큼 참패를 당하고도 정권을 연장한 경우는 없다. 설령 우격다짐으로 정권이 연장된다 하더라도 그 정권이 무사하게 끝을 맺지 못할 것이다. 이승만이 그런 '선거의 법칙'을 처음으로 보여줬다. 1960년 치러진 대통령 선거에서 이승만은 또 당선되었지만, 곧 4.19혁명이 일어나 물러나게 된다.

어쩌면 우리나라 정치는 첫 단추가 그렇게 잘못 끼워진 것이다. 초대 대통령이 권력에 대한 탐욕을 일삼았고, 선거를 통해 드러난 민심을 받아들이지 못하고 역행하다가, 결국 국민의 힘으로 권력이 주저앉는 역사가 반복됐다. 되풀이되는 역사의 첫 장면을 초대 대통령이 몸소 시연해 보인 것이다. 부끄럽고, 웃지 못할 일이다.

'편한 사람' 찾다 권력자는 몰락한다

우리 할아버지(가인 김병로 선생)가 대법원장으로 재임하던 시절 이승만은 할아버지를 '헌법'이라고 불렀다. 법무부장관에게 종종 "헌법께서는 잘 계시지?" 하고 물었다 한다. 그만큼 이승만은 우리 할아버지를, 싫어하면서도 존경하는, 일종의 경외감을 갖고 있었던 것 같다. 이승만이 법원 판결에 불만을 품고 노발대발할 때 우리 할아버지가 "이의 있으면 항소하시오!"라고 했던 것은 우리 역사의 유명한 일화 가운데 하나다.

어쨌든 이승만은 우리 할아버지가 대법원장으로 재직하고 계실 적에는 사법부를 함부로 하지 못했다. 미국에서 정치학 박사 학위도 받고 오래 생활한 탓에, 이승만은 그 시대 인물치고는 민주주의의 기본에 대해서 '이론적으로는' 잘 알고 있었던 것 같다. 3권분립에 대해 알고 있었고, 아무리 대통령이라지만 사법부의 수장을 함부로 대해서는 안 된다는 사실 정도는 알고 있었던 것이다(우리 할아버지가 국내파 독립운동가들의 좌장 역할을 하고 있어 정치적 역학 관계상 함부로 대하지 못하는 이유도 있었다).

1952년 부산정치파동을 빼고 첫 임기 4년 동안 이승만은 비교적 나라를 잘 이끌었다고 볼 수 있다. 6.25전쟁 발발 책임을 말하는 사람도 있지만 은밀하게 전쟁을 준비한 상대로부터 기습 침략을 당한 것을 두고 '침략당한 쪽'의 책임을 묻는 일은 조금 과한 측면이 있다. 나라가 통째 없어질 수도 있는 그런 상황에서 국가 지도자가 자기 역할을 하기 위해 안위를 지킨 것도 크게 나무랄 수는 없다. 임영신(상공부), 김활란(공보처), 박현숙

(무임소) 등 여성을 장관에 기용한 것도 이승만의 공로다. 당시만 해도 여성을 차별하는 봉건적 분위기가 팽배한 상황에서, 그나마 '서구 물'을 먹었던 이승만이었기 때문에 가능한 일이 아니었을까 싶다. 참고로 박정희 정부에서는 장관급 공직에 여성이 임명된 사례가 아예 없었고, 전두환 때에 단 한 명(김정례) 여성 장관이 있었다. 노태우 때에 이르러서야 민주화 바람을 타고 장관급으로 여성을 기용하는 사례가 늘기 시작했다.

정치인으로서의 이승만은 꾀가 많고 굉장히 교활한 사람이 아니었나 싶다. 특히 이승만은 디바이드 앤 룰divide and rule에 강한 인물이었다. 분할하여 통치하면서 각각의 충성심을 유도하는 수법 말이다. 이승만의 후계자를 꿈꾸었던 정치인은 대표적으로 3명(이범석, 장택상, 이기붕)이 있었다. 이승만은 이들의 충성 경쟁을 유도하는 가운데 집권을 이어갔다. 초기만 해도 젊은 이범석이 이승만의 후계자가 될 것이라 보는 사람들이 많았지만, 이승만은 부산정치파동과 자유당을 만들 때까지만 이범석을 활용하고 용도 폐기했다. 미군정 시절 경찰청장을 지내고 초대 외교부 장관이 된 장택상 역시 그랬다. 나중에 이범석과 장택상은 이승만에게 적대적으로 돌아섰고, 그중 가장 우둔하다고 할 수 있는 이기붕이 급격히 부상했다. 나이가 많고 건강에도 문제가 있었던 이승만은 젊고 유능한 누군가가 자신을 앞서 나가는 것을 늘 견디지 못하는 성격이었다.

우리나라 초기 내각을 친일파 내각이라 폄훼하는 사람들이 있지만 북한의 주장을 그대로 받아들인 전혀 터무니없는 주장이다. 이승만 본인의 완고한 반일 감정 때문에 내각에 친일파 출신은 끼어들 틈이 없었고, 초기 내각은 어느 정도 잘 구성됐다. 그만하면 실력도 있고 괜찮은 인물들이었다(물론 나중에는 권력 유지를 위해 일제강점기 친일파 경찰 출신들을 수족으로 부리는 잘못을 범했다). 하지만 소기의 목적을 달성한 후로 이승만은 내각을 너무 자주 바꿨다. 하루가 멀다 하고 장차관이 날아갔다. 하도 많이 개각을 하다 보니 나중에서는 쓸만한 사람이 없을 정도가 되었다. 초기에는 능력 위주로 사람을 등용하다가 점차 자기가 다루기 편한 사람들 위주로 갖다 쓰기 시작했다. 그것이 이승만의 잘못이다. 이승만 이후 다른 대통령도 다 마찬가지다. 권력자는 '편한 사람'을 곁에 두어서는 안 된다. 일부러 불편한 사람을 곁에 두려고 노력해야 한다. 권력의 몰락은 대체로 권력자의 '편안함'에서 시작한다. 국민이 편해야 하고, 권력자는 자꾸 불편해야 옳은 정치다.

　# 극단의 시대, 극단의 인물

　인사 실패의 대표적 사례가 내무부장관 최인규다. 이승만이 최인규를 발탁한 이유는 최인규가 신익희에 맞선 인물이라는 공로(?)를 인정한 것이었는데, 최인규는 신익희가 지역구로 삼

는 국회의원 선거구(광주)에 출마했다가 낙선한 경력이 있다. 이
승만은 그런 최인규를 외자청장(현재 조달청장)에 발탁했고, 이어
내무부장관에 임명했다. 행정부처 국장급 자리도 감당할 수 없
는 수준인 인물을 오로지 자신에 대한 충성심이 높다는 이유로
장관 자리에 앉힌 것이다.

최인규는 나중에 3.15 부정선거를 주도했고, 5.16 군사 쿠데
타 이후 사형에 처해졌다. 가장 우직한 충신이 결국 이승만을
몰락으로 이끈 것이다. 권력의 속성이 과연 이렇다. 대통령이
자기 주위를 맹목적인 추종자만으로 채워놓고 비판자, 조언자
역할을 할 수 있는 사람을 제거하기 시작하면 그렇게 비참한 최
후를 맞게 된다.

그나마 다행(?)으로 이승만은 처가가 멀리 있고, 자식이 없었
다. 이승만의 부인, 그러니까 우리 역사상 최초의 영부인은 외
국인이었다. 프란체스카 여사는 오스트리아 출신이었다. 이승
만 대통령과 사이에 자식이 없었다. 해방 직후 프란체스카 여사
가 우리나라에 막 입국했을 때 사람들이 "서양인이 어떻게 국
모가 될 수 있느냐"고 수군거렸다고 할아버지께서 말씀하셨다.
그만큼 당시 우리나라는 봉건적인 사상에 젖은 사람들이 아직
많을 때였다. 할아버지 당신의 입장은 어땠냐고 여쭈니 "처족妻
族이 떠들면 혼란스러울 텐데 차라리 잘됐다고 생각했지" 하고
말씀하시며 웃었다.

친척과 이른바 처족 문제로 불행했던 후배 대통령들에 비해 이승만은 그런 점에 있어서는 원천적으로 부패의 소지가 없었다. 챙겨줄 혈육이 없었으니 말이다. 하지만 엉뚱한 곳에서 생겨난 아들(?)로 인해 결국 이승만은 무너지게 된다. 1960년 3.15 부정선거와 4.19혁명은 기실 이승만 본인의 당선을 위한 부정선거가 아니라 이승만의 '정치적 아들' 이기붕의 부통령 당선을 위해 무리수를 두다 발생한 사건이다. 1956년에 이어 1960년 대선에서도 상대편 후보가 죽음으로써 이승만은 또다시 단일후보나 마찬가지였다. 이것도 우리 역사에 참 특이한 장면이 아닐 수 없다.

나는 성장기를 온통 이승만 정부 시기에 보냈다. 그 시대를 살았던 개인적인 경험에 미루어 이승만에 대한 국민의 지지는 진심 어린 존경에 가까웠다. 이른바 국부國父에 대한 봉건적인 사고관이 많이 남아 있던 시대라서 그런지, 당시에는 누구라도 이승만에 대해서는 깍듯이 '박사님'이라거나 '대통령 각하'라는 호칭을 붙였다. 이름마저 피휘避諱할 정도였다. 우리 할아버지가 이승만과 대립하는 관계에 있어 나 역시 이승만을 비판적으로 바라보는 시각이 강했지만, 자라며 한 번도 이승만을 함부로 말한 기억이 없다. 말년의 실책이 많은 것을 무색케 만들어버렸으나 대한민국이라는 나라의 초석을 닦은 것만으로도 이승만의 업적은 충분하다고 생각한다.

이승만은 우리 역사에 양가兩價적 평가 가치를 지닌다. 이승만이 아니었으면 나라를 세우기 쉽지 않았을 것이고, 이승만의 잘못이 아니었으면 나라가 이토록 이상한 길을 걷지도 않았을 것이다. 역사에 상상은 금물이지만 이승만이 만약 1956년 대통령 선거에 출마하지 않고 새로운 지도자에게 정권을 넘겨줬더라면 3.15 부정선거를 계획할 일도 없었을 것이고, 혁명적인 방법으로 정권이 뒤집힐 이유도 없었을 것이며, 군인들이 그것을 틈타 쿠데타를 일으킬 명분도 없었을 것이다. 역사에 이렇게 긍정과 부정의 평가가 극단적으로 혼재된 인물도 드물 것이다. 극단의 시대에 극단의 인물이 등장했다고 말하기에는 서글픈 측면이 있다.

충분히 존경받아야 할 사람이 존경받지 못하고 심지어 존중조차 받지 못하는 현실은 그에게 있어서나 우리 국민 모두에게 있어 불행이 아닐 수 없다. 이승만이 4.19혁명으로 자리에서 물러난 지도 60년이 지난 오늘, 그의 업적과 과오를 차분한 시선으로 다시 평가할 수 있게 되길 기대한다. 역사에는 오롯한 흑黑도 오롯한 백白도 없는 법이다.

2. 윤보선

— 어쩌다 대통령이 된 무능한 대통령

4.19혁명 이후 실시한 제5대 총선은 해보나 마나였다. 민주당이 3분의 2가량 의석을 확보했다. 자유당은 흔적도 없이 사라졌다. 나머지는 무소속이었다. 민주당 일당 집권이나 마찬가지였다.

권력이 이렇게 집중되면 꼭 사단이 일어난다. 민주당은 신파와 구파로 나뉘어 다퉜다.

윤보선은 원래 대통령이 될 만한 능력이나 위치에 있는 인물이 아니었다. 1955년 민주당이 창당할 때 윤보선은 최고위원에도 들지 못한 정치인이었고, 계파에 대한 장악력도 낮아 특별히 지도적 역할을 했던 사람이 아니다. 그런데 4.19 이후 신정부가

들어서자 너도나도 대통령이 되지 '않으려고' 하는 바람에 윤보선이 대통령으로 추대됐다. 너도나도 대통령이 되지 않으려고 했다는 표현이 이상하게 들리겠지만, 민주당이 헌법 개정을 통해 권력구조를 내각제로 바꾸었기 때문이다. 어쩌면 우리나라 헌법의 '원래' 모습으로 돌아간 것이라 말할 수도 있겠는데, 내각제에서 대통령은 아무런 실권도 없는 이름뿐인 대통령이다. 다들 총리를 하려고 하지 대통령은 사양했다.

내각제와 대통령제의 차이점은 어떻게 보면 간단하다. 헌법을 크게 고칠 필요도 없다. 대통령중심제 헌법에서 대통령의 권한을 하나씩 삭제하면 된다. 대통령에 집중된 권한을 모두 없애면 완전한 의미에서 의원내각제이고, 어느 정도 남겨놓으면 흔히 말하는 분권형 대통령제가 된다. 내각제에서 대통령 선출 방식은 직선 또는 간선으로 선택하기 나름이지만, 총리는 꼭 의회에서 선출한다. 4.19혁명 이후 실시한 1960년 3차 개헌에서 대통령이라는 직위는 국군통수권과 법률공포권 등 형식적 권한만 갖는 지위로 격하되었다. 거의 완전한 형태의 내각제였던 것이다.

1960년 대통령 선거에서 민주당 후보 조병옥이 선거운동 기간에 갑자기 사망하는 바람에 민주당에서 비교적 연장자인 윤보선이 구파의 대표 격처럼 되었지만, 사실 민주당 구파의 실세는 김도연이라는 인물이었다. 그러다 1960년 내각제가 실시됐다. 다들 대통령보다는 총리가 되고 싶었으니, 윤보선이 갑작스레 대통령이 되었고, 구파 내부적으로는 김도연을 총리로 추대하기로 합의가 이루어져 있었다. 그런데 국회 표결 과정에서 이변이 일어났다. 민주당 신파들이 총리 인준 동의안에 대거 반대표를 던져 김도연이 탈락한 것이다. 그리고 신파들은 장면을 총리로 내세워 인준한다. 같은 민주당이긴 하지만 대통령은 구파, 총리는 신파인 세상이 된 것이다. 결국 장관 자리를 놓고 옥신각신하던 민주당 신파와 구파는 아예 분당하는 수순을 밟는다. 신파는 민주당에 남고 구파는 신민당을 창당했다.

숨었던 사람, 장면

자신들의 실력이 아니라 4.19라는 돌발 변수로 대통령이 하야하면서 갑작스레 집권하게 되었으니, 그렇게 만들어진 정권이 제대로 돌아갈 리 없다. 정상적인 선거 일정에 따른 것이 아니라 시민항쟁을 도화선으로 정권이 급속히 교체되었으니 갑작스레 주어진 권력에 민주당 정치인들도 스스로 어리둥절했다.

4.19혁명에서 5.16쿠데타로 이어지는 국정 혼란의 원인을 내각제 탓으로 돌리는 사람들이 있지만 당시 상황을 모르는 억측이다. 대통령제냐 내각제냐 하는 제도 탓이 아니었다. 혼란의

와중에 정치 지도자가 국가를 이끌어 나갈 만한 준비가 전혀 갖춰져 있지 않았던 것이다. 특히 당시 상황에 가장 중요한 정치적 자질인 결단력이 부족했다. 대통령과 총리 모두 그랬다.

윤보선은 너도나도 대통령을 하지 않으려는 상황에서 '어쩌다 보니' 대통령이 된 사람이었다. 아무리 내각제라지만, 우리나라 대통령 역사에 웃지 못할 사례다(보통 내각제 국가에서 대통령은 국가의 덕망 있는 어른을 표상적인 국가원수로 모시는 형태로 선출한다. 왕이 있는 국가의 경우에는 국왕이 상징적 국가원수의 역할을 맡는다).

총리인 장면 역시 정치적 유형의 인물이 전혀 아니었다. 정치를 할 만한 성격이 아닌데 정치에 입문한 사람이다. 일제강점기에는 중학교 교장을 했고, 미국에서 신학 공부를 하여 영어를 잘했다. 해방 이후 미군정이 생겨나 영어 능통자가 우대받는 시대가 되자 군정청에 발탁되었고, 정부 수립과 함께 초대 주미대사까지 지냈다. 독실한 가톨릭 신자였다.

나는 장면이라는 개인을 폄훼하고픈 생각은 조금도 없다. 생전에 여러 번 만나뵌 적 있다. 특히 할아버지께서 돌아가실 무렵에 자주 병원에 찾아왔는데, 우리 할아버지에게 종부성사*를

---

* 가톨릭에서 죽음을 앞둔 사람에게 행하는 성사

받으라고 자꾸 권유했던 기억이 있다. 할아버지께서는 "곧 죽을 텐데 남의 신세를 져서 뭐 합니까" 하고 농담으로 응수하곤 하셨다. 장면은 정치인이나 교육자가 되지 않았으면 가톨릭 신부에 어울리는 분이 아니었을까, 나로서는 그렇게 회상한다.

그런 분이 이승만 시절에 갑자기 총리가 되었는데(1951~1952년), 아마도 이승만이 장면을 만만히 보았기 때문 아니었을까 생각한다. 그러다 장면은 갑자기 차기 대통령 후보로까지 거론된다. 이승만의 임기가 끝나가자(1952년) 국회의원들이 다들 이시영 선생을 차기 대통령으로 추대하자고 합의가 이루어져 있었는데, 느닷없이 장면이 대통령을 하겠다고 나선 것이다. 이시영을 지지하는 측과 장면을 지지하는 측으로 의원들이 갈라져 설왕설래하던 사이, 이승만이 일으킨 사건이 바로 부산정치파동이다. 따라서 장면은 부산정치파동의 원인 제공자라고 할 수도 있는데, 사건이 일어나자 스웨덴 병원*으로 피신해 3개월 동안 그곳에 머물렀다.

장면은 용기가 부족한 사람이었다. 문제가 일어나면 일단 어딘가로 도망가버리는 것이 장면의 특징이었다. 5.16 쿠데타가 일어났을 때도, 그때 장면은 내각 총리로서 실질적인 권한을 갖

---

*   한국전쟁 당시 의료지원을 했던 스웨덴이 부산에 설립한 적십자 병원을 말한다.

는 국가 최고 지도자였는데, 수녀원으로 피신해 사흘 동안 숨어 지냈다. 동맹국인 미국마저 그 상황에서 한국의 지도자가 어디에 있는지 금방 파악하지 못했다. 나중에 미국이 '쿠데타에 가담하지 않은 병력을 동원해 반란군을 진압하자'고 제안했을 때도 주저하며 동의하지 않았다. 장면과 윤보선이 서로 책임을 떠넘겼다. 내각제가 문제가 아니었다. 사실은 윤보선과 장면, 둘 중 한 명이라도 결심하면 되는, 대통령제보다 오히려 더 좋은 과도적 조건이었다. 결국 이들은 쿠데타를 뒤집을 수 있는 절호의 기회를 놓쳤고, '대한민국은 일부 병력만으로도 군사 쿠데타를 성공시킬 수 있는 나라'라는 아주 좋지 않은 오판의 실마리를 남겼다.*

지금 사람들은 5.16 군사 쿠데타가 군인들이 아무런 동요의 낌새도 보이지 않던 상황에 느닷없이 일어난 쿠데타라고 생각하는 경향이 많지만 그렇지 않다. 무슨 일이 일어나도 일어날 것 같은 조짐은 군 내외 여러 곳에서 감지되고 있었다. 개인적인 이야기지만, 장면 정부가 출범하고 광화문에서 여의도까지

---

* 기존에 우리나라 정치인과 지식인들은 한국에는 주한미군이 있으므로 군사 쿠데타가 불가능하다는 확신에 가까운 생각을 지니고 있었다. 하지만 한국의 지도자가 결단을 내리지 못하고 머뭇거리면 미국 또한 단독으로 군병력을 움직일 수 없다는 실례를 5.16쿠데타를 통해 확인한 셈이다. 그 악몽이 1979~1980년의 쿠데타로까지 이어졌다.

국군의 날 퍼레이드를 열었을 당시 나는 육군본부에서 사병으로 복무하고 있었다. 그날 행사를 지켜보던 장교 하나가 옆에 사람이 있는데도 "이 병력이면 우리가 정권을 잡을 수도 있겠다" 하면서 거침없이 말하는 것을 듣고 놀랐던 적이 있다.

4.19혁명의 열기가 아직 가시지 않아 사회가 용광로처럼 들끓던 시절이었다. 4.19 유족과 부상자들은 피해를 보상하라며 국회의사당 내부까지 진입했고, 대학생들은 '가자 북으로 오라 남으로' 하면서 급진적인 통일 주장을 들고나왔다. 억눌렸던 민심이 터져나오니 각계에서 권리를 주장하는 시위가 계속됐다. 심지어 '시위를 하지 말자'는 경찰관들의 시위까지 벌어졌다. 그런 와중에 군인들이 이른바 '정풍整風'을 하겠다며 연합참모본부총장(현 합참의장)을 찾아가 사퇴를 요구하는 사건이 일어났다. 그 하극상의 주동자가 바로 훗날 5.16쿠데타를 일으킨 김종필 중령이다. 김종필은 그런 행위로 군법회의에서 처벌을 받고도 다시 쿠데타를 모의했다. 그만큼 모든 것이 허술했던 것이다.

장면은 흥사단 활동을 오래 한 사람으로, 총리가 되고 나서 내각에 흥사단 출신들을 많이 등용했다. 또 자신과 같은 고향(평양) 출신인 장도영 중장을 육군참모총장에 임명했다. 장도영은 전임 총장인 최경록이 '군 내부에 이상한 상황이 계속 포착되고 있으니 면밀히 주시하라'고 경고했음에도 대통령과 총리에게 보고조차 하지 않은 채 가만히 있다가 쿠데타를 맞았다. 결국 장면은 고향 후배에게 군대를 맡겨놓고 아무런 관리도 하지 않다가 쿠데타를 자초한 셈이다(장면이 장도영을 불러 군사 쿠데타 정보가 있는데 맞느냐고 몇 차례나 확인하였고, 장도영은 그런 동향이 없다고 부인한 것으로 전한다. 장면은 장도영의 말을 그대로 믿기만 했다).

5.16쿠데타가 일어나고 이른바 '혁명군'들은 장도영을 과도정부 수반으로 추대했다. 장도영으로서는 고향 선배 때문에 갑자기 육참총장이 되었다가, 다시 또 국가 지도자급으로까지 옹립되니 우쭐했을 것이다. 쿠데타 군인들은 장도영을 그렇게 이용하고 용도폐기했다. 장도영 다음으로 내각 수반을 맡은 송요찬이 나중에 우리 할아버지를 몰래 찾아와 그간에 있었던 일들을 상세히 고백했을 때 나도 방문 밖에서 그런 이야기를 모두 들을 수 있었다.

윤보선이 사랑한 '평화'

쿠데타를 일으킨 군인들은 이른바 '혁명위원회'를 만들어 그것을 실질적 통치기구로 삼고 윤보선은 허수아비처럼 대통령 자리에 계속 세워두었다. 그리고 일체 정치활동을 금지했다. '정치활동정화법'이라는 것을 만들어 정치, 언론, 사회단체 주요 인사 4천 명이 수년간 정치활동을 할 수 없도록 묶어둔 것이다.

대통령 윤보선은 군인들이 내미는 그런 희대의 악법에 스스로 서명했다. 그러면서 명단에서 자신의 이름은 빼는 용렬함을 보여줬다.

쿠데타가 일어났는데도 미국과 협조해 대응하지 않고 군인들과 타협했던 이유에 대해 윤보선은 "평화를 위해 그랬다"고 말했다. 그래놓고 박정희와 선거에 맞붙어 연전연패했다. 히틀러와 타협했던 영국의 체임벌린도 명분은 '평화'였다. 무능한 지도자는 역사를 위험에 빠뜨린다.

윤보선-장면 정권은 집권한 기간이 1년밖에 되지 않으니 평가할 가치가 없다. 아무런 일도 하지 않고 지나갔다. 유일한 공로가 있다면 경제개발 5개년 계획을 수립했다는 사실 정도. 이를 두고 박정희 정권은 평가절하하고 윤보선-장면을 상대적으로 높게 평가하는 사람도 있는데 반드시 그렇게만 볼 일은 아니다. 당시에는 어떤 정부가 들어섰든 경제개발 계획을 수립하지 않을 수 없었다. 1960년을 계기로 미국의 대외원조 방식이 원조에서 차관으로 전면 바뀌었기 때문이다. 그동안 무상원조만 받던 우리나라 같은 극빈국 입장에서는, 이제는 차관을 지원하는 형태로 바뀌었으니 어떻게든 스스로 살길을 찾아야만 했다. 그런 와중에 유엔이 1960년대를 '개발의 연대'로 선포하여 후진국들이 경제개발을 할 수 있는 기회의 문을 활짝 열어주기로 했다. 장면 정부는 그러한 변화의 기조를 받아들여 경제개발 계획을 수립한 것이다.

쿠데타를 일으킨 군인들은 나름대로 현실적인 측면이 있었
다. 쿠데타를 일으키고 그들이 내건 이른바 혁명공약 4조의 내
용은 이렇다. "절망과 기아선상에서 허덕이는 민생고를 시급
히 해결한다." 당시 국민이 절실하게 무엇을 바라고 있는지, 그
들은 그나마 알고 있었던 것이다. 그래서 장면 정부에서 수립한
경제개발 5개년 계획을 서랍에서 꺼내 현실로 실행했다. 쿠데
타의 명분을 거기서 찾고 싶었을 것이다.

윤보선-장면 정부 1년은 준비되지 않은 권력이 역사에 얼마
나 커다란 해악을 끼치는지 분명히 보여주는 사례다. 당시 민주
당에는 괜찮은 정치인들이 많았지만 하필이면 윤보선-장면같
이 지극히 우유부단한 사람들이 동시에 대통령과 총리로 국가
지도자가 되었다. 우리 역사에 있어 커다란 불운이다. 국민이
만든 위대한 혁명을 무능력한 지도자들이 나락으로 끌고 갔다.

3. 박정희

― 경제 발전의 성과에 스스로 무너진 대통령

박정희가 언제부터 정치 권력에 대한 욕심을 지니고 있었는지는 박정희 자신만 아는 일이다. 농부의 아들로 태어나 사범학교를 졸업하고 초등학교 교사 생활을 하다 군인이 된 것도 특이한 이력이다. 당시의 시대적 상황으로 미루어볼 때, 평범한 집안 자식이 권력에 가장 쉽게 근접할 수 있는 방법이 군인이었기 때문 아닐까 싶다. 군인은 누구나 이등병으로 시작하고, 일정한 계급까지는 능력에 따라 올라갈 수 있으며, 전공戰功을 세우면 높은 계급에 오를 수도 있는, 외견상 공정하고 평등한 집단으로 보이기 때문이다. 어린이를 가르치던 교사가 갑작스레 군인이 되기로 결심했다는 사실로부터, 권력에 대한 희미한 야망이 엿보인다. 박정희가 장교를 지원해 굳이 만주로 갔던 이유도, 당시 만주국이 환경은 척박해도 가장 빨리 출세할 수 있는 지름길로 여겨졌기 때문이다.

박정희는 어렸을 때부터 영웅전이나 세계 역사와 관련된 책을 즐겨 읽었다고 한다. 사회주의 이념에 빠졌는지는 모르겠지만, 젊은 시절에 공산당 조직에 가담했던 것도 사실이다. 추측이지만, 특별한 이념을 갖고 있어서가 아니라 세상을 자기 손으로 바꿔보고 싶다는 어떤 풍운의 뜻 가운데 공산당 조직에도 휩쓸리지 않았을까 싶다. 당시 많은 젊은이들처럼 말이다. 박정희는 주변 관리도 제법 잘해서, 주위의 평판이 좋았다. 4.19를 전후해 젊은 군인들이 쿠데타를 모의할 때, 박정희는 자연스럽게 지도자로 추대되었다고 관련자들은 증언한다. 쿠데타 집단 내부에 특별한 경쟁자가 없을 정도였다.

5.16이라는 쿠데타 방식을 통해 권력을 장악하고도 박정희가 나름대로 합법성을 추구하려 노력했던 점도 꽤 특기할 만한 측면이다. 우격다짐식으로 정권을 장악한 다른 나라 쿠데타 세력과는 조금 달랐던 것이다. 아마도 이집트 사례를 따라 배운 것이 아닌가 싶은데, 1952년 이집트에서 군사 쿠데타를 일으킨 나세르와 자유장교단 집단이 그랬다. 처음엔 국왕의 아들을 꼭두각시 왕으로 세워놓고, 다음으로 나세르의 군대 선배를 초대 대통령으로 추대한 다음, 1년 만에 내쫓고 나세르가 대통령이 되는 수순을 밟았다. 박정희도 똑같이 했다. 일단 윤보선을 꼭두각시 대통령으로 계속 앉혀놓고, 군사혁명위원회(국가재건최

고회의)를 만들어 처음에는 군대 선배이자 육군참모총장인 장도영에게 의장직을 맡겼다가, 나중에 장도영을 쫓아내고 박정희가 그 자리에 앉았다.

대통령직에 오르는 과정 역시 그렇다. 군인 신분을 유지하며 통치한 다른 나라의 군사 쿠데타 정권과는 다르게 일단 군복을 벗고 민간인이 되어, 그것도 국민들의 직접 선거로 선출되는 수순을 밟았다. 자유민주 진영과 미국의 존재를 의식하지 않을 수 없었던 탓이 크지만, 쿠데타 세력이라는 콤플렉스를 털어버리기 위한 자기들 나름의 합리성 추구라고 볼 수도 있을 것이다. 한국의 쿠데타 세력은 일단 헌법을 개정하고, 군정을 민정으로 이양하는 모양새를 갖춘 후 대통령을 선출했다.

그렇게 실시한 1963년 대통령 선거에서 박정희는 13만 표 차이로 신승을 거뒀다.* 자기들 나름대로 승리를 자신하니 직접 선거라는 승부수를 던졌겠지만, 자칫 낙선할 수도 있는 무리수이기도 했다. 야권 후보는 윤보선이었다. 윤보선이 아니라 다른 사람이 야권 단일후보로 나섰더라면 쿠데타 군인들로서는 다소 황망한 결론이 나올 수도 있었을 것이다. 그만큼 당시 야권이 시대적 상황에 잘못 대처했다는 뜻이기도 하다.

---

* 2022년 현재까지 역대 우리나라 대통령 선거 가운데 가장 작은 득표 차이다.

'혁명' 세력의 좌충우돌

1961년 쿠데타를 일으켜 국가의 실권을 장악하고 1963년 대통령 선거가 있기까지 2년 동안 쿠데타 세력이 벌인 일을 보면, 갑작스레 정권을 잡아 기대에 들뜬 세력이 어떤 심리 상태에 빠져 있는지를 여실히 보여준다. 그 대표적 사례가 화폐개혁이다.

우리나라에서 화폐개혁은 역대 두 번 실시되었는데, 1950년 이승만 정부에서 실시한 화폐개혁이 제1차 개혁이고, 1962년 군사혁명위원회 시절의 개혁이 2차다. 1차는 화폐 단위를 원圓에서 환換으로 바꾸면서, 기존 화폐를 새로운 화폐로 100대 1의 비율로 바꿨다. 2차는 환에서 원으로 단위를 다시 되돌리며 교환 비율을 10대 1로 했다(지금 우리가 사용하는 원 단위 화폐가 그때의 유산이 이어져 온 것이다). 1차 개혁에는 분명한 이유가 있었다. 6.25 전쟁으로 통화가 팽창해 인플레이션이 심각한 데다, 북한이 우리를 교란하려고 가짜 화폐를 찍어낸 사건도 있어, 통화개혁을 해야 할 필요성이 절실했다. 그런데 박정희 군사혁명위원회 시절 실시한 제2차 화폐개혁은 도대체 왜 했는지 이유를 알 수 없는 개혁이다. 정권을 잡고 나서 자기들 세상이 도래했다는 사실을 확인해보려는 이벤트가 아니었을까 싶을 정도다.

나중에 군사정부가 정치활동금지 조치를 해제하고 여야가 정당을 결성하기 위해 분주하던 때에, 박정희가 우리 할아버지와 전화 통화를 했던 적이 있다. 박정희가 할아버지를 만나 뵙고 싶어 했으나 거절하시자 연결된 전화 통화였다. 그때 할아버지께서 화폐개혁은 도대체 왜 했던 거냐고 물으니 박정희가 "경제개발 자금을 마련하기 위해 그랬다"고 대답했던 것을 기억한다. 그들이 얼마나 순진한(?) 청년 군인들이었는지를 알 수 있는 대목이다. 돈을 찍어낸다고 그게 자금이 되나? 당시 박정희의 경제 멘토를 자처한 서울대 경제학과의 어느 교수가 "화폐개혁을 하면 자유당 정치인과 부패 관료들이 지하 금고에 숨겨둔 돈이 쏟아져 나오게 되는데, 그것으로 경제개발을 하면 된다"고 말했다고 전한다. 새 돈을 만들면 헌 돈이 쏟아져 나온다는 발상이다. '우리나라에 거대한 지하경제가 숨어 있다'는 사고방식은 그 뒤로도 50년 동안 명맥을 잃지 않는, 무지한 정치인들이 갖고 있는 전형적 음모론 가운데 하나다. 경제에 대한 기본 지식이 없으니 그런 사고를 한다. 설령 지하경제가 존재한다 한들, 숨어 있으려고 작정한 지하경제가 압박한다고 갑자기 양지로 뛰어나올까?

훗날 김영삼 정부에서 치적으로 자랑하는 금융실명제 역시 그렇다. 금융실명제를 할 때에도 정부는 지하에 있는 검은돈들이 왕창 쏟아져 나올 것이라 큰소리를 쳤지만 금융실명제는 오히려 상당 기간 경제를 경색시켰다. 그것이 나비효과와 같은 연쇄작용을 일으켜 결국 외환위기가 터졌다. 금융실명제가 필요없다는 말이 아니다. 어떤 정책이든 취지가 좋다고 곧장 성과가 나오는 것이 아니다. 그것을 실행할 시대적 필요와 조건이 있는 법이고, 냉철하게 선후를 따져 실행할 문제다. 굳이 금융실명제가 아니라더라도 다른 정책을 통해 소기의 성과를 기대할 수 있다면 우회적 접근이 얼마든 가능한데, 정치적 성과로 자랑하려다 보니 정치를 경제로 둔갑해 강행하는 무리수가 따른 것이다. 김영삼 정부에서 서둘러 실시한 금융실명제가 '앞으로는 모든 국민이 통장을 실명으로 개설한다'는 정치적 효과 외에 얻은 경제적 성과는 과연 무엇인가. 그것으로 과세 형평성이 실현되었나, 세정稅政 운영이 체계화되었나? 정작 먼저 해야 할 일은 하지 않고 보여주기식 이벤트에만 급급했던 것이다.

다시 박정희 시대로 돌아가보자. 군사혁명위원회 시절 군인들은 이른바 '사회정화'를 한다면서 깡패들을 잡아다 양손에 "나는 깡패입니다" 현수막을 들고 서울 시내를 행진하도록 만들었다. 그런 이벤트를 보면서 국민들 눈에는 시원하고 통쾌한 느낌이 있었을 것이다. 새로운 세상이 왔다고 기뻐한 사람도 꽤 있었을 것이다. 하지만 통쾌함 이외에 얻은 것은 무엇인가? 보여주기식 개혁이란 그런 것이다.

군인들의 화폐개혁은 아무런 성과도 없이 끝났다. 화폐 단위가 바뀌어 괜히 민생 혼란만 가중됐다. 모든 분야의 개혁이 그렇지만 경제정책은 더욱 그렇다. 개혁을 한다면서 뚜렷한 성과를 기대할 수 없는 일을 그냥 한번 해보자는 식으로 덤벼들면 피해는 고스란히 국민에게 돌아간다. 그리고 국민은 선거로서 자신이 입은 피해와 혼란을 심판한다. 박정희가 1963년 대통령 선거에서 윤보선에게 아슬아슬하게 이겼던 것에도 그런 심판의 뜻이 담겨 있었다.

쿠데타를 일으키고 발표한 이른바 혁명공약에서 군인들은 '절망과 기아선상에 허덕이는 민생고를 시급히 해결하겠다'고 약속했다. 그런데 그 약속을 지키지 못했기 때문에 1963년 선거에서 고전했다. 한편으로, 그 약속을 어느 정도 지킬 수 있게 됨으로써 나중에 선거에 크게 이기는 반전을 이루었다.

박정희가 갖고 있던 콤플렉스

박정희가 재임 시 이룬 성과로 많은 사람들이 경제를 꼽고, 경제개발 5개년 계획을 시행한 것을 공적이라 말한다. 앞에 소개한 대로 경제개발 계획은 윤보선-장면 정부에서 이미 입안되어 있던 정책이지만, 그렇다고 박정희의 공로가 줄어드는 것은 아니다. 서랍에 잠들어 있던 계획을 꺼내 실행에 옮긴 것도 분명한 공로이기 때문이다. "박정희가 아니라 어떤 정부라도 그런 계획을 실행하지 않았을까"라고 말하는 사람도 있으나 역사에 가정은 없는 법이다. 일단 드러난 과정과 결과를 놓고 판단할 일이다.

그즈음 우리나라와 상황이 비슷한 국가들과 비교·평가하는 방법도 나쁘지 않을 것이다. 당시 후진국들이 채택한 경제발전 전략은 대체로 '수입대체형 산업'을 육성하는 방식이었다. 남미를 비롯한 많은 나라들이 그랬고, 우리도 이승만 정부 시절에는 그렇게 했다. 수입해서 사용하는 상품을 최대한 국산으로 대체해 외화 낭비를 줄이는 방식이다. 일종의 수세守勢적 발전 전략이라 볼 수 있겠다. 박정희 정부는 이것을 수출주도정책으로 바꿨다. 그것도 '수출만이 살길'이라는 구호를 앞세워 적극적인 무역정책으로 전환했다. 이게 말처럼 쉬운 정책이 아니다. 어쩌면 모험과도 같은 도전이기 때문이다. 도전이 성공하면 흥행이 이루어지지만, 실패하면 수출하지 못한 상품이 쌓이는 것은 물론 설비 투자가 무용지물이 된다. 쉽게 설명해 돈을 더 벌어보려다 갖고 있던 밑천마저 잃게 되는 도박과도 가깝다. 물론 그런 정책을 시행하기 전에 나름의 검토를 해봤겠지만, 군인들 특유의 '하면 된다'는 식의 투지가 섞여 있지 않았을까 추측한다. 사회 전반의 분위기가 군대식으로 변화하던 시대였다.

박정희 정권은 군사 쿠데타로 집권했다는 콤플렉스를 상당히 갖고 있었던 것으로 보인다. 초기에는 그랬다. 조심하는 모양이 많았다. 나름대로 합법적 정권 수립을 지향하는 방식으로 대통령 직접 선거를 실시한 것도 그렇고, 대통령에 당선된 후 첫 내각을 이른바 '방탄 내각'으로 구성한 것도 그렇다. 초기 내각에 사회적으로 명망 있는 인물을 기용했고, 당시 군사정권에 가장 비판적 신문이었던 동아일보사 사장 출신을 총리로 앞세웠다. 그게 박정희 1기 내각이다. 박정희가 경제발전에 집중했던 것도 일종의 콤플렉스적 측면이 있지 않나 싶다. 정치적으로 오점을 남긴 것을 경제적 성과로써 용서(?)받을 수 있다고 판단한 것 아닐까. 그래서 누구도 부정할 수 없는 경제적 업적을 남기겠다는 식으로 모든 역량을 쏟아부었으니, 역사적인 아이러니다.

경제개발 5개년 계획은 1962년에 시작되었으나 첫해에는 이렇다 할 성과를 거두지 못했다. 화폐개혁이 실패했고, 흉년까지 겹쳤다. 한일국교정상화에 반대하는 학생들의 시위 또한 이어졌다. 그러다 1964년에 육군 대장 출신 정일권, 한국일보 사장 출신 장기영을 각각 총리, 부총리로 내세워 2기 내각을 구성하고 경제발전에 매진한다. 토목 공사를 하듯 밀어붙인다고 하여 그 내각은 불도저 내각이라 불렀다.

당시 우리나라는 기술도 없고 자본도 없고 가진 것이라곤 노동력밖에 없는 나라였다. 수출을 하려면 조그맣게 공장이라도 세워야 할 텐데 그럴 만한 돈도 없고,* 차관을 끌어오면 좋을 텐데 맹방인 미국은 쿠데타로 집권한 박정희 정권을 비토하는 분

---

* 1960년 우리나라 외환보유고는 2천3백만 달러에 불과했다. 지금 서울의 일개 동洞 단위 예산 규모도 되지 않는다.

위기가 상당했다. 할 수 없이 눈을 돌렸던 나라가 우리와 같은 분단국 처지에 있던 독일이었다. 1964년 박정희가 서독으로 날아가 1억5천9백만 마르크(약 4천만 달러)의 차관을 받은 것이 우리나라 경제발전에 소중한 종잣돈이 되었다. 우리 청년들이 독일에 가서 독일 사람들이 하기 싫어하는 광부와 간호사로 일하며 한국에 대한 이미지를 좋게 한 것도 밑천이 됐다. 1965년에 일본과 국교를 정상화하면서 이른바 청구권 자금으로 받은 8억 달러의 자원 역시 경제발전의 밑거름이 됐다.

그렇게 조성한 눈물겨운 자본금으로 공장을 만들어 섬유, 합판, 가발 등 우리가 일단 할 수 있는 산업부터 시작해 수출 1억 불을 달성한 것이 1964년 말이다. 지금이야 세계 7위 수출강국이 되었고 세계에서 9번째로 무역 1조 달러 클럽에 진입한 무역강국이 되었지만, 당시에는 국가적으로 고작(?) 수출 1억 달러를 이루었다고 장충동 체육관에서 기념식을 열었을 정도로 우리에게 '수출'은 낯선 단어였다. 박정희 정부가 치적을 자랑하려는 의도가 있었지만 여하튼 '하면 된다'는 의지가 사회 곳곳에 생겨나고 있었던 것도 사실이다.

1차 5계획 계획은 성공적인 상승 곡선을 탔다. 1967년 대통령 선거에 박정희는 직전 선거에 상대했던 후보와 똑같은 후보(윤보선)를 만났는데도 이번에는 무려 120만 표 차이로 크게 이겼다. 이유가 무엇이겠는가. 수출이 늘고 고용이 늘고 소득이 늘면서 살림살이가 점차 나아지는 것을 국민이 피부로 느끼기 시작했기 때문이다. 그래서 한 번 더 믿어보자는 생각으로 국민은 박정희를 선택했다. 지금 사람들의 시선으로야 어떻게 그런 쿠데타 수괴를 국민이 두 번이나 뽑아주냐고 의아하게 생각하겠지만, 그만큼 당시 국민들—지금 이 글을 읽고 있는 독자들의 어머니, 아버지 세대는 가난에서 벗어나는 것을 일생의 소원으로 여겼다. 박정희 정권은 그러한 시대적 요구를 영리하게 잘 들여다본 것이다. 가난과 궁핍의 굴레에서 벗어날 수 있다면 무엇이든 일단 지지할 수 있다고 생각한 것이다. 그것을 나쁘다 탓할 수만 있을까. 한편, 박정희 입장에서 보면 국민들의 그러한 선택을 고맙게 여겼어야 하는데, 국민의 땀과 눈물로 이룬 성과를 자신의 업적으로 생각하는 권력의 속성 때문에 추락의 길로 접어든다.

긴장감과 조심성을 잃은 박정희

박정희와 이승만 정권이 몰락하는 과정은 데칼코마니처럼 똑같다. 같은 사람이 두 번 집권한 것처럼 똑같다. 박정희의 정치적 파산 역시 3선 개헌으로부터 시작한다. 스스로 만든 헌법에 '대통령은 중임밖에 할 수 없다'고 규정하고 있음에도 헌법을 뜯어 고친 것이다.

박정희 1기 정부 때 쏟아부은 설비 투자가 성과를 내어, 제2차 5개년 계획—그러니까 박정희 2기 정부 때에는 경제가 더욱 도약한다. 국민들도 그러한 경제성장의 결과에 도취되어 노동조건이 취약하고 근로시간이 길어도 자신의 생활 여건이 나아지고 있으니 모든 것을 불만 없이 받아들이던 시절이었다. 박정희가 딱 거기까지만 하고 끝냈으면 역사에 좋은 평가를 받았을지도 모른다.

3선 개헌이라는 무리수를 두긴 했지만 사실 박정희는 3선 연임 선거(1971년)에서도 제법 많은 표를 얻었다. 이번에는 윤보선이 아니라 젊은 정치인 김대중과 맞붙었는데 90만 표 차이로 이겼다. 당시 김대중은 "이번 대통령 선거가 우리나라의 마지막 대통령 선거가 될 수도 있다"고 주장하면서, 만약 박정희가 당선되면 대만의 장개석처럼 총통의 자리에 올라 종신 집권을 하게 될 것이라고 국민에게 경고했다. 예비군 제도를 폐기하겠다는, 당시로서는 획기적인 공약까지 내걸었다. 그럼에도 유권자는 박정희를 택했다. 박정희 정권이 이미 10년차에 이르러 관권 부정선거의 기술(?)이 발달한 탓도 있지만, 90만 표라는 차이는 단순히 부정으로만 얻을 수 있는 격차는 아니다. 역시 그때까지는 박정희에 대한 국민의 기대가 그만큼 컸다는 뜻이다. 박정희는 이것을 완전히 잘못된 시그널로 받아들었다. 백번 양보해, 박정희가 3선까지만 하고 평화적인 정권 이양을 했더라면 오늘처럼 치명적인 독재자로 인식되지 않았을 수도 있다. 그는 집권 3기 때부터 긴장감과 조심성을 잃었다.

　박정희도 이승만처럼, 집권 3기를 맞자마자 다음 재선을 준비했다. 이제 정상적인 방법으로 연임을 하기는 틀렸다고 판단하고, 강압적인 방식으로 전환한 것이다. 처음 정권을 잡았을 때부터 염두에 두었던 로드맵이었는지도 모른다. 박정희는 3기 집권과 함께 유신헌법을 만들고, 1972년 이후로는 오로지 긴급 조치에 의거해 국가를 통치한다. 지금까지 그나마 합법성과 정당성, 절차를 추구하려고 했던 수고의 흔적을 완전히 뒤집은 것이다. 박정희 정권이 끝내 불행하게 끝날 수밖에 없는 근본적인 조건이 그때 다 만들어졌다. 이승만과 박정희는 우리 국민의 고유한 특성을 완전히 간과했다. 우리 국민이 평소에는 순응하며 묵묵히 참고 견디는 온순한 국민으로 보이지만, 3.1운동을 보라, 권력을 뒤집어야겠다고 마음먹으면 총칼 앞에서도 가슴을 내밀고 일어서는 국민이다.

　민심이 멀어져가고 있다는 증거는 선거 결과에 이미 드러나 있었다. 3선 출마한 대선에서 박정희는 이겼지만, 그래서 민심은 자기 편이라고 생각했을지 모르지만, 1971년 5월 실시된 8대 총선에서 공화당은 서울에서 1석을 빼고 다 졌다. 4년 전 총선(1967년)에서는 3분의 2 이상 의석을 얻었는데, 4년 후에는 아슬아슬하게 과반을 확보할 정도로 국민의 마음이 돌아선 것이다. 1971년 총선은 야당이 내홍을 겪었고 여당의 관권 부정선거가 상당했는데도 그랬다.

　이러한 선거 결과가 담고 있는 의미를 분명히 인식했어야 마땅하다. 여기서 명심할 대목이 있다. 대통령에 대한 지지율을 집권 세력에 대한 지지율로 착각해서는 안된다. 우리나라 역대 대통령이 하나같이 저지르는 실수다. 대통령을 지지하는 여론은, 대통령 개인에 대한 지지와 함께, 이왕 국정을 운영하는 대통령에게 힘을 실어줘야 한다는 선량한 의지가 함께 섞여 있다. 그러나 총선과 지방선거 등에 나타난 민심은 '집권 세력'에 대한 태도를 드러낸다. 국민이 집권 세력에 반기를 들고 일어나면 대통령도 동반해 무너진다. 그러한 변화를 늘 예의주시하고 있어야 한다. 자기 지지율에만 도취해서는 안 된다는 말이다.

　3선 연임 이후로 박정희는 최악 중에 최악으로만 나아갔다. 자신은 다시 대통령이 되긴 했지만, 총선에서 압도적 과반을 확보하지 못해 국회를 마음대로 끌고 갈 수 없게 되니, 국회를 해산하는 폭거를 저질렀다. 미군이 철수하면 안보가 불안하다느니, 국민소득 1천 달러를 달성하려면 더욱 긴장해야 한다느니 하는 명분을 내세워 유신헌법을 만들었다. 그렇게 국회를 해산하고 강압적인 분위기 아래 다시 실시한 총선(1973년)에서도 전국 득표율은 이전 총선(1971년)에 비해 10%나 떨어졌다. 그럼에도 그 의미를 이해하지 못하고 계속 폭주로만 일관했다. 대통령이 지명하고 찬반투표에 의해 결정하는 '유신정우회'라는 대통령 친위부대를 만들어 국회 의석 3분의 1을 기본 확보했다. 거기에 공화당 의석을 합쳐 국회 3분의 2 의석을 만들었다. 도대체 그럴 이유가 없는데도 기어이 그렇게 했다. (굳이 개헌 정족수를 확보하고 있을 이유는 무엇인가?) 이때부터 박정희는 정치에 있어 상식이나 합리성의 흔적 같은 것이 완전히 사라졌다.

'일단 집권에 성공한 세력은 권력의 힘으로 무슨 일이든 할 수 있다'는 발상은 박정희가 우리 정치 역사에 끼친 가장 큰 해악 가운데 하나다.

김경숙 무덤 뒤에 박정희 무덤

박정희 정권이 붕괴한 이유는 정치, 경제, 사회, 다양한 측면에서 분석할 수 있지만, "경제발전이 박정희를 몰락으로 이끌었다"고 말하면 의아하게 생각할 사람이 적지 않을 것이다. 그것은 정치권력이 경제발전에 대해 갖는 일종의 딜레마다. 경제가 발전하면 국민은 발전을 주도한 정치권력을 일단 지지하지만, 그에 비례해 사회구조가 변하면서 국민의 요구도 높아지기 마련이고, 집권 세력이 그런 요구를 따라가지 못하면 국민은 새로운 정치권력을 찾게 된다.

1~2차 경제개발계획을 거치면서 우리나라는 민간 경제 규모

가 과거에 비할 바 없이 커졌다. 경제개발 이전에 우리나라는 시장경제라고 할 수도 없을 만큼 단편적이고 후진적인 상태였으나 박정희 정부 1~2기를 거치며 경제가 급속히 성장함에 따라 자체의 시장경제 매커니즘을 발휘할 수 있는 조건이 갖춰졌다. 경제구조가 훨씬 정교하고 복잡해졌다.

그러한 조건 아래, 박정희 정부는 두 가지 측면에서 실수했다. 일단 시장경제가 형성되고 있으니 많은 부분을 시장에 이양하는 노력을 차근차근 진행해야 했는데 여전히 국가 사회주의식으로 경제를 이끌어 나갔고, 시장이 해결할 수 없는 부분을 정부가 보완해야 했는데 그러한 노력에도 게을렀다.

경제가 성장하고 국민의 생활이 나아지면서 우리는 전반적으로 절대 빈곤의 상태에서는 벗어나게 되었다. 그러면 국민은 새로운 요구를 하게 된다. 지금까지는 먹고사는 것에만 바빴지만 이제는 '인간다운 조건'을 추구하기 시작하는 것이다. 그러면 위정자들은 '먹고살게 해줬는데 뭐가 불만이냐?'는 식의 사고를 갖는다. 국민을 배은망덕한 존재 정도로 취급한다. 거기서부터 정권의 몰락이 시작한다. 차츰 국민을 몰아붙이거나 개조(?)하려 노력하는 방향으로 치닫고, 국민은 그런 정부에 저항감을 느낀다. 국민이 저항하는 것을 권력자들은 '교양의 부족' 정도로 여기고 강력히 대응한다. 그런 악순환 끝에 정권은 국민의 힘으로 무너진다.

박정희 정권이 집권 말기에 막무가내식으로 정책을 추진한 것은 부가가치세 신설에도 드러난다. 국민이 잘 알지도 못하는 그런 세금을 박정희 정권은 무조건 밀어붙였다. 경제성장을 하는 과정에 다른 나라는 100년에 걸쳐 이룩한 산업화의 성과를 우리는 10년 만에 이루었으니 뭐든 '하면 된다'는 의욕이 지나쳐 세금마저 그렇게 다룬 것이다. 박정희는 그동안의 특기가 부메랑이 되어 자신의 몰락을 재촉하는 독소가 되었다. '지나친 자신감' 말이다. 박정희 정부에서부터 문재인 정부에 이르기까지, 세금을 함부로 다뤄 재집권에 성공한 정권을 본 적이 없다.

1978년 총선에 공화당은 서울에서 또 완패했다. 과반이 넘는 의석은 우격다짐으로 만들었지만 전국 득표율을 보면 1.1% 정도 지는 것으로 나타났다. 형식상 과반 의석을 얻었다고 집권 여당이 좋아할 일이 아니다. 수도권 민심이 어떻게 형성되어 있는지 알고 그에 맞게 변화를 추구해야 한다. 그런데 박정희는 1971년 8대 총선부터 세 차례에 걸쳐 민심이 계속 경고장을 보내는데도 매번 그걸 무시했다. 선거 결과가 무엇을 의미하는지조차 파악하지 못하고 일단 정권을 이어가고 있으니 만족했다. 고여 있는 권력의 말기에 나타나는 나태와 자만이다.

국민의 저항은 1979년 부산과 마산에서 본격적으로 시작됐다. 부산과 마산 지역은 당시 상공업이 가장 발달하고 중산층과 젊은 근로자들이 많이 거주하는 지역인데 왜 유독 그 지역에서 시위가 발발한 것일까? 그런 의미조차 제대로 이해하지 못하고 사태를 합리적으로 처리하는 것이 아니라 강변 일변도로 대응하다가 박정희는 결국 부러지고 말았다.

부마항쟁이 있기 직전인 1979년 여름에는 가발 수출업체인 YH무역 근로자들이 직장 폐쇄에 항의하며 야당 당사에 들어가 시위하다 그들을 해산하는 과정에 근로자가 사망하는 사건이 있었다. 과거에는 해고를 순순히 받아들이던 근로자들이 이에 당당히 항의했다는 사실, 야당 당사에 들어가 호소할 생각을 했다는 사실로부터 과거에 비할 바 없이 높아진 근로자들의 권리의식을 엿볼 수 있다. 근로자 사망이 야당 당사 안에서 일어난 일인데다, 무리하게 공권력을 투입해 발생한 일이며, 근로자 대부분이 여성이었고, 경찰의 무자비한 폭행 상황이 상세히 알려지면서 사회적 파장이 컸다. 그 사건이 부마항쟁에까지 영향을 줬다. 당시 나는 독일 쾰른대학에 교환교수로 가 있다가 잠깐 귀국해 있을 때였는데, 학생과 지식인은 물론 일반 시가 평범한 시민들까지 마음이 돌아서고 있음을 여실히 느낄 수 있었다. 정권 수뇌부에 있는 사람들만 그 변화에 무디거나 대수롭지 않게 여기고 있었던 것이다.

박정희 정권의 몰락은 1971년 박정희가 3선에 도전하던 때부터 이미 예고되어 있었다고 말할 수 있다. 다만 10년이라는 시간의 지연만 있었을 뿐이다. 어느 시인은 "김경숙(YH사건으로 사망한 근로자)의 무덤 뒤에 박정희의 무덤이 있다"고 표현한 바 있다.

1960년과 1975년의 한국인은 다르다

박정희는 자신이 이룩한 경제성장이 국민의 의식을 깨우쳐 자기를 불행하게 만드는 모순에 빠졌다. 독재자가 지닌 딜레마다. 가시적인 성과를 국민에게 보여주려면 경제를 부흥하는 방법밖에 없는데, 경제가 커지면 민주의식도 함께 성장한다.

내가 박정희 정부의 정책 수립에 관여하게 된 때가 1975년이다. 처음에는 독일에서 막 공부하고 돌아온 교수라는 이유로 부가가치세 도입 타당성 검토에 참여하게 되었다. 부가세 역시 앞에 소개한 화폐개혁이나 금융실명제와 마찬가지다. 특정한 정책을 실시하려면 지금 그 제도를 왜 도입하는 것인지, 그것을 통해 어떤 효과가 발휘될 것인지, 그것 외에 다른 방법은 없는지, 우리가 그런 정책을 실시할 행정적·사회적 준비는 되어 있는지 등을 두루 살펴봐야 한다. 당시 우리나라로서는 부가가치세를 징수할 수 있을만한 제반 여건이 되어 있지 않았다. 그래서 당연히 부가가치세 도입은 성급하다고 반대했는데 그것이 눈에 띄었나 보다.

나중에 대통령 비서실장을 개별적으로 만나 식사하는 자리에서 "우리나라도 이제 시장경제 규모가 어느 정도 되었으니 경제정책의 방향을 바꿀만한 시점이 되었다"고 주장했다. 지금 생각해보면 젊은 교수로서 다소 당돌한 주장이었지만 내가 독일과 프랑스에서 보고 겪은 사례를 들며 '변화의 방향을 미리 알고 대처한 국가와 그렇지 않은 국가가 어떤 차이를 낳는지' 자세히 설명했다. 비서실장이 그 말이 싫지만은 않았던가 보다. 박정희에게 내용을 보고했다. 얼마 뒤 청와대 경제수석이 나를 불러 '당신이 이런 말을 했다면서?'라고 묻더니 박정희 서명이 들어간 공문을 보여줬다. 장기적인 관점에서 우리나라가 정치·사회적으로 해결할 과제를 찾아 대안을 제시하라는 내용이었다. 그렇게 만들어진 팀이 '금요회'였다. 박정희가 직접 지시한 공문의 내용에는 '이 팀에게는 관계 부처가 제반 협조와 지원을 아끼지 말라'는 내용이 담겨 있었다. 그것을 근거로 여러 부처에 자료를 요청하고 장관급 각료까지 불러 의견을 청취할 수 있었다. 어쨌든 박정희도 장기적 관점에서 경제정책의 변화가 필요하다는 사실 정도는 인지하고 있었던 것 같다. 당시로서는 박정희가 종신 대통령을 꿈꾸고 있을 때이니 오히려 그런 생각을 하지 않았을까, 나름대로 추측한다. 금요회를 통해 원래 내가 손대려고 했던 정책은 노동법을 비롯해 우리나라 노동관계 법률과 제도를 정비하는 일이었는데 나중에 엉뚱하게도(?) 성과로 남은 일은 사회의료보험 제도 도입을 제안한 일이 되었다.

당시 우리나라는 두 차례에 걸친 경제개발계획을 성과적으로 마치고 제3차 5개년 계획까지 막바지에 이르던 때였다. 10년 전에 비해 경제규모는 10배 가량 성장해 있었다. 노동인구는 1960년대 초반 45만 명에서 1975년 400만 명으로 역시 10배 가량 늘어나 있었다. 특정한 국가에서 특정한 계층의 인구가 갑작스레 그렇게 늘어나면 국민의 사고가 달라져 있고, 그에 맞는 정책적 대응 역시 달라져야 법이다. 1960년의 한국인과 1975년의 한국인은 이미 서로 다른 존재였던 셈이다. 그런데 박정희는 10년 전 국민과 똑같은 한국인으로 우리 국민을 대하고 있었다. 언제나 순박하게 순응할 줄로만 알았던 것이다.

그나마 박정희는 정치적 센스 같은 것이 좀 있기는 했다. 1973년에 오일쇼크가 터지면서 경제가 침체 국면으로 들어가고, 1972년 유신체제를 선포하며 국민의 정치적 감정까지 좋지 않았다. 각료들도 대응책을 마련하기 위해 부심하던 때인데, 박정희 지시로 연소득 18,000원이던 소득세 면세점을 50,000만 원으로 상향 조정해버렸다(1974년 1월 14일 대통령 긴급조치 제3호). 그것으로 우리나라 소득세 납부자 가운데 85%가 일시에 소득세를 내지 않게 되었다. 예상 밖의 소득세 감면 조치에 누구보다 도시 근로자들이 크게 환호했다. 물론 일시적인 미봉책에 불과했지만 당면하여 어떤 계층의 불만을 다독여야 하는지에 대해서도 박정희는 어느 정도 알고 있었던 것이다. 특정 관료의 제안이 아니라 박정희의 개인적 결단이 크게 작용했다. 오히려 관료들의 반대에도 박정희가 일방적으로 지시해 밀어붙였다.

물론 이런 측면도 돌아볼 필요가 있다. 소득세 감면 조치는 박정희의 개인적 인기를 유지하는 측면에서는 유리했을지 모르나 정부의 재정에는 당연히 좋지 않은 조치였다. 결국 부족한 재정을 메우려 부가가치세 도입을 서둘렀고, 그것은 차츰 정권 몰락으로 이어졌다. 붕괴할 정부는 어떻게든 붕괴하기 마련이다. 어쨌든 예상치 못한 정치적 창의성을 발휘하는 측면에서 박정희의 소득세 면세점 상향 조치는 참고할 만하다. 관료적 사고로는 불가능한 일이었다.

이참에 간단히 언급하자면, 관료들은 법규와 제도, 기존의 관례에 얽매이는 경향이 많기 때문에 일반적 상식을 넘어서는 정책을 제안하면 '안 된다'거나 '안될 것'이라는 부정적 의견을 먼저 피력하는 경우가 많다. (경제 관료들은 특히 그렇다.) 결단을 내리는 것은 대통령의 몫이다. 정치적 창의성을 최대한 발휘하면 안될 일도 되게 흘러가는 경우가 많다. 그것이 정치인으로서 돌파 능력이다. 관료들의 전문성은 인정하되, 창의성을 발휘하는 몫은 역시 정치인의 역할이라는 사실을 잊지 말아야 한다. 대통령은 기본에 있어 정치인이다. 고도의 정치인이다.

절대 권력자의 역설적 복지 성과

박정희의 정치적 창의성에 대해서는 근로자 재형저축과 사회의료보험을 도입하는 과정에서도 느낀 바가 있다.

근로자 재형저축은 당시 내가 만나던 청와대 경제수석이 재무부장관으로 자리를 옮기면서 "재무 담당 장관으로 할 수 있는 아이디어를 달라"고 해 제안한 정책이었다. 또 사회의료보험은 노동법 개정 작업이 난관에 부딪혀 금요회 활동이 지지부진하자 내가 뭐든 하나는 내놓아야겠다는 생각에 내놓은 제안이다. 하나씩 보자면, 근로자 재형저축은 산업근로자들이 재산형성을 할 수 있도록 은행에서 우대금리를 주는 제도인데, 지금이야 당연히 그래야 하지 않느냐고 생각할 테지만 당시 이 안건은 국무회의에 올라가기도 전에 괴상한 반론에 부딪혔다. 차관회의에 참석한 관료들이 "농민도 국민인데 왜 근로자에게만 재산 형성을 도와줘야 하느냐"고 반대한 것이다. 근로자를 우대하는 사고방식을 갖는 것만으로 사상이 불순하다는 의심을 받는 시대였다. 내가 차관회의까지 들어가 왜 근로자들을 자산가로 만들어줘야 하는지 이유를 설명해 간신히 설득할 수 있었다.

사회의료보험 제도 도입 과정은 더욱 만만치 않았다. 이것 역시 "왜 근로자들만 의료보험을 들어줘야 하는가?"로부터 시작해 "국가에서 국민 건강까지 챙겨야 할 이유는 무엇인가", "그럴 돈이 있으면 중화학공업을 육성하자", "의료보험보다 연금제도를 먼저 도입하자"는 등 다양한 반론에 부딪혔다. 그런 논란을 정리하는 데에는 박정희의 결정이 큰 역할을 했다. 박정희가 경제팀 각료들을 불러 한자리에 모아놓고 "정부 정책을 객관적으로(비판적으로) 바라보는 대학 교수도 이렇게 의료보험을 먼저 하라고 한다"면서 복지연금보다 의료보험을 먼저 실시하라고 지시를 내리지 않았다면 우리나라 국민의료보험은 오늘날과 같은 모습이 되어 있지 않을지도 모른다. 관료들에게 맡겨놓았으면 논의만 하다 끝났거나, 당장 기금이 쌓여 재정으로 활용할 수 있는 복지연금부터 실시하는 손쉬운 길을 택했을 것이다. 거역할 수 없는 절대적 권력자였던 박정희의 지시가 만든 역설적 성과라고 말할 수도 있겠다.

이승만은 자신이 앞장서 창출한 자유민주체제의 힘으로 무너졌다. 박정희는 자신이 앞장서 창출한 산업화와 경제발전의 힘으로 무너졌다. 성장과 몰락의 과정이 신기할 정도로 닮았다. 정치적 창의성이 나름대로 괜찮았던 박정희도 시대의 변화에 조응하지 못하고 권력에 대한 탐욕을 버리지 못하다 끝내 비참한 최후를 맞았다. 그 뒤로 많은 대통령이 박정희를 닮으려 했고, 박정희를 넘어서려 했고, 혹은 박정희를 부정했는데, 결국 박정희와 비슷한 결과를 맞았다. 권력의 속성은 어느 시대든 똑같다.

4. 최규하

— 관료의 한계를 넘지 못한 임시 대통령

초대 대통령의 권력에 대한 탐욕과 집착이 불행에 불행을 낳았다. 이승만이 진정한 명예의 의미를 생각해 3선 연임과 같은 무리한 일을 저지르지 않고 자리에서 물러났으면 3.15부정선거와 4.19혁명으로 이어지는 국민의 상처와 수고는 없었을 것이며 혼란을 틈탄 군인들의 정변도 시도 자체가 불가능했을 것이다. 박정희가 한번 쿠데타에 성공하니 후배 군인들이 우리도 할 수 있겠다는 어리석은 자신감에 휩싸여 일어난 일이 전두환의 신군부 쿠데타다. 역사가 그렇게 30년 가까이 혼란을 겪었다. 지나간 일은 후회해도 소용없으나 탄식처럼 남겨놓는 말이다.

혹자는 박정희와 전두환 정권은 '있어서는 안 될 정권'이라고 표현하기도 하지만, 이미 일어난 역사를 어떻게 하겠나. 되돌릴 수도 없는 일 아닌가. 또한 집권 방식에 나타난 치명적 문제를 이유로 집권기에 일어난 일체의 성과를 부정하는 태도로는 후대가 얻을 것이 없다. 집권 과정에 대해서는 준엄히 비판하되, 업적에 대해서는 객관적으로 공과를 따져 평가하는 것이 미래 세대가 국가를 이끌어 가는 데 도움이 되는 자세다.

결단을 주저하는 관료의 한계

박정희가 부하의 흉탄에 맞아 갑작스레 세상을 떠나자 당시 국무총리였던 최규하가 헌법에 따라 대통령 권한대행직을 맡았다.

먼저 이야기하자면 최규하는 대통령 권한대행이 되자마자, 일반적인 실수라고 용인하기에는 지나친, 치명적 실수를 하며 역사에 오점을 남겼다. 대통령 권한대행으로서 계엄령을 전국 계엄이 아니라 부분 계엄(제주도를 제외한 전국)으로 선포한 일이다. 그에 따라 대통령이 계엄사령부를 직접 통제하지 않고 국방부장관에게 책임이 넘어갔고, 이른바 신군부는 그런 배경 가운데 급속히 계엄사령부를 장악할 수 있었다. 결국 책임지고 결단하는 일을 꺼렸던 최규하의 유약한 태도가 신군부의 득세를 불렀다고 말할 수 있겠다. 좋게 말하면 민주주의적 균형을 유지하는 태도이지만, 비상 상황에서는 민주주의를 찾으면 안된다. 지도자가 작금 시국에 대한 명확한 인식이 없으니 그런 일이 벌어지는 것이다.

최규하의 집권 기간은 약 9개월로 워낙 짧았기 때문에 대통령으로서 최규하의 업적에 대해 평가할 수 있는 부분은 거의 없다.

박정희가 사망하자 즉시 헌법을 개정해 새로운 대통령을 선출하자는 야당과 재야의 요구가 있었다. 그러나 최규하는 일단 현행 헌법(유신헌법)에 따라 대통령을 선출한 후, 새로운 대통령이 빠른 시일 내에 헌법을 개정해 정권을 이양하는 것이 좋겠다는 내용의 담화를 발표했다. 일견 합리적으로 보이지만 정치적 창의성이 결여된 태도다. 마음만 먹으면 얼마든 즉시 헌법 개정을 할 수 있는데 왜 그걸 미적거린다는 말인가. 기계적 절차를 중시하는 관료적 태도가 드러난다. 자신이 대통령이 될 것이라고 평생 꿈에도 상상하지 못하고 살아온 관료였으니 어쩌면 당연한 선택이기도 하다. 그런 상황에 뭘 어떻게 해야 하는지 창의적 결단을 내리지 못하니, 일단 주어진 헌법 절차에 따른 것이다. 사실 최규하는 이렇게 순응하는 성격 탓에 박정희 정권 말기에 총리로 발탁되었다. 최규하에 대해 흔히 사람들은 이렇게 평가했다. "특징이 없는 것이 특징" 그 정도로 무색무취한 인물이었다.

당시 혼란 상황에서 최규하에게 관료 이상의 결단을 기대하는 일은 어쩌면 무리한 요구로 보인다. 그래도 어쨌든, 우연히 떠맡은 권력이라 할지라도, 역사적 기회라 생각하고 최규하가 더욱 과감하게 행동했더라면 우리 역사가 많이 달라질 수도 있지 않았을까 하는 아쉬움이 남는다. 역사의 순간마다 평범한 사람 속에 숨어 있는 영웅적 특성이 발휘되기를 기대하는 것은 지나친 바람이겠지만 말이다.

당시 헌법(유신헌법)에 따르면 대통령은 통일주체국민회의에서 선출하도록 되어 있었다.* 대통령 후보가 되려면 대의원 200명의 서명을 받아야 했는데, 그래서 야권 후보의 출마는 사실상 원천 봉쇄되어 있었다. 최규하가 무소속으로 단독 출마해 당선됐다. 과연 그런 선택밖에 없었을까 하는 아쉬움이 역시 남는다.

역사에만 맡기는 태도

박정희 시해 이후 누구도 뚜렷이 권력을 장악하지 못하고 정

---

* 전국 대의원 2,500명 가량이 체육관에 모여 대통령을 선출하는 간접선거 방식으로, 박정희는 이에 따라 1972년, 1978년 대통령에 선출됐다. 최규하가 1979년에 선출되었고, 1980년 전두환이 유신헌법에 따른 마지막 대통령이 되었다. 전두환은 대통령이 된 후 헌법을 개정해 1981년 다시 선출됐다.

치적 진공眞空 상태가 만들어진 상황에서 일단의 군인들이 보안사령부를 중심으로 일으킨 사건이 12.12군사반란이다. 4.19이후 혼란을 틈타 쿠데타가 일어난 것과 외견상 상황은 비슷하다. 당시 보안사령관 전두환은 박정희 시해 사건을 조사하는 합동수사본부장 직책을 맡고 있었으니, 그것을 빌미로 일탈하기에 적격인 권한을 쥐고 있다. 아무리 유약한 대통령이라지만, 대통령 허락도 없이 육군참모총장 등을 체포 감금했다.

신군부가 그렇게 쿠데타를 일으키고 권력을 장악하는 과정에 최규하의 대응이 적절했는지에 대해서도 논란이 많다. 최규하가 지극히 유약했기 때문에 신군부는 정권 상층부와 관련해서는 거의 무저항에 가까울 정도로 손쉽게 권력을 장악했다. 최규하의 성격을 익히 알고 있었기 때문에 신군부도 더욱 거침없이 움직였다고 볼 수도 있다.

정치적 격변기에 지도자가 안일하게 대처해 역사에 혼란을 가중한 사례에 대해서는 윤보선 편에서 충분히 설명했기 때문에 여기서는 생략하겠다. 최규하나 윤보선이나 갑작스레 권력을 떠맡게 되었다는 점에 있어서는 비슷하다. 그러나 윤보선의 무능함에는 정치인으로서 닳고 닳은 의도적 계산이 함께 깔려 있었으나* 최규하는 그냥 상황에 모든 것을 맡겨두겠다는 식으로 안일하지 않았나 생각된다.

미국이 5.16쿠데타에는 병력 사용까지 거론하며 우리 대통령에게 쿠데타 세력을 진압하자고 제안했지만 신군부의 12.12와 5.17쿠데타에는 왜 그러지 않았느냐는 의혹이 있을 수 있다. 그것이 1980년대 우리나라 학생운동권에 반미주의를 형성한 미묘한 근거가 되기도 했다. 미국의 국가이기주의 입장, 그리고 진영주의적인 입장에서 보면 (우리로서는 불행한 일이지만) 1979~80년의 그 선택은 어쩌면 자연스런 선택 아니었을까. 미소 냉전이 극에 달하던 시점이었다. 공산 쿠데타가 아닌 이상 미국이 간섭할 이유가 별로 없었고, 이미 5.16을 통해 한국 정세의 급변 상황에 미국이 학습효과를 거친 탓도 있었다. 또 한국 사회가 1960년대 초반과는 비할 바 없이 복잡하고 다양해졌다. 비록 쿠데타라 하더라도 어쨌든 내정內政과 관련된 일이라 섣불리 개입할 수 없었던 것이다. 특정한 국가가 자국의 이익을 중심으로 행동한 것을 대해 도덕적으로 비난할 수는 있어도 그 이상을 따져 묻는 일은 지나치다. 세상에 대한 이해가 부족하거나 다른 의도가 숨어 있는 행위라고 볼 수밖에 없다. 여하튼 미

---

* 내각제가 실시됨으로써 대통령 윤보선에게는 권한이 거의 없었다. 그런 상황에 군사 쿠데타가 일어나자 윤보선은 자신에게 유리한 정치적 계기가 만들어질 수도 있으리라 판단하고 의도적 태업을 한 측면이 있었다.

국까지 그러한 마당에 최규하가 대통령으로서 과감히 국군통수권을 행사하는 일은 더욱 어려웠을 것으로 보인다. 범인凡人에게 천재적 수완을 기대하는 일 역시 지나치다.

박정희가 18년 동안이나 유지했던 권력이 한순간에 무너지니 후유증이 사회 곳곳에서 봇물처럼 터져나왔다. 가장 큰 후유증은 역시 정치적인 분야였다. 오래 참고 견딘 불만이 한꺼번에 분출된 것이다. 시민들은 연일 거리로 쏟아져 나왔고, 야당과 재야 정치인들은 민주화를 요구하는 성명을 발표하면서 시위대를 독려했다.

전두환이 언제부터 대통령이 되겠다는 꿈을 가졌는지는 자신만이 아는 일이다. 생전에 전두환은 원래 대통령이 되고 싶다는 야망이 없었고, 12.12사태 때까지만 해도 그럴 생각이 없었는데, 계엄이 지속되는 상황에서도 시위가 계속되고 야당 인사들이 혼란을 부추기는 모습을 보니 대통령 결심을 하게 되었다고 말하곤 했다. 내가 전두환에게 직접 들은 이야기다. 그의 말을 전적으로 믿을 수는 없지만, 사실 그러한 말 자체가 "준비되지 않은 대통령"이라고 스스로 고백(혹은 변명)하는 일에 다름아니다. 대통령이라는 직책에 대한 준비 정도를 놓고 볼 때 확실히 전두환은 준비되지 않은 대통령이었다.

신군부의 쿠데타는 2단계에 걸쳐 일어났다. 일단 12.12쿠데타로 군을 장악했고, 완전히 정권을 장악하기 위해서는 국회를 해산해야 했는데, 그러기 위해서는 비상계엄을 전국으로 확대해야 했다. 그래서 일어난 일이 5.17쿠데타다. 뒤이은 5.18민주화운동으로 많은 광주 시민들이 희생되었다. 그런 뒤에 전두환은 엄연히 헌법에 따라 선출된 대통령인 최규하를 강제 하야시키고 자신이 대통령직에 올랐다. (외형상으로는 최규하가 자진 사임하는 모양을 취했다.)

전두환은 대통령 취임도 2차례 걸쳐 했다. 처음엔 급히 유신헌법을 이용해 대통령이 되었지만, 새로운 공화국을 창설해 새로운 시대를 열어놓고 싶었던 것인지, 헌법을 개정해 선거인단을 뽑아 다시 대통령에 선출됐다. 1980년 9월에 이미 대통령이 되어놓고 1981년 2월에 또 대통령이 된 것이다. 따라서 전두환은 실질적으로는 재임을 하지 않았지만 11, 12대 대통령으로 역사 기록에 남아 있다.

전두환 집권기에 최규하는 국정자문회의* 의장을 지냈다. 전두환이 최규하를 국가 원로로 대우하려는 형식이지만 실권은

---

*   국가원로들이 국가 운영에 대해 자문하는 성격의 헌법 기구로 1987년 헌법에는 '국가원로자문회의'로 바뀌었다. 최규하는 국가원로자문회의 의장도 4년 3개월간 맡았다. 국가원로자문회의는 1995년 이후로는 의장 및 사무처가 없어, 헌법에는 존재하지만 사실상 폐기된 기구로 꼽힌다.

없었다. 1987년 민주화가 이루어진 후 이른바 5공 청문회가 열렸을 때 국회에서 여러 차례 최규하에게 증인 출석을 요구했으나 최규하는 끝까지 응하지 않았다. 1979~1980년 벌어진 일들에 대해 일체 언론 인터뷰도 하지 않았고 회고록도 집필하지 않았다. 모든 사실에 대한 증언을 무덤까지 안고 갔다.

많은 것이 베일에 쌓여있는 일에 대해 핵심 당사자가 끝까지 침묵한 것이 과연 옳은가 하는 논란은 있다. 하지만 굳이 변명하지도, 그렇다고 후회하거나 반성하지도 않고 모든 것을 역사의 평가에 맡겨놓은 태도는 대통령답다. 그런 강단있는 태도를 혼란기에 보여줬더라면 좋았을 텐데 하는 아쉬움이 있다.

인간으로서 최규하는 굉장히 훌륭한 사람이었다. 사실 인간으로 놓고 볼 때 역대 대통령 가운데 인성 자체가 나쁜 사람은 별로 없다. 최규하는 검소하고 성실하고 과묵하고 후덕한 사람이었다. 모범적인 외교관이었다. 그러나 대통령의 성패는 '좋은 사람'인가 하는 여부로 가리는 것이 아니다.

5. 전두환

— 정의를 내세웠으나 정의롭지 못한 대통령

전두환 정권 초창기는 박정희 정권 초창기와 판박이처럼 똑같다. 어떤 정권이든, 쿠데타로 권력을 장악했든 합법적인 선거로 집권했든, 권력을 잡은 직후 사람들의 정신 상태는 대체로 비슷한 것 같다. 자신들이 '혁명'을 이루었다고 생각한다. 그래서 세상을 바꾸겠다고, 바꿀 수 있다고 자신감에 넘친다.

쿠데타 직후 박정희의 모습을 보자. 깡패를 소탕하고, 3.15부정선거 책임자를 사형에 처하고, 화폐개혁을 하면서 스스로 혁명 세력이라 자처했다. 전두환 신군부 역시 그랬다. 지금 사람들은 이상하게 생각할 테지만, 당시 신군부는 자신들이 낡은 수구 세력이라고 결코 생각하지 않았다. 스스로 혁명이나 역사적 대大개혁의 임무를 맡은 혁신 세력이라는 환상에 빠져 있었다.

신군부가 대내외에 내세웠던 캐치프레이즈는 '새 역사 창조'와 '민주복지국가 건설'이었다. 뉴 네이션 빌딩New nation building을 한다고 자찬했다.

박정희는 쿠데타 직후 국가혁명위원회를 만들었고, 신군부는 이를 본떠 국가보위비상대책위원회(국보위)를 만들었다. 개인적인 경험을 이야기하자면 박정희가 죽고 사회적으로 어수선하던 상황에 그런 기구가 만들어져 개혁을 한다고 하길래 그냥 그런가 보다 했다. 그런데 1980년 6월경 중령 계급장을 단 군인 한 명이 대학 연구실로 찾아왔다. 국보위에서 나왔다고 자신을 소개했다. 일개 대학교수인 나를 어떻게 알고 찾아왔는가 했더니 내가 부가가치세 도입에 반대했다는 사실을 파악하고 있었다. 그러더니 느닷없이 "부가가치세를 없애려고 하니 국보위 재무분과에 참여해달라"는 것 아닌가. 국보위에 나오라는 말보다 더 놀란 것이 '부가가치세를 없애겠다'는 말이었다. 물론 도입 당시에는 내가 반대하긴 했지만, 이왕 도입한 세금을 어떻게든 다듬어 안착시킬 생각을 해야지 어찌 또 없앤단 말인가. 세제稅制를 집권세력의 취향에 따라 뜯었다 붙였다 하는 찰흙빚기 놀이쯤으로 생각하는 태도에서 나라를 이끌어가는 아마추어적인 수준이 느껴졌다. 이 사람들, 큰일 날 사람들이로구나 싶었다.

며칠 후 국보위에 가보니 오가는 이야기들이 엉뚱하기 이루

말할 데 없었다. 일단 부가가치세는 그대로 유지하도록 설득해 딴짓을 못하게 했는데, 그동안 유지되어온 제도와 정책을 이해하지 못하고 무조건 바꾸려고만 했다.

한번은 국보위 어느 분과 회의를 들여다보니 대기업 중복투자를 없애고 중화학공업을 구조조정 하겠다는 이야기를 주고받고 있었다. 일견 진보적으로 보이지만 그 방식이 황당했다. '자동차 산업은 무슨 기업에게 주고, 다른 어떤 산업은 어느 기업에게 맡기고……' 하는 식으로 자기들끼리 업종을 지정해 구조조정하려는 계획을 말하는 것 아닌가. 산업구조의 조정이라는 것이 그렇게 '단일 업종, 단일 기업'식으로 정부에서 지목할 수 있는 일인가. 그것은 시장의 질서를 바로잡는 것이 아니라 전체주의식으로 시장을 얼어붙게 만드는 일이다. 경제에 대해 아는 것이 없고 국가 경제를 사유물처럼 대하면서 공명심에만 들뜬 정치인들이 대개 이런 유형의 실수를 저지른다. 정치권력의 힘을 시장을 통해 무분별하게 실험해보려는 것이다. 막 권력을 손에 넣은 이들이 그런 유혹에 쉽게 빠진다.

가장 기억에 남는 황당한 구상이 주택 5백만 호 건설 계획이었다. 내가 속했던 재무분과가 아니라 경제과학분과에서 제시한 계획인데, 국보위 활동이 마감할 무렵에 그런 주장이 불쑥 등장했다. 당시 우리나라 전체 주택 수량이 5백만 호가 되지 않던 시절이다. 그런데 무슨 요술을 부려 주택을 곱절로 늘린단 말인가. 그렇게 많은 집을 지으려면 엄청난 투자가 이루어져야 한다. 그 비용은 어떻게 마련할 것이며, 인력과 자재는 어디서 들여올 것이며, 만약 그렇게 했을 때 시중에 막대한 돈이 풀리게 되면 인플레이션이 심각해질 텐데 그것은 또 어떻게 대처할 것이며…… 이런 문제에 대한 고민은 전혀 느껴지지 않았다. 생각이 단편적인 사람들은 정책이 불러올 시장 반응과 사회적 연쇄작용은 돌아보지 않는다. 그저 집만 지으면 끝나는 줄 안다. 이건 당시 '군인 혁명가'들에게만 해당하는 이야기가 아닐 것이다. 경험과 준비없이 권력을 잡은 많은 정권이 다 그렇다. 대통령직 인수위 시절, 그리고 정권 초창기에 특히 그런 사람들이 넘친다.

당시 국보위 상임위원회는 모든 분과가 동의해야 안건이 통과했기 때문에 경제과학분과에서 제출한 주택 5백만 호 건설 계획은 결국 채택되지 못했다. 그런데 전두환이 대통령이 되어 취임하자마자 국정운영계획 가운데 하나로 주택 5백만 호 건설 계획이 발표됐다. 국보위에서 경제과학분과위원장을 맡았던 인물이 청와대 경제수석으로 가면서 그런 일이 벌어진 것이다. 그가 바로 전두환의 '경제 가정교사'라 불렸던 김재익이다. 경제 분야에 있어 전두환은 김재익이 가르쳐주는 방향대로 많이 따랐다. 전두환의 장점이자 단점이기도 한데, 누군가를 믿으면 그에게 빠져드는 경향이 있었다.

다시 등장한 주택 5백만 호 건설 계획 역시 국민에게 선언은 했지만 실제로 실행하진 못했다. 애초에 실현될 수 없는 허황된 목표였기 때문이다. 그런 목표를 제시했다는 것 자체가 국민 앞에 정직하지 못한 태도다. 정치인이 지나친 목표를 앞세우는 행위는 국민에게 희망을 심어주는 일이 아니라 기만에 가깝다.

'물가안정'이라는 어긋난 공로

전두환의 치적 가운데 하나로 물가안정을 꼽는 사람들이 있다. '다른 건 몰라도 전두환이 그것 하나는 잘했다'면서 물가안정을 칭찬하곤 한다. 과연 그런가.

1970년대 후반 우리나라 경제 여건은 여러모로 좋지 않았다. 이유는 여럿인데, 제3차 5개년계획 때부터 우리나라는 산업구조를 경공업 위주에서 중화학공업 중심으로 개편해 나갔다. 중화학공업은 말 그대로 장치산업으로, 초기 자본 투자는 많은 반면 생산이 금방 이루어지는 것이 아니라서 그동안 투입된 자금이 시중에 풀리며 물가상승을 촉발한다. 물가가 올라가면 서민들의 생활고도 높아지기 마련이다. 그런 와중에 1979년 2차 오일쇼크가 일어났다. 중동의 이란에서 이슬람혁명이 발발하여 유가가 폭등한 것이다. 거기다 엎친데덮친 격으로 우리나라는 대통령 시해 사건이 일어나 사회 분위기까지 뒤숭숭한 가운데 소비자물가는 1979년 18.3%, 1980년 28.7%, 1981년 21.4%로 폭등했다. 전두환은 그런 물가를 눌러 3% 이하로 안정시켰다고 자랑한다.

전두환이 물가를 안정시킨 방법 가운데 하나는 예산동결(1983년)이었다. 경제 규모는 해마다 성장하기 때문에 정부 예산도 그에 따라 늘어날 수밖에 없는데 인위적으로 재정을 동결해 추가 지출을 막아버린 것이다. 정부 재정뿐 아니라 근로자들의 임금을 동결하고, 추곡수매가도 동결하고, 심지어 아파트 분양가까지 동결하도록 만들었다. 긴축재정을 한다고 사회간접자본 개발과 투자를 최소화하고 전력 발전 설비 투자마저 하지 않았다. 평상시 정부 정책으로는 세계적으로도 유례를 찾아볼 수 없는, 굉장히 과격한 조치다. 그렇게 해서 떨어지지 않을 물가가 어디 있겠는가. 실업률을 낮추겠다고 세금을 잔뜩 쏟아부어 허드레 일자리를 만들고 그것으로 '실업 사태를 극복했다'고 자랑하는 훗날 문재인 정부의 태도와 다를 바 없다.

시장의 순환을 막아 물가를 인위적으로 특정한 목표 수치에 맞춘 것이니, 실상은 후대에게 폭탄을 떠넘긴 것밖에 되지 않는다. 전두환은 그런 것은 따지지 않고 일단 '성과만 만들면 된다'는 식으로 밀어붙였다. 오로지 '물가안정'이라는 네 글자만 머리에 새긴 것이다. 경제수석 김재익의 조언에 따른 일이다.

사실 물가는 전두환이 그렇게 하지 않아도 자연히 내려갈 일이었다. 1982년 OPEC(석유수출국기구)이 붕괴하면서 유가는 하락했고 물가도 그에 따라 제자리를 찾고 있었다. 1983년 예산 동결을 하기 직전인 1982년에 이미 소비자물가상승률은 7.2%로 떨어졌고, 1983년은 3.4%까지 하락했다. 그런데 이미 열이 내린 사람에게 해열제를 처방하고 그것을 자신의 치적이라고 자랑하는 꼴이다.

　이것은 전두환 정부에만 해당하는 일이 아니다. 변화가 이미 감지되고 있는데 업적을 남기고 싶어 변화의 방향에 이른바 '숟가락을 얹는' 겉치레 정책은 지금껏 우리나라 모든 대통령에게 해당하는 전통(?)처럼 되었다. 그것이 일시적으로는 대통령의 성공처럼 보이겠지만 반드시 실패의 부메랑이 되어 돌아온다. 정직한 업적이 아닌 것을 업적으로 꾸며 들뜨고 기뻐하다 보니 화를 자초하는 것이다.

직언 하는 사람을 좌천시킨 실수

　뭔가 거창한 일을 벌일 것처럼 자랑하는 정권은 대개 '한 방'의 충격에 흔들리기 마련이다. 전두환 정권에게 그런 사건은 1982년 일어난 '장영자-이철희 부부 어음 사기 사건'이었다. 헌법을 고치고 새롭게 국회를 열고 자기들 나름대로 새로운 나라를 만들겠다고 혁명세력처럼 자랑하고 홍보하던 때에, 그러잖아도 정통성이 희미한 정권에게 도덕성 자체를 없어지게 만든 사건이 '장영자 사건'이었다. 일단 거기서 들리는 돈의 액수가 일반 국민은 상상도 하기 어려운 규모였고, 그 사건에 대통령 친인척의 이름이 오르내렸기 때문에 민심이 흉흉했다.

장영자-이철희 부부의 수법은 어쩌면 단순했다. 현금 들고 기업에 가서 그 돈을 빌려주는 대가로 몇 배의 약속어음을 받고, 어음을 은행에 가져가 다시 현금화하여 다른 기업에 가고, 기업에서 또 어음을 받고…… 이런 식으로 자꾸 돌리는 방식이다. 그렇게 저지른 사기 범죄의 규모가 7천억 원에 이른다. 지금도 7천 억은 엄청난 금액이지만 당시 서울 아파트 한 채 값이 1천만 원이 되지 않을 때였다. 대통령 친인척이 그런 사기 행각을 벌였다고 하니 국민들 감정이 어땠겠나. 대졸 취업자 초임이 월 20만 원 정도 하던 시절이다.

이들 부부의 지극히 단순한 수법이 은행에서 통할 수 있었던 이유는 간단하다. 사건의 주범인 장영자가 광업진흥공사 사장 이규광의 처제였기 때문이다. 이규광은 전두환의 처삼촌이다. 장영자는 대통령 처삼촌의 처제로서 사실은 '친인척'이라고 하기에도 먼 관계이긴 하지만 국민들은 그렇게 생각하지 않았다. 그렇게 먼 인척 관계에 있는 사람마저 권력의 힘을 이용해 어마어마한 사기 행각을 벌일 수 있을 정도인데 가까운 친척은 과연 어느 정도 권세를 휘두르겠는가. 국민은 그렇게 생각한다.

차제에 이야기하자면 이런 일이 발생했을 때 정치인은 법리적 사고에 빠져서는 안 된다. "먼 친척일 뿐 가까운 친척들은 그렇지 않는다"거나 "일부 극소수의 일탈에 불과하다"는 식으로 사실관계 위주의 사고에 빠지면 안된다. 정치인은 법관이 아니다. 비록 사실이 그러하다 하더라도, 국민이 지나친 의심을 갖거나 혹시 오해했다 하더라도, 정치적으로 풀 문제는 정치적으로 접근해야 한다.

장영자-이철희 사건에 대한 당시 서민들의 박탈감이나 분노는 이루 말할 데 없었다. 신군부가 이른바 '사이비 언론'을 척결한다고 언론통폐합을 해서 정권이 언론을 상당히 통제하고 있는 상황이었는데도 여러 언론이 이 사건을 경쟁적으로 보도할 정도로 사회적으로 큰 이슈였다.

전두환의 대응 방식도 문제였다. 그런 일이 일어났으면 신속하고 단호한 조치를 취해야 할 텐데 자꾸 머뭇거렸다. 관련자들을 엄벌하고 차제에 친인척 관리를 철저히 하자는 측근의 제의를 무시했고, 직언을 하는 사람들을 오히려 좌천시켰다. 이른바 '양허'(두 명의 허 씨라는 뜻)라고 불리던 허화평과 허삼수가 그때 전두환과 갈등을 빚다 물러났다. 당시 허화평은 정무수석비서관, 허삼수는 사정수석비서관이었는데, 이들의 권한이 지나치게 강하다는 의견도 있었지만, 어쨌든 전두환에게 직언을 할 수 있는 몇 안 되는 사람들 가운데 하나였다. 대통령이 쓴소리를 마다하면 위기는 더욱 심화하는 법이다.

한편으로 전두환은 다른 이슈를 터뜨려 여론의 관심을 돌려 보려는 얕은 방법을 택했다. 그래서 등장한 것이 금융실명제다. 장영자-이철희 사건이 마치 '돈에 이름표가 붙어 있지 않아' 벌어진 것처럼 여론을 호도하려 시도했던 것이다.

앞에 소개했지만 나는 당시에도 그런 식으로 금융실명제를 실시하는 것에 반대했고, 나중에 김영삼 정부에서 금융실명제를 실시한 것에도 결코 긍정적인 평가를 내릴 수 없다. 금융실명제는 정치적 이벤트로 '이런 일을 했다'고 포장하는 효과는 있고, 그리하여 사회 정의가 실현되는 것 같은 느낌을 주는 일이기는 하지만, 그즈음 우리나라 상황으로는 경제에 있어 실질적인 의미가 있는 제도가 아니다. 정작 정치적으로 풀어야 할 문제는 정치적으로 풀지 않고, 철저히 경제적 시각으로 접근할 일은 정치적으로 뒤섞어 놓는 것이 우리나라 정치인들이 흔히 범하는 잘못 가운데 하나다.

경제 정책상 금융실명제를 실시하는 일이란, 금융소득까지 합산과세 대상에 포함해 완전한 형태의 종합소득세를 실현하는 의미에 가깝다. 국가적 차원에서 실익으로 남는 성과는 그렇다. 그런데 당시 4백만 명도 되지 않는 자영업자의 부가가치세도 제대로 징수하지 못하는 세무 행정 능력으로 어떻게 1천만 명에 달하는 종합소득세 대상자를 관리한단 말인가. 우리나라 경제 상황이나 행정, 기술적 여건에 비추어 볼 때 요식 행위에 불과한 일이라고 냉정히 말할 수 있다. 정 실명제를 하겠으면 시간의 흐름과 기술의 발달에 따라 자연스럽게 이루어질 수 있는 일인데 괜히 정의를 수호한다고 서두르기만 했다.

전두환이 금융실명제 카드를 만지작거릴 때에도 그의 경제 교사를 자처하는 사람들이 했던 말이 있다. "금융실명제를 실시하면 지하에 있는 돈이 양지로 나와 경제가 활성화되고……." 어디서 많이 듣던 말 아닌가. 박정희 때 실시한 화폐개혁과 마찬가지로 돈의 속성을 모르는 몽환적 발상이다. 결과를 놓고 보자. 김영삼이 금융실명제를 실시해 지하의 검은돈이 양지로 쏟아져 나오고 경제가 활성화되었던가.

특정한 이슈를 무마하기 위해 허겁지겁 도입을 검토하는 정책치고 제대로 되는 일이 없다. 전두환 때의 금융실명제도 그랬다. 장영자 사건이라는 급한 불을 끄기 위해 꺼내놓긴 했지만, 자기들도 아무런 의미가 없는 제도라는 사실을 알고는 여론이 좀 가라앉으니 슬그머니 덮어 놓았다. 전두환은 구체적인 시기는 정하지 않은 채 금융실명제를 실시한다고 발표만 해놓고 이벤트를 끝냈다. 김영삼이 정권 초기에 지지율이 고공 행진할 때, '나라를 바로 세운 대통령'이라고 역사에 남고 싶어 그 카드를 다시 꺼낸 것뿐이다.

세 번 무너진 전두환 정권

전두환 주변에 있는 이론가들이 미국식 자유주의 이론에 심취한 사람들이다 보니 전두환도 그 영향을 많이 받았다. 야간통행금지령을 폐지하고* 학생들의 교복을 폐지하고, 대학에서 학도호국단을 폐지해 학생회를 부활하고, 가정에 컬러TV를 허용하는** 등 사회 여러 방면에서 걸쳐 자율화 조치를 단행했다. 무력으로 정권을 잡았으니 민심이 흉흉해 이를 적극 만회해보려는 의도가 있었고, 서울올림픽 개최가 결정되다 보니*** 사회를 더이상 폐쇄적으로 가둬놓을 수 없다는 시대의 자연스런 흐름 또한 있었다.

---

*   야간통행금지령은 1945년 실시돼 1982년까지 계속됐다. 통행금지 시간은 지역별, 시대별로 약간씩 차이가 있었으나 대체로 0시부터 4시까지였다.
**   박정희 정부 시절에는 사치를 조장하고 퇴폐적이라고 컬러TV 보급을 제한했다.
***   88서울올림픽은 1981년 9월 30일 서독 바덴바덴에서 열린 국제올림픽위원회IOC 제84차 총회에서 결정됐다.

국보위 시절에는 과외(사교육) 금지 조치*도 단행한 바 있다. 당시 국민들이 사회적으로 갖는 가장 큰 불만 가운데 하나가 '있는 집' 자식들은 과외 수업받으며 좋은 대학에 가는데 가난한 집 자식들은 그렇지 못한다는 교육 격차에 대한 불만이었다. 그러한 불만을 해소하려는 의도는 물론 군인들 특유의 평균주의적 사고가 반영되어 일체의 사교육을 금지하고 대학입학시험도 학력고사 하나로 단일화했다. 당시 국민들에게 상당히 환영을 받았던 조치였다.

아무튼 이렇게 자기들 나름대로 새 나라를 만들어 보겠다고 당의 이름까지 '민주정의당'이라 짓고 이런저런 개혁 조치를 밀고 나가는 와중에 벌어진 장영자-이철희 사건으로 많은 노력이 물거품이 되었다. '정의'라는 이름이 무색해진 것이다. 출발 자체부터 합법적 기반이 부실했던 정권이 경제적 성과를 보여줌으로써 잘못을 만회하려 노력했으나 장영자 사건으로 인해 도덕적 기반마저 붕괴되었다.

이렇게 되면 정치적 기반이 함께 흔들리기 마련이다. 결국 1980년을 전후해 주요 정치인에게 내렸던 정치활동금지 조치를 해제했다. 장영자 사건으로 여전히 민심이 싸늘하던 1983년

---

* 중고교 학생들의 학원 수강마저 금지하는 강력한 사교육 금지 조치는 1989년까지 계속됐다.

1월에 1차 250명에 대한 정치활동금지 조치를 풀었고, 1984년 2월과 11월에 286명을 해제했다. 1986년 3월에 나머지 14명을 규제 대상에서 해제함으로써 우리나라에 정치활동 규제를 받는 사람이 형식상으로는 존재하지 않게 되었다. 그리하여 김영삼, 김대중, 김종필 등 이른바 3김이 정치적으로 회생할 수 있었다. 그들 때문에 사회가 혼란스러워 어쩔 수 없이 대통령을 결심하게 되었다는 전두환의 명분도 다 사라진 것이다.

1985년 2월에 12대 총선이 실시됐다. 앞선 11대 총선(1981년)은 신군부 쿠데타와 5.18 광주민주화운동 등 사회적으로 무거운 분위기에서 치러진 선거인 데다 야당이 있긴 했으나 민정당(민주정의당)의 위성정당에 불과한 정당이어서 1당 집권이나 마찬가지인 선거였다. 12대 총선은 달랐다. 명실상부 야당이 생겨나게 된 것이다.

국민은 선거를 통해 마음을 드러내는 법이다. 억눌린 국민의 분노가 그때 본격적으로 표출되었다. 12대 총선은 "신민당의 파란"이라고 요약할 수 있을 정도로 신생정당 신민당의 약진이 두드러졌다. 사실 12대 총선에 신민당이 차지한 의석은 전체 4분의 1밖에 되지 않는다. 하지만 창당한 지 3주밖에 되지 않은 정당이 그 정도 의석을 얻었으니 당시 민심의 풍향계가 어디를 향하고 있었는지 쉽게 가늠할 수 있을 것이다. 특히 서울에서 민정당은 거의 완패한 것으로 나타났다. 전두환 정권의 몰락도 그때부터 본격화됐다.*

　12대 국회가 시작하자마자 야당이 득세하면서 개헌이 거론되기 시작했다. 대통령직을 6년쯤 수행하다 보니 그때쯤이면 전두환의 정무적 감각도 그리 나쁘지 않았는데, 개헌 주장이 야당에서 제기되자마자 선제 대응을 하는 식으로 개헌을 준비했다. 민정당 내부에 특위를 만들어 개헌 작업에 먼저 착수했고 국회에도 개헌특위가 구성되었다[당시 나는 개헌특위에서 제3분과(경제관계) 위원장을 맡았다].

　그러나 개헌 협상은 그리 순탄치 않았다. 민정당은 일단 개헌은 하되 대통령제와 내각제를 결합한 절충형 권력구조로 바꾸자는 입장이었고, 야당은 권력구조의 골격은 그대로 두되 대통령 선출 방식만 직선제로 바꾸자는 입장이었다. 여야 입장 차이가 워낙 커서 합의가 이루어지지 않았다. 개헌안은 국회 의석 절반이면 발의할 수 있지만, 공고가 이루어진 후 의결정족수는 재적의원 3분의 2 이상의 동의를 얻어야 한다. 야당이 적극 협조하지 않으면 애초에 발의하는 자체가 의미가 없는 것이다. 그렇게 논의가 지지부진 지연되는 가운데 전두환이 이른바 '호헌護憲 선언'을 했다. 헌법 개정은 올림픽이 끝나고 하자는 내용의

---

*　12대 총선은 투표율도 무려 84.6%로 역대 최고 투표율로 아직까지 기록에 남아 있다. 당시 국민의 마음을 읽을 수 있는 대목이다.

대국민 담화를 발표한 것이다.

그것이 국민을 들끓게 만들었다. 대학생들은 직선제 개헌을 요구하며 연일 시위를 벌였고, 서울대생 박종철 군이 경찰 조사를 받다 고문으로 사망하는 사건이 벌어져 국민 감정에 기름을 끼얹었다. 학생들의 시위에 자영업자와 직장인들이 결합하면서 시민항쟁으로 확산되는 상황에, 미국을 비롯한 우방도 '한국이 그런 상황에 올림픽을 제대로 치를 수 있겠느냐' 걱정하는 메시지를 연일 전해왔다. 올림픽 개최 여건 등을 무시하고 강압적으로 나갈 것이냐, 유화적으로 해결할 것이냐. 전두환으로서는 양자택일을 할 수밖에 없었는데, 그런 결과로 나온 것이 6.29 선언이다. 대통령 직선제를 받아들인 것이다.

요컨대 전두환 정부는 3번 무너졌다. 일단 출발부터 합법성이 붕괴했고, 이왕 그렇게 됐으면 다른 정권보다 서너 배는 각성하며 성과를 냈어야 하는데 장영자-이철희 사건으로 도덕성이 붕괴했고, 1985년 12대 총선 결과 정치적으로 붕괴했다.

'광주'에 대한 전두환의 원죄

개인적으로 내가 겪은 전두환은 '흡수가 빠른 사람'이라는 인상이었다. 자기 나름의 고집이 있어 주장을 강압적으로 관철할 때도 있지만, 주위에서 어떤 이야기를 하면 조용히 듣고 있다가, 자신이 그것에 공감하면 또 그것을 순순히 받아들이는 측면이 있었다. 오히려 그것을 자기 것으로 만드는 재주(?) 같은 것이 있었다. 일반적인 사람의 경우도 그렇지 않은가. 겉으로는 고집스럽고 강해보이지만 내적으로 의외로 유연한 사고를 지닌 인물이 있고, 겉으로는 융통성 있어 보이지만 속으로는 꽉 막힌 사람이 있다. 인물형으로 따진다면 전두환은 전자에 어느 정도 가까웠다.

내가 전두환을 직접 상대하며 설득했던 경험은 두 번 있었는데, 한번은 1982년에 교육세를 도입할 때 그랬고, 다른 한 번은 1987년 헌법에 경제민주화 관련 조항을 넣을 때였다. 반드시 그래야만 하는 이유를 설명하니 곧잘 받아들였다. 특히 경제민주화 조항과 관련해서는 처음에는 반대하다가, 내가 설득하여 이해하자 나중에는 다른 사람들에게 '이래저래 해서 꼭 있어야 하는 조항'이라고 마치 자기 주장처럼 바꾸어 말하는 것을 보고 썩 나쁘지 않은 자질이라는 생각이 들었다.

'공로'라고 표현하기는 어색하지만 전두환 집권기에 이룩한 성과를 꼽자면 그중 하나는 역시 86아시안게임과 88올림픽을 성공적으로 유치하고 치러낸 일이 아닐까 싶다. 사실 1988년도 올림픽은 이미 일본 나고야로 거의 결정돼 있었다. 그것을 막판에 재벌들까지 동원하여 로비 공세를 벌여 개최지를 서울로 바꿨다. 88올림픽이 결정된 1981년은 5공화국이 막 출범해 여러

모로 어수선하던 때인데, 전두환처럼 밀어붙이는 스타일이 아니었으면 거머쥐기 쉽지 않은 성과였다. 박정희 때도 올림픽 유치를 계획했던 적이 있다. 그러나 그때는 그저 구상일 따름이었다. 우리 주제에 올림픽이라니, 꿈 같은 일로 여겼다. 그런 오랜 소원이 비로소 현실로 이루어진 것이다. 정통성이 취약한 정권이 '역사에 그나마 업적이라도 하나 남겨야 하지 않겠는가' 하는 생각에 군대식으로 밀어붙여 이룩한 성과다.

아시안게임이나 올림픽을 개최하려면 세계의 이목에 신경쓸 수밖에 없다. 더욱 대외개방적인 환경을 만들 수밖에 없는데, 결국에는 그것이 자율화 조치를 취하고 직선제 개헌을 받아들이는 결과가 되기도 하였다. '자유민주주의 진영'이라는 국제사회 테두리 안에서 정통성이 취약한 정권은 이런 딜레마에 계속 봉착하게 된다.

대통령 직선제를 받아들이고 단임으로 임기를 끝냈다는 사실. 이것도 그나마 전두환에게 주목해야 할 점이다. 앞선 대통령들이 워낙 3선, 4선 하면서 권력에 대한 탐욕을 이어갔으니 특이하게 보일 정도다. 전두환의 마음에도 분명 연임에 대한 욕심이 있었겠지만, 시대의 변화를 순순히 받아들인 점은 어쨌든 잘 선택한 길이다.

정통성의 취약함에 있어서는 박정희나 전두환 정권이나 다를 바가 없다. 그러나 굳이 경중을 따지자면 전두환 쪽이 훨씬 지탄받을 일이다. 박정희는 쿠데타 과정에 인명 피해를 최소화하려고* 그나마 노력했지만 전두환은 광주 시민을 혹독하게 진압하고 수백 명의 무고한 목숨을 희생하며 등장했다. 박정희는 나중에 경제발전으로 만회할 기회가 있었고, 그쯤에서 멈췄으면 평가가 조금 달라질 수도 있었을 텐데 권력에 브레이크를 걸지 못하다 비참한 최후를 맞았다. 전두환은 애초에 어떤 방식으로도 역사에 만회하기 어려운 잘못을 저지르고 출발했다가, 그것을 수습하려는 노력조차 하지 않은 채 임기를 끝냈다.

전두환의 가장 큰 문제는 광주 문제를 자기 임기 중에 풀지 않은 것이다. 물론 쉽지 않은 일이었겠지만 희생자와 유가족들의 상처를 어루만지려는 노력을 어떻게든 했어야 마땅하다. 그러나 거의 방치하다시피 광주 문제를 무시한 것이 자기 인생에 치명적 오점을 남겼고, 그런 해결 과제가 다음 정권, 그 다음다음 정권으로까지 계속 넘어갔다. 전두환은 계속 수난을 당할 수밖에 없었다. 대통령은 자기 임기 중에 벌어진 문제는 어떻게든 자기 임기 중에 스스로 매듭짓고 넘어간다는 자세를 지녀야 한다. 다음 정권에 부담을 주기도 하고, 반격의 명분이 되기도 하기 때문이다.

---

* 반란군이 한강다리를 건널 적에 충격전이 벌어져 헌병 2명이 사망한 것이 인명 피해의 전부다.

반도체와 IT산업 기초를 다진 공로

전두환 정부 시기에 일어난 경제적 성과 가운데 많은 사람들이 흔히 간과하는 부분으로는 오늘의 삼성전자를 만든 일이다.

삼성전자를 전두환이 만들었다고 말하면 의아하게 생각할 사람들이 많겠지만 오늘날 대한민국 경제를 먹여 살리는 반도체 산업은 1980년대 내내 전두환이 결단해 자금과 인력을 정책적으로 투입하지 않았으면 성장이 쉽지 않았다. 박정희 시절에 우리나라 중화학공업의 기틀이 만들어졌다면, 전두환 시절에는 반도체 산업의 기반이 형성됐다.

사실 당시는 반도체 산업에 대한 사회적 인식이 높지 않을 때인데, TV나 라디오 같은 완성품을 만드는 일이 아니라 가전제품에 들어가는 조그만 부품 같은 것을 만든다고 하니까 반대하는 사람들이 적지 않았다. 그런 소재산업에 투자했다가 수요가 끊기면 어떡하냐는 반론이 만만찮았다. 국제 공급망에 조금이라도 이상이 생기면 위험한 일이다. 반도체 산업은 그렇게 전망이 불투명한 반면 엄청난 장치 투자가 이루어져야 하는 일이라서, 대단한 자본력을 가진 기업이 아니면 도전하기 어려운 일이다. 당시 우리나라 기업에게 어찌 그런 돈이 있었겠나. 국가가 나서서 도와줬다. 전두환 정부 시기에 국보위 시절부터 경제과학분과 산하에 전자電子팀을 두었고, 국가와 기업이 거의 한 몸처럼 움직였다. 반도체 장비를 수입할 때 관세를 면제해주었고, 수도권에 공장을 설립할 수 있도록 허가하고 토지 매입에도 협조했다. 대학에 전자 관련 학과를 늘려 인재를 양성하고, 심지어 다른 기업으로 가려는 인재를 삼성으로 돌려보내는 일까지 일삼았다. 그렇게 전두환의 집중 육성 전략으로 탄생한 기업이 삼성반도체다.

IT산업이 미래 유망 산업이 될 것이라는 사실은 1980년대 초반 많은 국가들이 알고는 있었지만 이렇게 정책적으로 적극 지원해 국가가 거의 육성하다시피 한 국가는 우리나라가 유일하다. 정경유착의 폐해는 이루 말할 수 없지만, 객관적 성과 정도는 엄연히 인정할 일이다.

우리나라에 광케이블 설비를 구축한 것도 전두환의 공로다. 당시 동축케이블과 광케이블 사이에서 논란이 있었지만, 어쩌면 당시 시대 상황과는 맞지 않은, 속도도 빠르고 정보 전송량도 많은 광케이블을 선택했던 것은 전두환의 결정이 있었기 때문이다. 쉬운 길이 아니라 일부러 어려운 길을 택한 셈인데, 1980년대에 미리 구축해놓은 광케이블망이 나중에 인터넷이 상용화될 때 대단히 유용한 자산으로 활용되었다. 인터넷 초창기에 우리나라가 '세계에서 가장 빠른 속도' '어디서나 되는 인터넷'으로 유명했던 것은 그때에 이미 바탕을 다져놓았기 때문이다. 오늘날 우리가 4차 산업혁명이라 부르는 빅데이터, 인공지능, 로봇, 사물인터넷 등의 신기술도 그런 속도의 기반이 없었다면 한참 애를 먹고 있을 것이다.

모든 대통령이 공과가 존재한다. 시대의 흐름상 그렇게 갈 수밖에 없었는데 그것이 공로가 된 경우가 있고, 시대의 흐름을 더욱 재촉한 공로가 있으며, 시대의 흐름을 뛰어넘어 창의적인 성과를 거둔 공로 또한 있다. IT산업 발전에 대한 전두환의 공로는 최소한 두 번째 사례에 해당하는 경우로서 인정해줘야 할 것이다.

"3저호황(저금리·저유가·저달러)을 활용해 경제가 잘 움직일 수 있도록 만든 것이 전두환의 성과"라고 말하는 사람도 있다. 그 럴듯하게 들리지만 역사를 잘못 알고 있는 것이다. 3저호황은 전두환 정권 마지막에 발생한 일인데 어떻게 성과로 연결된단 말인가. 게다가 3저호황은 자연스럽게 발생한 현상으로, 전두환이 그것을 잘 활용했다고 말할 수도 없다.

비판도, 인정도, 제대로 해야 한다.

6. 노태우

― '3김시대'를 넘지 못하고 실패한 대통령

굳이 표현하자면 노태우 정부는 절반의 정통성을 지닌 정권이다. 박정희, 전두환이 정통성 논쟁에 극히 불리한 정권임은 말할 필요도 없다. 집권의 시작이 군사 쿠데타에 기반을 두고 있기 때문이다. 박정희는 쿠데타로 집권했으나 모험과도 같은 직선제 선거로 빈약한 정통성을 그나마 극복하려 했다. 전두환은 그러한 용기마저 없었는지 체육관에 '국민 대의원'을 모아 놓고 간접 선거로 당선됐다.

전두환 정권은 임기 중 실시한 총선에서 한 번도 실질적으로 이긴 적이 없다. 1981년 총선은 선거제도 자체가 여당에 유리하게 짜여 있었을 뿐 아니라(1구 2인 선출 중선거구제), 애초에 야당이 아예 없다시피 했다. 1985년 총선에서 민정당은 간신히 과반 의석을 넘겼지만, 전국구 의석을 많이 가져가 그렇지 지역구에서는 내용적으로 패배한 선거였다. 특히 서울에서 1등을 한 선거구가 한 곳밖에 없어, 소선거구제로 했더라면 완패에 가까운 결과가 나왔을 것이다. 그래도 전두환은 그런 선거 결과가 의미하는 바가 무엇인지 어느 정도 알고 있었는지, 국민의 요구와 대내외 메시지에 순순히 순응하며 개헌에 착수하고 단임을 받아들였다. 끝내 그것을 거스르려 했다면 큰 유혈 사태가 벌어졌을지도 모른다.

노태우가 신군부 쿠데타에 가담해 정치를 시작했기 때문에 정통성이 취약하다고 말하는 사람들이 있다. 하지만 어쨌든 노태우는 시민들의 대규모 민주화 시위와 의회에서의 합의, 국민투표로 만든 새로운 헌법에 따라 실시한 직접 선거로 대통령이 되었다. 우리나라에 절차적 민주화가 이루어진 시작점이라 말할 수 있겠다. 노태우 이후 대통령 가운데 최소한 '절차'의 문제로 정통성에 논란을 빚는 대통령은 사라지게 되었다.

징검다리 정권

이른바 3김(김영삼, 김대중, 김종필)이 분열하며 노태우가 어부지리로 대통령에 당선되었다고 평가하는 사람들도 있지만, 그것은 분열된 야권 정치인들의 역사적 책임일 따름이다. 선거 결과가 마음에 들지 않는다고, 혹은 노태우의 득표율이 적다고 (36.6%) 정통성을 시비하는 일은 온당하지 않다. 1987년 대통령 선거는 대내외의 이목이 집중된 가운데 충분히 자유로운 분위기 가운데 실시되었다. 16년 만에 실시되는 대통령 직접 선거이다 보니 국민의 관심과 참여가 높았다. 민주화 이후 대통령 선거 가운데, 2022년 현재까지는 투표율도 가장 높다(89.2%).

김대중과 김영삼이 단일화하였으면 야권이 이길 수 있었을까? 지난 일을 되돌려 단정할 수는 없지만 나는 꼭 그렇게 보지만 않는다. 당시만 해도 우리 경제는 연평균 8% 가까운 성장을 매년 거듭하고 있었다. 특정한 국가의 경제가 해마다 그만큼 성장한다는 것은 사실 대단한 일이다. 하루하루 생활 여건이 달라지고 있는 모습을 국민이 피부로 느낄 수 있을 정도로 빠른 발전이다. 이런 식으로 경제가 성장하면 국민은 사회적 환경의 질적인 변화를 추구하는 동시에, 그동안 이룩한 성과를 잃고 싶지 않다는 보수적 욕망이 함께 작동한다. 1987년 12월 대통령 선거 당시 민심을 되돌아보면, 물론 전면적이고 즉각적인 민주주의를 갈망하는 사람들도 있었지만, 야당 후보가 대통령이 되면 그동안 이룩한 성과를 과연 그대로 유지할 수 있을까 불안하게 여기는 여론 또한 적지 않았다. 노태우는 그러한 시대정신을 파고 들어 당선될 수 있었다.

군인 출신이라는 이미지를 불식하기 위해 노태우가 당시 내걸었던 캐치프레이즈는 '보통 사람들의 시대'였다. 노태우도 일반 국민들과 다를 바 없는 '사람'이라는 측면을 강조한 것이다. 국민이 주체가 되는 민주화 시대를 강조하는 의미도 있었다.

노태우 정부는 오랜 권위주의 군사정부에서 자유로운 민주정부로 나아가는 징검다리와 같은 역할을 한 정권이라고 평가할 수 있다. 실제로 미국을 비롯한 서방 민주주의 국가들도 노태우 당선을 그런 시각으로 해석했다. 한국 국내 정세의 급격한 변화보다는 순차적 변화에 안도하는 기색이 많았다. 국민이 선거를 통해 질서있는 변화 쪽을 선택한 것이다.

'물태우'의 역설적 장점

노태우 정부 시기는 우리나라의 제반 사회 정치적 여건이 과거와는 완전히 다른 시대가 되었다. 1987년 6월 시민항쟁 이전의 국민과 이후의 국민은 또 다른 국민이다. 우리 역사상 최초로 '나라의 헌법까지 국민이 원하는 방향으로 바꿀 수 있다'는 사실을 국민이 깨닫게 된 것이다. 기존 8차례에 걸친 헌법 개정과는 다른 정치적 의미가 있다. 민권 의식이 비할 바 없이 높아졌다.

그때부터 분배 투쟁이 시작됐다. 그동안 경제성장의 명분에 눌려 침묵하고 살아왔던 근로자들이 자신의 이익을 본격적으로 요구하기 시작한 것이다. 20여 년 동안 억제된 분배의 요구가 한꺼번에 분출되니 그 폭발력은 상당했다. 노태우 정부가 왜 노사분규를 방치했느냐고 비판적으로 지적하는 사람도 있는데 민주화된 사회에서 이제는 그것을 허용하지 않을 수 없게 되었다. 게다가 오랜 시간 노조 활동을 억눌러왔으니, 작용에 대한 반작용도 그만큼 컸던 것이다. 세상 많은 일이 그렇지 않은가. 뭐든 억누르고 있으면, 지금 당장은 편하고 좋을지 모르지만, 뒤에 더욱 큰일을 감당해야 한다.

그래서 역설적인 사실이 하나 있다. 정부 수립 이후 지금까지 우리나라 경제성장률과 임금소득 증가율을 비교해보면, 임금소득이 경제성장을 따라가지 못했다. 따라서 '나라는 부유해지는데 국민은 여전히 가난하다'는 식으로 생각하는 근로자들이 많았다. 그런데 노태우 정부 시절은 경제성장과 근로자들의 소득 성장이 거의 엇비슷하게 나타나는 유일한 시대가 되었다. 소득분배가 가장 이상적으로 실현된 것이다. 이른바 마이카my car 시대가 도래하고, 아파트 거주자가 크게 늘어나고, 스포츠 레저 활동이 증가하면서 국민의 생활 수준이 질적으로 나아지게 보이기 시작한 것도 노태우 때부터다. 노태우 스스로 그것을 적극 지향했다기보다는 어쩌다 보니 그렇게 되었다고 평가하는 편이 맞을 것이다. 물론 지나친 노사분규는 우리나라의 고질적 문

제로 남았지만, 노태우 정부 시기는 그동안 억눌러 왔던 사회적
과제를 한꺼번에 끌어안는 완충의 시기가 되었던 것만은 분명
하다.

노태우의 공약 가운데 하나가 '임기 말까지 국민소득을
5,000달러로 끌어 올리겠다'는 것이었다. 결과적으로 국민소
득 7,700달러를 달성해 다음 정부에 물려줬다. 목표를 초과 달
성한 것이다. 노사분규가 그토록 치열한 와중에도 경제성장률
은 평균 8%대를 유지했다. 노태우는 강단 없고 유약한 성격으
로 알려져 흔히 '물태우'라는 별명으로 불렸는데, 어쨌든 그런
성격 탓인지 시대의 변화를 순리로 받아들였고, 그러는 한편으
로는 성장의 동력을 이어나가, 어쩌면 두 마리 토끼를 다 잡은
셈이다.

보수정권이니 더욱 가능했던 북방정책

노태우의 공적을 말할 때 흔히 사람들이 북방정책을 꼽는다.
2021년 10월 26일 노태우 전 대통령이 사망했을 때에도, 여야
와 정파를 가리지 않고 인정했던 부분은 북방정책이었다. 그런
데 북방정책을 칭송할 때 사람들은 그 정책을 이른바 '평화정
책'이라고 평가한다. 북방정책으로 평화가 실현되었다고 말이
다. 전혀 틀린 말은 아니지만, 다른 측면에서 볼 필요도 있다.

북방정책의 성과 가운데 주요한 측면은 '우리나라의 경제 영토를 넓혔다'는 점에 있다.

알다시피 1980년대까지만 하여도 세계는 동서 양대 진영으로 나뉘어 치열한 체제 경쟁을 벌였다. 동쪽(사회주의 진영)에 있는 국가들은 서쪽(자유시장 진영)에 있는 국가들과 교류하지 않았고, 서쪽에 있는 국가들도 동쪽에 있는 국가들을 또 그렇게 대했다. 서로 진영 내부에서만 교류했다. 그러니 시장이 양분되어 있었다.

세계 냉전의 촉발점과도 같은 전쟁을 치른 우리로서는 더욱 그랬다. 북한은 남한이 수교한 국가들과 상대하지 않았고, 할슈타인 독트린*에 따라 남한도 그렇게 했다. 사회주의 국가로서는 진영 내부의 공고한 연대를 쌓는다는 측면에서 그럴 수 있다지만, 자유시장경제를 추구하는 국가로서는 외부 경제 블록에 장벽을 쌓는 행위가 어떤 이유로든 '자기가 손해 보는' 일이 된다. 자본주의에서 시장은 넓을수록 좋다. 무역의존도가 높은 우리로서는 더욱 그렇다. 사회주의 국가를 상대하지 않은 행위는 스스로 시장을 제한하는 결과에 다름아니다. 초기에는 이념적

---

* 1955년 서독 외무부 차관 발터 할슈타인이 천명한 정책으로, 서독만이 독일의 합법 정부이며, 동독을 승인하거나 외교 관계를 맺은 국가와는 관계하지 않겠다는 내용이다.

명분 때문에 그랬다지만 언젠가는 무너뜨려야 할 장벽이었다. 체제에 자신감이 있다면 마땅히 그랬어야 옳다.

북방정책을 추진하기 전에 우리가 수교를 맺던 국가는 100개국 정도였다. 대한민국 정부가 생긴 이래 1961년까지 수교국이 15개국에 불과했고, 박정희 때 75개국과 수교했다. 최규하·전두환 정부에서 10개국과 새로 국교를 맺었다. 노태우 정부에서 수교한 국가는 26개국인데, 우리나라 역사상 가장 짧은 시기에 가장 많은 국가와 관계를 쌓은 시기로 꼽힌다. 그럼에도 '고작' 26개국이냐고 의문을 제기할 사람들이 있을 텐데, 중국과 러시아 인구와 영토 크기를 생각해보라. 그것만으로도 시장을 거의 2배 가까이 넓힌 것이다. 특히 중국이라는 거대 시장과의 결합은 나중에 우리가 IMF 외환위기에 직면했을 때, 위기를 풀어갈 결정적 열쇠 가운데 하나를 제공해 주었다.

노태우 정부가 아니라도 북방정책과 비슷한 유형의 동구권 수교 전략은 추진되었을 것이라는 반론이 있다. 우리가 어떤 정부를 평가함에 있어 '그 정부가 아니더라도'라는 식의 접근법은 별로 의미가 없다고 보지만, 북방정책은 노태우의 결단이 아니었으면 그렇게 대대적으로, 그리고 집중적으로 추진하기 어려운 정책이었다. 수교를 맺지 않은 국가와 수교를 맺는 일은 일단 무작정 미지의 세계에 뛰어드는 격인데, 대통령의 신임장도 필요할뿐더러, 상당히 많은 국가적 에너지와 자원, 정보력을 투입해야 하는 작업이다. 40년 넘게 절연 관계에 있어, 우리가 알고 있는 정보와 인맥이 극히 제한적이었던 사회주의권 국가들과의 수교는 더욱 그랬다. 성과를 장담하기 어려운 일에 덤벼들기 위해서는 지도자의 결심이 중요하다. 나는 한소수교와 한중수교 과정에 깊숙이 참여한 경험이 있는 입장으로 과감히 단언할 수 있는 대목이다.

1986년 아시안게임, 1988년 올림픽을 계기로 사회주의 국가들과 '어차피' 만날 수밖에 없는 상황이었다고 말하는 사람도 있지만, 스포츠 교류를 하는 것과 외교 관계를 맺는 일, 특히 국교를 수립하는 일은 완전히 다르다. 더구나 냉전이 완전히 끝나지도 않았고 할슈타인 독트린의 잔향이 버젓이 남아 있던 시절이었다. 전통적인 우방과의 관계, 국내 보수적인 여론의 반발까지 두루 고려해야 했다. 우방과 보수를 모두 설득할 수 있었다는 측면에서, 북방정책은 어쩌면 노태우 정부여서 가능한 일이기도 했다.

우리가 그렇게 저돌적으로 사회주의권 국가들을 향해 달려가니 북한도 움찔 당황할 수밖에 없었다. 결국 북한도 자본주의 국가들을 향해 문을 여는 것이 모범적인 답안이었는데, 북한은 체제에 자신감이 없으니 개방과 수교를 주저했다. 계속 폐쇄국가로 남은 것이다. 그것이 오늘날 남한과 북한의 경제적 차이를 문명적 차이만큼이나 벌려놓는 중요한 변곡점이 되었다. 북한이 선택한 길은 남한이 추구하는 방향에 잠깐 편승하는 수준이었다. 그리하여 1991년 9월 남북한이 유엔에 동시 가입하는 오래된 숙원이 이루어졌고, 그로 인해 오늘날 우리가 세계 무대에서 승승장구하는 '국가적 실체'도 더욱 명확해졌다. (1991년 이전까지 우리는 유엔회원국이 아니었고, 국제 무대에서 온전히 정상 국가로 인정받지 못했다.)

과거 북한은 유엔에 동시 가입하자는 우리의 제안을 '분단 고착화 음모'라고 하면서 오랫동안 거절했다. 국내에도 '통일 정부를 수립한 후에 유엔에 동시 가입하자'는 몽상적인 주장을 하는 사람들이 있었다. 우리가 계속 그런 망상에 사로잡혀 있었다면, 아직까지 우리는 되지 않을 일을 추구하면서 세계 시장에서 위치가 불분명한 국가로 살아가고 있을지도 모른다. 오늘만큼 획기적인 성장을 이룩하지 못했을 것이다.

결국 북방정책은 경제정책이었다. 그리고 패러다임의 변화를 추구한 정책이었다. 보수적인 정권이었기 때문에 오히려 가능한, 역발상의 정책이라고 말할 수도 있을 것이다. 보수 정부에서 진보적인 정책이 추진력을 확보하고, 진보 정부에서 보수적인 정책이 오히려 각광받는 정치의 역설을 여기서도 발견할 수 있다. 북방정책은 경제성장과 민주주의 성과로 이룩한 '체제의 우월성'에 대한 자신감이 있었기 때문에 가능한 일이기도 했다.

문제의 맥과 핵을 읽는 능력

개인적으로 나는 노태우 정부 시절에 각료(보건사회부 장관)와 참모(경제수석)로 일했기 때문에 그 시기를 평가하는 데 조심스러울 수밖에 없다. 물론 자신이 옳다고 생각하는 것에 대해서는 확신을 갖고 주장하는 태도가 중요하지만, 그래도 조심스럽다.

노태우 대통령이 서거하니 언론은 물론 각계에서 "우리나라 역대 대통령 가운데 가장 저평가된 대통령"이라고 재평가하는 목소리가 쏟아져 나왔다. 그 정부에 힘을 보탠 사람 가운데 한 명으로서 기쁜 일이기는 하지만, 성과만큼 과오도 많았고, 그러려니 할 따름이다. 무슨 평가를 기대해서 했던 일이 아니기 때문이다. 시대가 변화하는 흐름을 읽고, 당면해서 해야 할 일을 하는 것이 정치인의 역할이다. 대통령은 더욱 그렇다.

노태우 정부가 전두환 정부로부터 좋은 유산을 물려받았다고 보는 시각이 있는데, 그렇지 않다. 흑자 재정과 안정된 물가로 출발했기 때문에 그렇게 보는 것 같은데, 앞에 소개했던 것처럼 언제 터질지 모르는 폭탄을 넘겨받은 셈이다. 취임하자마자 일단 물가가 빠르게 뛰어올랐다. 그러잖아도 탄성이 있는 '가격'이라는 시장 가치를 한동안 억누르고 있었으니, 슬그머니 힘을 빼자마자 뛰어오르는 것은 당연하다.

전두환 정부 시절에는 아파트 분양가마저 동결하고 있었으니, 동결이 끝나자 땅값도 집값도 '폭등'이라 말할 정도로 가파르게 뛰었다. 게다가 노태우 정부 들어 서민들을 위한다면서 임대차 보호법을 개정해 전세 계약 기간을 기존 1년에서 2년으로 늘렸는데, 그것 때문에 집주인들이 2년치 보증금을 한꺼번에 올리는 바람에 전세값이 폭등했다. (이른바 '임대차 보호법'이 세입자를 보호하는 법이 아니라 더 괴롭게 만든다는 사실은 30년 뒤 문재인 정부에서 다시 증명된다.)

노태우 정부때 부동산 가격이 폭등한 이유는 이밖에도 여러 배경이 있는데, 주요하게는 재벌이 수입의 상당 부분을 부동산 매입에 쏟아부은 것에서도 원인을 찾을 수 있다. 1986~1989년 우리나라에서 발생한 국제수지 흑자 330억 달러 가운데 약 130억 달러가 재벌의 토지 매입에 소요됐다.

이러한 경우, 해법은 투 트랙으로 나뉘어 진행할 수밖에 없었다. 하나는 공급을 늘려 (혹은 공급을 늘린다는 강력한 시그널을 줘서) 가격을 안정시키는 것이고, 다른 하나는 질서를 교란하는 세력을 제어해 시장을 정상화하는 것이다.

나는 당시 경제수석으로, 이른바 5.8조치를 통해 재벌의 비업무용 부동산을 자진 매각하도록 조치했다. 당연한 이야기지만, 노태우의 결심이 있었기 때문에 가능한 일이었다.

그러한 조치가 지나치게 반反자본주의라고 비난하는 사람들도 있으나 일본과 우리의 경우를 비교해보면 어느 쪽이 옳았는지 금방 증명된다. 일본은 버블경제의 정점에 재벌이 부동산에 무분별하게 투자하는 것을 제대로 통제하지 못하다가 부동산 가격이 폭락한 것이 기업과 경제의 몰락으로까지 이어져 잃어버린 20년, 30년을 겪는 중이지만, 우리는 부동산 문제와 관련한 재벌의 무분별한 탐욕을 제때 제어했기 때문에 그것이 산업투자로 이어져 IMF 경제위기를 맞았을 때에도 그나마 극심한 붕괴는 면할 수 있었던 것이다.

위기를 돌파하는 국면에서 지도자에게 가장 필요한 자질은 문제의 맥脈과 핵核을 읽는 능력이다. 흔히 문제가 발생하면 종합대책이라고 하여 다양한 해결 방안이 무수히 쏟아지는데, 그 가운데 무엇이 핵심인지 파악하여 시간과 에너지를 집중하는 능력이 중요하다. 이 정책 저 정책 다 써본다고 결코 '민주주의 지도자'가 아니다. 국민은 괴로움에 비명 지르고 있는데 대통령만 민주주의자 행세를 하면 뭐하나. 국민이 고통받는 국면에서는 고통을 최소화하면서 빠르게 해결하는 것이 관건이다.

노태우 정부에서 추진한 부동산 대책의 다른 한 축으로는 공급을 늘리기 위해 신도시 개발을 추진한 일이었다. 이른바 '1기 신도시'라 부르는 일산, 산본, 평촌, 분당 등의 신도시가 그때 만들어졌다. 그런 대규모 공사가 시작하면 물가가 올라가는 딜레마에 봉착한다. 그러잖아도 전두환 정부 때로부터 넘겨받은 물가 인상의 충격을 완화하는 목표가 있었는데, 주택공급 확대정책으로 물가가 더욱 올라갈 수밖에 없는 형편이 되었다. 반대로 달려가는 두 마리 토끼를 양쪽에서 다 잡아야 하는 상황이 되었는데, 딱 잘라 평가할 수는 없지만, 전두환 정부처럼 봉인하여 다음 정부에 떠넘기는 것이 아니라 일종의 정면 돌파를 시도했던 것은 잘했다고 본다.

SOC 사업도 노태우 정부에서 대규모로 실시했다. KTX 사업을 계획한 것, 인천공항의 초석을 닦은 것, 서울 외곽순환도로를 만들고 각종 도로망을 정비한 것, 발전소를 지어 발전 용량을 크게 확보한 것 등은 분명 평가할 대목이라고 본다. 우리는 흔히 어떤 사업이 완공된 시점의 대통령을 살펴, 그것을 그 대통령의 공로라고 착각하는 경향이 있다. 그러나 준공식에서 테이프를 끊은 사람보다 여러 반대를 물리치고 일단 설계도를 그리기 시작한 사람, 그리고 첫 삽을 뜬 사람을 더 높이 평가하는 것이 당연하다. 그것이 훨씬 어려운 일이기 때문이다.

그 시기에 만들어놓은 SOC 기반이 나중에 경제발전에 큰 도움이 되었던 것은 논란의 여지가 없다. 도로, 항만, 철도, 통신, 전력, 보험, 연금 등 우리나라의 국가적 인프라는 박정희로부터 시작해 노태우 정부 때까지 뼈대가 거의 완성되었고, 뒤이은 정부는 거기에 살을 붙이는 수준으로 오늘까지 유지하고 있는 것이 객관적 평가다.

3당 합당의 치명적 과오

노태우의 과오라고 한다면 전두환과 함께 12.12사태를 일으키고 광주에서 벌어진 참극에 공동의 책임이 있는 것이다. 변명할 수 없는 과오다.

그러나 임기 전에 그 대통령이 무엇을 하였고, 어떤 경로를 통해 대통령이 되었는지 살피면서 "되서는 안 될 사람이 대통령이 됐다"는 식으로 나중에 평가하는 일은 실질적 의미가 없다. 일단 적법한 절차에 따라 선출된 대통령이라면 국민의 정당한 선택의 결과로 인정해주고, 선거에 나타난 국민의 요구를 이행하기 위해 대통령이 임기 중에 무슨 일을 하였는지 평가하는 방식이 훨씬 현실적이다. 그것이 '대통령'을 연구하여 미래 세대에 도움을 주기 위한 목적에 더욱 타당하다.

대통령으로서 노태우의 가장 큰 과오라고 한다면 무엇보다 친인척 관리에 소홀했던 점이다. 가까운 친인척도 아니고 동서, 사돈, 친구 등이 물의를 일으켰다. 특히 사돈을 재벌로 얻은 것은 치명적 실수가 아닐까 싶다. 물론 민주사회에서 결혼은 자유이고, 대통령의 가족이라고 그러한 자유에서 예외가 될 수는 없겠지만, 어쨌든 임기 중에는 하지 말았어야 할 행위다. 재벌이 현직 대통령과 기어이 혼맥을 맺으려는 이유야 너무 뻔하지 않은가. 그런 결혼으로 인해 노태우는 사돈네 재벌이 이동통신 사업에 진출하는 데 도움을 줄 수밖에 없었고, 그것은 다음 대통령 후보(김영삼)에게 노태우가 약점을 잡히는 일이 되기도 하였다. 결국 그래서 노태우는 김영삼의 무리한 요구를 다 들어줄 수밖에 없었다. 부패는 부패를 낳는 법이다.

우리나라 재벌의 성장사에 대해서는 별도의 서술을 해야 할 정도로 긴 설명이 필요하지만, 노태우 시절을 한마디로 요약하자면 경제세력이 정치세력을 압도하며 성장하던 시절이었다. 오죽했으면 다음 대통령 선거(1992년)에 재벌 총수가 직접 대통령 후보로 나섰겠는가. 노태우가 리더십의 유형에서 '물태우'였던 것은 긍정적인 측면이었으나, 경제세력이 정치권과 유착해 시장 질서를 교란할 기회를 만들어준 원칙 없는 행위에 있어서는 비판받아 마땅하다.

노태우의 다른 과오로 3당 합당을 들 수 있다.

1988년 13대 총선에서 여당인 민정당은 과반 의석 확보에 실패했다. 헌정사 최초로 여소야대 정국이 만들어진 것이다. 그런데 그때의 여소야대는 사실 그리 갑작스런 결과는 아니었다. 1987년 대선에 노태우와 3김이 국민을 4등분해서 표를 가져갔지 않은가. 다음 총선에서는 어떤 정당이든 과반 의석을 얻지 못할 것이라고 삼척동자도 예상할 수 있는 일이었다. 그런데도 노태우는 걱정이 앞섰다. 그런 상황을 처음으로 경험하는 데다 군사정부 시절 여당이 압도적 우세를 점하는 정치에만 계속 익숙하다 보니 대야對野 정무 감각이 부족했다. 따라서 이미 형성된 정치 구도를 인위적으로 개편해 보려는 시도를 계속했다. 정치력을 발휘해 정국을 유연하게 풀어나갈 생각을 하지 않았다.

사실 처음 노태우는 김종필과 '보수 합당'을 하려고 했다. 그렇게만 해도 과반 의석은 문제없었다. 하지만 민정당과 공화당의 결합은 '신구 군사정권의 결합'이라는 오명을 받을 수 있으니 김대중이나 김영삼 가운데 한 명을 더 끌어들이자고 하여 3당 합당 구상으로까지 나아간 것이다. 겉으로는 여유로워 보이지만 꼼꼼하게 완벽을 추구하는 노태우의 개인적 성격 탓도 있었다고 본다.

그럼 김대중, 김영삼 가운데 누굴 선택할까. 13대 총선 결과 김대중의 정당은 제1야당이 되어 있었다. 김대중 입장에서 보면 별로 아쉬울 것이 없는 상황이다. 반면 김대중의 영원한 라이벌 김영삼은 달랐다. 3등으로 밀려간 형국이라 두려울 수밖에 없는 상황. 결국 그런 이유로 김영삼이 3당 합당의 대상이 된 것이다. 이러한 정치적 이해관계가 맞아 떨어져 야합이 이루어진 것이지, 김영삼 표현대로 "호랑이 잡으러 호랑이 굴에 들어간다"는 말은 가식에 불과하다.

혹자는 3당 합당을 '국민 통합'이라 하면서 마치 정치적 성과처럼 찬양한다. 엉뚱한 해석이다. 결코 해서는 안 되는 통합이었다. 국민이 선거를 통해 만들어준 의석 구도를 정치인들 맘대로 재구성하며 배신하는 그런 한심한 정치를 해서는 안 된다. 우리 정치사에 미친 해악이 대단히 크다.

3당 합당으로 TK(대구경북)를 기반으로 하는 노태우(민정당), PK(부산경남)를 터전으로 하는 김영삼(민주당), 충청을 기반으로 하는 김종필(공화당)이 하나가 됐다. 의도했는지 의도하지 않았는지, 지도를 펴놓고 보면 그것은 결국 호남을 포위하는 형국이 되었다. 그렇지 않아도 호남은 80년 5월을 거치며 정치적 고립감이 많은 지역인데, 3당 합당으로 인해 더욱 고립감을 느끼게 된 것이다. 3당 합당은 호남인들이 합리적 정치 판단을 하지 못하게 만드는 단초를 제공했고, 지역민끼리 더욱 강하게 뭉쳐야 한다는 의지를 북돋는 계기가 되었다. 그 후유증은 지금도 계속되는 중이다.

3당 합당을 흔히 '보수대연합'이라고 하는데, 그게 어디 보수가 연합한 것인가. 보수적 가치와 이념이라곤 찾아볼 수도 없고 그저 정치적 이해관계에 따라 정권을 나눠갖는 식으로 야합한 것에 불과하다.

당시 노태우, 김영삼, 김종필 등은 이른바 '내각제 합의문'을 작성해 서명한 것으로 알려졌다. 물론 김영삼의 배신으로 휴지

조각이 되어버렸지만, 정당 통합의 이면에 권력구조 개편에 대한 밀실 합의가 있었다는 사실이 알려지면서 내각제라는 제도에 대한 국민적 불신이 급격히 높아지는 계기가 되었다. '내각제 = 정치인들이 권력을 나눠 먹으려는 음모'라는 그릇된 고정관념이 생겨버린 것이다. 그뒤로 우리나라에서는 내각제 개헌에 대한 정상적 설명과 토론이 불가능할 정도가 되었다. 이 또한 우리 정치와 역사에 끼친 거대한 해악이다.

김영삼은 처음부터 끝까지 대통령 욕심밖에 없던 사람이다. 내각제 합의라는 것은 한낱 종잇장, 공염불에 다름 아니었다. 찢어버리면 그만인 그런 약속을 노태우는 철석같이 믿었고, 나중에 그것 때문에 김영삼에게 계속 끌려다녔다. 3당 합당으로 탄생한 민주자유당에서 대통령 후보를 선출할 적에, 원래는 민정계의 박태준이나 이종찬 등이 경선에 유리했으나, 노태우가 그들을 끌어내리면서까지 김영삼의 당선을 도왔던 이유도 따지고 보면 스스로 약점을 만든 것에서 비롯된다. 모든 것이 3당 합당이라는 잘못된 만남에서 시작한 일이다.

대통령이 인위적으로 정치 구도를 개편하고 의회 구성에 개입하려 시도하면 이런 불상사가 발생한다. 대통령은 국민이 만들어준 정치적 구도 안에서 최선을 다할 일이지 입법부에 직접 관계해서는 안된다.

개인적으로 노태우 다음 대통령은 박정희, 전두환, 그리고 3김 시대의 사고방식에서 멀리 떨어져 있는 전혀 새로운 인물이 등장했으면 했다. 더이상 옛날식 사고관에 물든 사람에게 나라를 맡겨서는 안 된다는 사실이 이미 그때부터 자명했다. 우리나라 경제 여건 자체가 성장에서 자율, 혁신, 분배, 공정의 과제로 달라지고 있는데 여전히 1960~1970년대식 국가 주도 성장 담론에 얽매인 사람들이 차기와 차차기를 다투고 있었으니 답답한 일이었다.

　그 뒤로 펼쳐진 역사를 보면 비록 내각제는 아니었지만 결국 3김이 내각제식으로 권력을 주고 받고, 그러면서 대통령의 막강한 권력은 그대로 유지한, 최악중에 최악으로 우리 정치 역사가 흘러갔다.

　노태우는 권력을 잘 마무리하는 일까지 실패한 대통령이었다.

7. 김영삼

— 민생을 후퇴시키고 떠난 유일한 대통령

역사의 결과를 바탕으로 앞뒤를 짜맞춰 해석하는 것밖에 되지 않지만, 그동안 우리 국민이 대통령을 선택한 결과를 보면 꽤 보수적인 선택을 했다고 말할 수 있다.

5공화국이 종식되고 6공화국으로 넘어가면서, 곧장 민간인 출신 대통령이 당선될 수도 있었으나 국민의 선택은 노태우였다. 일종의 과도기적 단계를 선택했다고 할까. 노태우 다음 대통령도 그렇다. 정권교체를 이루어 민간인 출신 대통령이 탄생한 것이 아니라, 기존의 집권 정당 내부에서 민간인 출신 대통령이 배출되었다. 역사가 한 계단씩 상승한 것이 아니라 반 계단씩 조심스럽게 올라갔다고 표현할 수도 있겠다. 김영삼은 그렇게 당선됐다.

왜 김영삼이었을까. 역시 호남 대 '호남을 제외한 모든 지역'으로 재편된 지역 구도의 영향이 컸다 할 것이다. 민자당에서 누가 후보로 나서더라도 그리 어렵지 않게 당선되었을 선거였다. 그래서 김영삼은 선거 이전에 당내 주도권 확보에 열중하였고, 그런 의도가 관철되었다.

박정희 20년, 김영삼 100일

김영삼은 만 25세에 국회의원이 되어 정치를 그리 오래 했음에도 당권 투쟁에만 전념했을 뿐 자신이 대통령이 되면 무슨 일을 어떻게 할 것인지에 대한 구체적 준비는 없었던 것 같다.

김영삼은 평생 두 사람과 정치적 라이벌 관계를 형성하고 살았다. 일종의 콤플렉스를 지니고 있지 않았을까 추측한다. 바로 김대중과 박정희다. 김대중에게는 1971년 대통령 선거를 앞두고 당내 경선에 져서 후보 자리를 내줬고, 민주화 투쟁 과정에 표면상으로는 서로 협력했으나 대통령 자리를 놓고서는 내내 라이벌 관계에 있었다. 1987년 대통령 선거에서 김영삼과 김대중이 끝내 후보단일화에 성공하지 못한 것도 그런 감정적 이유 때문이었다. (1987년 대선에 단일화가 성사되지 못한 것은 김영삼의 고집보다는 김대중이 오판한 영향이 더 컸다고 볼 수 있다. 김대중의 판단으로는, 김영삼과 노태우가 영남을 경남과 경북으로 양분하고 있으니 자신이 호남 표를 모두 얻고 수도권 표까지 끌어오면, 4자 경쟁 구도에서 자신이 가장 유리하다고 판단했던 것이다.)

김영삼은 박정희에게도 평생 라이벌 의식을 지녔다. 그런데 김영삼의 착각은 박정희 시대에 이룩한 경제발전의 성과가 '관료들이 잘해서' 그렇게 된 것이라고 생각했다는 점이다. 경제관료만 잘 임명하면 자신도 박정희만큼 뛰어난 성과를 올릴 수 있다고 자신했다. 그래서 "머리는 빌리면 된다"는 식의 발언을 종종 했다.

김영삼이 취임하자마자 실시한 정책이 '신경제 100일 계획'이다. 박정희는 경제개발 5개년 계획을 통해 경제발전을 이룩했는데 자기는 100일 만에 그것을 넘어서는 초석을 마련해 박정희 시대를 압도하겠다는 것이다. 비단 그런 일이 아니라더라도, 우리 일상에 다른 무엇이라도, 다른 사람이 20년에 걸쳐 쌓아올린 성과를 자신은 100일 안에 이뤄내겠다니 애초에 말이 되는 생각인가. 아무리 선언적 의미의 계획이라 한들 근본부터 잘못된 오만한 발상이다. 국가가 자신의 아이디어를 실험하는 연구실도 아닐진대, 실익이 뚜렷하지 않은 그런 이벤트성 단기 개혁 과제를 추진했다는 것 자체가 지도자로서 자격 미달이다. 경제는 뚝딱뚝딱 두드려 못질하는 식으로 성장하지 않는다.

그때 김영삼이 관료들을 모아 목소리를 들으니 '경제가 빨리 발전하려면 기업이 성장해야 한다'는 의견이 많았다. 그리고 '기업이 성장하려면 규제를 풀어줘야 한다'는 것이다. 그리하여 금융규제와 투자규제를 풀었다. 갑작스레 금융규제를 모두 풀어놓으니 어떻게 되었나. 재벌들이 은행에서 돈을 갖다 쓰기 편하게 되었다. 금융기관 입장에서는 재벌에게 돈을 빌려주면 회수하는 데 문제가 없을 것이라 판단하고 쉽게 빌려줬다. 그렇게 빌린 돈으로 재벌은 뭘했나. 투자규제가 없으니 중복투자를 했다. 사업 타당성을 따져 대내외적 경쟁력이 있다고 판단한 부분에 투자한 것이 아니라 다른 재벌이 하면 우리도 한다는 식으로 업종과 규모를 가리지 않고 문어발식 확장을 계속했다.

금융과 투자 부문의 급격한 규제 해소는 중복 투자를 낳았고, 과잉 투자가 발생했으며, 과잉 시설이 만들어졌다. 그러다 외환 유동성에 문제가 생겼다. 금융기관들이 해외에서까지 끌어 들여와 투입한 자금이 회수 불가능해지자 결국엔 국가 부도 사태를 선언하게 되었다. 이것이 거칠게 요약한 IMF 구제금융 사태의 본질이다. 상환 능력이 되지 않은 개인이 무턱대고 돈을 빌려 사업을 벌이다 파산하는 과정과 똑같다. 대통령 한 명의 무모한 성취욕, 세상과 경제에 대한 무지가 빚은 참극이다.

숫자에 매달린 참혹한 결과

지도자가 수치로 나타나는 목표치에 집착하다 보면 이런 웃지 못할 사태가 발생한다.

김영삼이 취임하면서 목표로 했던 GDP가 1만 달러 달성이었다. 나중에 이명박도 이런 류의 목표 GDP를 제시하는데, 대통령이 이렇게 목표를 설정하면 관료들은 그것을 달성하기 위해 시장을 왜곡하는 무리수를 종종 벌인다. 실제로 성장을 이루어 목표 GDP를 달성하면 반길 일이지만 환율에 손을 대 수치상으로만 소득이 올라가게 보이도록 만드는 착시 현상에 기대는 것이다. 본질상 국민을 속이는 기만행위다. 그냥 일개인이 속고 끝나는 행위면 그나마 다행이겠으나 경제에 아주 좋지 않은 영향을 미친다.

1990년대 초반 일본 엔화와 중국 위안화가 20~30%씩 평가절하하는 와중에도 우리만 환율을 계속 묶어 뒀다. 1만 달러 소득 목표에 다가가기 위해 그랬다. 그리하여 국민소득은 수치상 높아지는 것처럼 보였으나 우리 상품의 수출경쟁력은 갈수록 떨어지고 있었다. 결국 1996년에는 역대 최대 규모 국제수지 적자가 발생했다. 그럼에도 평가절하를 하지 않고 계속 버텼다. 국제수지 적자로 외화는 더욱 감소했고, 외환위기가 오면서 원화 가치는 폭락했다. 그제야 원화는 반토막이 나서, 1만 달러 국민소득을 달성하려던 김영삼의 원대한 꿈은 7,600달러 (1998년)로 추락하는 결과를 맞았다.

노태우 정부가 김영삼 정부에 넘겨준 1인당 국민소득이 7,700달러다. 역대 우리나라 대통령 가운데 전임자에 비해 국민소득을 더 감소시켜놓고 퇴임한 대통령은 김영삼이 유일하다.

IMF 외환위기로 단순히 경제 지표만 달라졌는가. 본질적인 문제는 국민의 삶이 극도로 피폐해졌다는 점에 있다. 이른바 IMF 사태로 수많은 국민이 일자리를 잃고, 어쩔 도리 없이 자영업 시장으로 내몰리게 되었으며, 양극화가 심화되었고, 중소기업이 무너지고, 경제사회구조가 완전히 망가지게 되었다. 지금도 치유되지 않고 있는 우리 사회의 경제적 양극화는 거기서 비롯됐다.

경제세력이 정치세력을 압도하는 시대

특정 대통령을 만악의 근원처럼 몰아세우려는 것이 아니다. 우리나라의 경제적 문제는 박정희 정권 때부터 배태되어 온 것이 사실이다. 한정된 자원을 바탕으로 빠른 경제 성장을 이루려다 보니 국가가 주도하는 발전 전략을 세울 수밖에 없었고, 특정한 경제세력에게 자원을 불균등하게 몰아주는 집중발전전략을 택했다. 박정희 때의 이런 발전 전략은 어쩌면 불가피한 선택이었다고 변명할 수 있겠다. 또 그런 전략이 성공을 거둔 것도 사실이다. 그리하여 우리는 2차대전 이후 독립한 신생 국가 가운데 가장 **빠른** 경제적 성취를 거두었으며, 이른바 '개발독재'에도 국민이 참고 견디는 이유가 되었다. 자신의 생활 수준이 달라지고 있는 모습이 보이니 일단 현실에 만족한 것이다.

그러나 그런 발전 전략에도 분명히 한계는 있다. 특정한 유형의 전략이 어떻게 천년만년 통용될 수 있겠나. 시장 자체가 형성되어 있지 않아 '시장의 역할'을 발휘해 발전하는 전략이 통하지 않을 때는 국가 주도 발전 전략이 유효하다. 하지만 어느 정도 시장이 만들어지면 국가는 한발 뒤로 물러나야 한다. 정부는 시장의 질서를 유지하는 역할에 한정하고 시장 스스로 성장할 수 있도록 돕는 방향이 옳다. 그럼에도 박정희는 과욕을 부렸다. 자신이 시작한 경제개발을 자기 대에서 끝맺겠다는 욕심이라고 말할 수도 있겠다. 산업구조를 경공업에서 중화학공업 위주로 재편한 것은 자원의 불균형을 더욱 심화시켰다. 국가가 특정인에게 종잣돈을 계속 몰아준 셈이다.

한국의 재벌은 그렇게 성장했다. 재벌에게 특별히 뛰어난 경영 능력이 있어 그랬던 것이 아니라(정부에 로비해 자금을 끌어온 것이 능력이라면 능력이라 할 것이다), 정경유착의 결과로 집중적인 자원 투입과 각종 혜택을 받아 성장한 것이다. 그러니 재벌은 국민에게 감사해야 한다. 최소한 미안한 감정이라도 있어야 한다. 그러나 탐욕은 끝이 없었다. 전두환·노태우 정부 시절에 재벌은 더욱 크게 성장했다. 이른바 통치자금을 명분으로 대통령은 천문학적인 자금을 기업으로부터 받았고, 기업은 그것을 미끼로 정권과 더욱 밀착했다. 재벌은 정치인에 돈을 건네면서, 한편으로는 자신들이 정치권을 움직인다고 자신감을 갖는다. 이때부터 경제세력이 정치세력을 압도하기 시작하는 것이다.

그즈음 어떤 재벌 회장이 "행정은 3류, 정치는 4류, 기업은 2류"라고 말한 바 있다. 이 발언을 '기업은 열심히 하려고 노력하는데 정치가 그것을 가로막는다'는 뜻으로 통쾌하게 받아들이는 경향이 있지만, 사실 배경은 따로 있다. '경제세력이 정치세력을 이미 압도하고 있음에도 낡은 정치세력이 아직 세상을 장악하고 있다고 착각한다'는, 현실 정치권에 대한 재벌의 무시와 도발의 의미 또한 담겨 있다. 물론 기업인이 정치인에 종속되어 존재할 필요는 없지만 (그래서도 결코 안 되겠지만) 이제는 자기들이 정치인보다 우월하다고 생각하는 오만한 뉘앙스의 발언인 셈이다. 거대경제세력이 세상을 압도하면 시장이 왜곡되고, 왜곡의 결과로 불균형은 심화되며, 불균형은 사회적 갈등의 원인이 된다. 그즈음 우리나라 경제가 그렇게 되어가고 있었다.

명색이 문민정부고, 군사정권 시기에 누적된 폐해를 극복하고 싶었다면 김영삼 정부가 추구해야 했던 방향은 경제민주화

를 통해 시장의 질서를 회복하는 일이었다. 하지만 정반대로 나
아갔다.

김영삼 정부의 관료들이 "경제가 빨리 성장하려면 기업이 발
전해야 한다"는 조언은 원론적으로 맞는다. 하지만 시장 자체
가 불균형한 상태에서 국가가 개입해 기업을 발전시키겠다는
논리는 이미 성장해 있는 독점 기업을 더욱 집중적으로 지원
하겠다는 말에 다름 아니다. 결국 시장을 더욱 왜곡하는 결과
로 나타난다. 김영삼이 관료들에게 속았다는 말이 아니라, 기본
적으로 경제에 무지했다는 말이다. 따라서 '경제는 전문가에게
맡기면 된다'는 식의 발상은 사람에 따라 굉장히 위험한 태도
가 된다.

대통령이 기본적 경제 상식 정도는 갖추고 있어야 한다는 말
이다.

민주화 정부는 '경제'를 자랑해야

역대 대통령을 평가함에 있어 나타나는 특징이 하나 있다.

군사정부에 대해서는 대체로 경제를 기준으로 공로를 평가
하는 경향이 있다. 비록 독재는 했으나 경제성장은 이루었다고

말이다. 거칠게 말하자면 정치에 대해서는 내세울 것이 없으니 경제를 앞세우는 것 아닐까. 물론 박정희, 전두환도 그런 생각을 갖고 일했을 것이다.

한편 이른바 민주화 이후 정부에 대해서는 정치를 기준으로 평가하는 경향이 보인다. 이것 역시 거칠게, 혹은 약간 삐딱한 시각으로 보자면 경제에 대해서는 특별히 내세울 성과가 없으니 정치를 앞세우는 것 아닐까 하는 생각이 들 때가 있다.

6월 시민항쟁과 개헌, 직접 선거 등을 통해 1990년을 전후한 시기 우리나라는 민주주의의 기반 정도는 어느 수준으로 갖췄다고 볼 수 있다. 물론 민주 개혁의 과제는 끝이 없다고 하지만 민주주의는 거스를 수 없는 대세가 되었다. 민주주의에 역행하는 발언을 하는 개별 인사의 돌출적 행동 같은 것은 있을 수 있지만 민주주의 자체에 조직적으로 저항할 만한 세력은 이미 깨끗이 사라졌다.

그렇다면 민주화 이후 국가적 과제는 경제발전의 성과를 보다 많은 국민이 누릴 수 있도록 조건을 만들고, 우리 경제가 더욱 건실하게 성장할 수 있도록 새로운 시장 질서와 패러다임을 만드는 일 아닐까. 즉 민주화 이후 정부는 정치가 아니라 오히려 경제를 성과로 자랑해야 옳다는 말이다. 그런 방향으로 부단히 노력해야 한다. 그것이 민주 정부가 지닌 역설적 임무다.

그런데 김영삼은 '경제에서 성과를 낸다'는 말의 의미를 전혀 잘못 받아들이고 있었던 것 같다. 과거 군사정부 시절에 나타난 수치와 목표를 넘어서는 일에 급급한 것이다. 그것으로 우월성(?)을 자랑하고 '그쯤은 나도 할 수 있다'고 자랑하려고 했던 것 같다. 기묘한 콤플렉스다.

사람은 누구나 알게 모르게 나름의 콤플렉스와 경쟁의식을 갖고 있고, 그것은 때로 자신의 노력과 발전을 재촉하는 숨은 원동력이 되기도 한다. 그러나 그것이 너무 과도하거나 방향이 잘못되어 있으면 자신을 망치는 장애물이 된다. 김영삼의 경우는 후자에 가까웠다.

아들이 '소통령'으로 군림했던 대통령

김영삼의 공로로 하나회 척결, 금융실명제 실시 등을 꼽는다.

앞에 언급했던 것처럼, 대통령의 업적 중에도 시대의 흐름에 따라 자연히 이루어진 것이 있고, 대통령의 결단으로 흐름을 더 앞당긴 것이 있으며, 혹은 흐름을 바꾸거나 새로운 물줄기를 열어놓은 경우 또한 있다. 김영삼이 자랑하는 공로는 이중 어디에 해당할까?

군 내부 사조직으로 전두환, 노태우 등을 배출했던 하나회는 한때 엘리트 장교들의 파워집단으로 꼽혔지만 1990년대 초반에는 사교모임 수준으로 전락한 상황이었다. 한때는 하나회 회원이라는 사실이 군내 엘리트이자 출세의 보증 수표처럼 통하던 때가 있었지만 민주화 이후로는 오히려 진급에 걸림돌이 되고 가입을 기피할 정도였다. 더욱 중요한 사실은, 김영삼 정부쯤 되었을 무렵에는 하나회뿐 아니라 군 내부 어떤 공식 - 비공식적 조직이라도, 군인들이 무력으로 권력을 장악하는 시나리오는 대한민국에서 통할 수 없게 되었다. 지금도 마찬가지다. 시민들의 민주 의식이 이토록 성장했는데 우리 역사에 앞으로 어떻게 쿠데타 같은 일이 일어날 수 있겠는가. 설령 일어난다 하더라도 시민들이 온몸으로 막아 저지할 것이다.

김영삼은 하나회 척결을 구세력 척결의 긴요한 과제처럼 밀어붙였다. 가상의 적敵을 설정해놓고 자신이 무척 어려운 일을 수행하고 있다고 자랑하는 것은 통치자들의 낡고 오래된 수법 가운데 하나다. 권력투쟁의 암수를 숨기려는 목적도 흔히 곁들어 있다.

김영삼은 3당합당을 할 때 '호랑이를 잡으러 호랑이 굴에 들어간다'고 표현했는데 사실은 이미 죽어가는 호랑이를 죽인 것이다. 그마저도 성과라고 한다면 딱히 반박할 이유는 없지만, 냉정한 시선으로 본다면 그리 뛰어난 업적이라 말하기 어렵다.

시대의 흐름에 따른 평범한 업적 쯤이라 평가할 수 있지 않을까. 만약 김영삼이 아니라 김대중이 그때 대통령이 되었더라면 개혁의 결도 많이 달랐을 것이라고 개인적으로 추측한다.

금융실명제 역시 그렇다. 앞 부분에서도 몇 차례 언급하였듯, 일반적인 시선으로는 '금융실명제' 하니까 어두운 것을 밝게 만든 것처럼 대단한 업적처럼 보이지만 당시의 시대적 조건이나 경제정책의 측면으로는 별다른 의미가 없는 제도다. 외형이 거창한 것에 비해 실속은 별로 없달까. 지나치게 평가절하한다고 말할 수도 있지만 경제 정책이 아니라 정치적 이벤트 정도로 평가하는 것이 맞다고 생각한다.

김영삼을 이렇게 혹독하게 평가하는 이유는 이후 다른 대통령들도 정파를 가리지 않고 그런 경향과 패턴을 반복하기 때문이다. 국민의 삶에 실익이 없는 겉치레 이벤트를 성과로 자랑한다. 그러한 실례를 이른바 문민정부 1기가 분명히 보여줬다. 명실상부 민주화 정부라면 이전 정부와 뭔가 좀 달라야 했지 않을까. 그럼에도 국민 여론을 호도하는 수법도 똑같고, 과거 정권과 특별히 달라진 점이 없다. 냉정하게 비판의 잣대를 들이대지 않고 '민주화 정부니까' 하는 식으로 업적을 평가해주니 오히려 발전이 없는 것 아닐까 하는 생각이 들 정도다. 이른바 지기추상持己秋霜을 하려면 대통령에 대한 평가 역시 자기 편일수록 더욱 서늘해야 한다.

김영삼 역시 측근과 친인척 비리 때문에 온갖 구설에 올랐다. 이른바 금고지기 역할을 했던 핵심 측근이 구속되고, 둘째 아들이 국정에 개입하고 공기업과 기관 인사에 강한 입김을 행사하는 등 전횡을 일삼았다. 아들이 이른바 '소통령'으로 불리며 권력 위에 군림했던 흔적이 속속 드러났다. 건국 이래 최대 금융 부정 사건으로 꼽히는 '한보 게이트'가 정권 말기에 터졌다. 심지어 안기부 도청팀이 정치인, 언론인, 기업인들의 대화 내용을 도청하고 감시해 그 자료를 대통령 아들과 정권 실세에게 정기적으로 보고했다는 사실까지 알려졌다. 결국 국민은 '명색이 민주화 정부라더니 군사정부와 형태는 다를 게 없다'는 깊은 회의감에 빠졌다.

민주화를 전면에 내걸었던 대통령이 실패하면 차라리 민주화를 내세우지 않은 대통령보다 민주주의의 가치를 부끄럽게 만든다. 자신이 자신을 망치는 법이다. 그 역설을 알아야 한다.

김영삼이 그나마 잘한 것이 있다면 아들 비리 문제로 소란스러울 때 본인이 직접 기자회견을 자청해 대국민담화를 통해 사과와 반성의 뜻을 밝혔다는 점이다. 그렇게 하지 않으면 안 될 정도로 여론이 들끓었기 때문이지만 오늘날 어떤 대통령이 자신에게 불리한 일이 생기면 결코 직접 나서지 않고 총리나 장관, 대변인을 시켜 사과하도록 지시하는 풍경으로 볼 때, 김영삼은 그에 비해서는 용기가 좀 있었던 사람이다.

퇴임시 김영삼에 대한 여론조사 지지율은 6%였다. 탄핵당해 물러난 박근혜를 제외하고 정상적으로 퇴임한 대통령 가운데 최악의 지지율이다. 누가 이런 대통령을 성공한 대통령이라 하겠는가. 재평가의 여지조차 없다.

8. 김대중

― 위기를 기회로 살리지 못한 평범한 대통령

IMF 경제위기로 국민의 삶은 도탄에 빠졌다. 숱한 기업이 도산하고 실직자가 쏟아져나오며 사회적 분위기가 극도로 암울했다. 그런 가운데 김대중은 경제위기를 극복하라는 국민의 기대와 염원을 안고 대통령이 되었다.

김대중은 직선제 이후 대통령 가운데 전임 대통령이 워낙 나라를 망쳐 그에 대한 반발감으로 당선된 첫 대통령이다. 그렇게 표현해도 김대중 당선에 대한 그리 무례한 과장은 아닐 것이다.

대선 전후 정치 상황이 야당 측에 극도로 유리하였음에도 김대중은 완전히 자력으로 대통령에 당선되지는 못했다. 이른바 DJP연합이라고 부르는 지역 분할 구도에 기반한 정치공학에 올라타서야 대통령이 될 수 있었다. 다른 사람도 아니고, 자신이 정치적으로 맞섰던 박정희의 오른팔이었던 사람(김종필)과의 연대를 통해 김대중이 비로소 대통령이 된 것은 우리 역사에 또 하나의 아이러니다. 김영삼의 방법을 뒤늦게 따라갔다고 보아도 될 것이다.

IMF 사태를 초래한 책임 때문에 당시 대통령 선거는 집권 여당에 불리하고 야당에 절대적으로 유리한 상황이었다. 게다가 당시 여당 후보는 둘로 쪼개져 있었다. 여당 내부 경선 결과에 반발한 후보(이인제)가 독자적으로 출마해 여당 표를 빼앗아 갔던 것이다. 그럼에도 불구하고 김대중은 이회창에게 1.5% 차이로 간신히 이겼다.

만약 DJP연합이 이루어지지 않았다면, 이인제가 독자 출마하지 않았다면, 그리고 김영삼이 이회창에게 등을 돌리지 않았다면, 결과가 어떻게 되었을까? 이러한 과정과 결과가 무엇을 의미하는지 먼저 돌아봐야 한다.

오랜 세월 김대중은 사상적 문제로 고초를 겪었다. 1971년 대선부터 시작해, 사상이 의심스럽다는 꼬리표는 늘 김대중을 떠나지 않았다. 실제로 국민이 김대중을 선택하는 데 주저하게 만들었던 주요 원인 가운데 하나였다. 국민의 레드콤플렉스를 탓하기 전에, 김대중은 그것을 넘기 위해 또 얼마나 노력했는지 돌아볼 일이다. 여하튼 15대 대선에서 김대중은, 이번이 마지막 대통령 도전의 기회라는 듯, 보수단체에서 개최한 사상검증 토론회까지 나서며 절박한 모습을 보였다. 그런 어려운 과정을 통해 당선됐다. 그리고 구舊 군사정권의 핵심 인물과도 손잡았다.

자신에게 부족한 부분을 다른 사람으로 보완하는 정치적 행위를 물론 부정적으로 볼 일만은 아니다. 다만 그것이 정책이나 노선과 관련한 보완이 아니라 지역 구도에 입각한 합작이었으므로 처음부터 한계를 안고 있었다는 말이다.

그렇게 어렵게 당선된 탓인지, 자신에 대한 불신을 성과를 통해 씻고 싶었는지, 김대중 대통령은 임기중 많은 노력을 했던 것이 사실이다. 신중하고 부지런한 사람이었다.

15대 대통령 선거 당시 김대중의 선거 캐치프레이즈는 간단했다. "경제를 살립시다." 그 말 이외에는 다른 이야기를 할 필요도 없는 선거였다.

미국과 중국 때문에 극복한 위기

김대중의 업적으로 대체로 IMF 경제위기 사태 극복을 꼽는다. 이론의 여지 없다. 그러나 평가가 인색하다 탓할지 모르지만, 당시 우리나라가 어떻게 해서 그 위기를 벗어날 수 있었는지, 좀 냉정하게 바라볼 필요가 있다. 단순히 칭송만 하는 것은 미래 세대를 위해 의미가 없다.

IMF 경제위기는 외채 상환 능력을 갑자기 상실해 빚어진 일이다. 그러니 쉽게 표현하자면 나라가 짊어진 '빚'을 갚는 일이 급선무였다. 그 빚을 어떻게 갚았는가? 장롱 깊숙이 보관하던 돌반지, 결혼반지까지 나라를 위해 기꺼이 내놓은 '금 모으기 운동' 때문이었던가? 물론 감동적인 풍경이었지만 그것으로 그 나라의 빚을 갚았다고 진심으로 믿을 사람은 없다. 핵심은 다른 곳에 있었다.

당시 우리가 당장 갚아야 할 돈은 600억 달러 정도였다. IMF가 우리나라에 빌려주기로 한 구제금융 총액은 약 570억 달러였다. 나머지 돈은 어디서 구할 것인가? 해결책은 미국에서 나왔다. 1997년 12월 크리스마스 전날, 관청과 은행이 모두 문을 닫은 상황에서도 미국은 한국에 100억 달러를 긴급 지원하기로 결정하였고, 그것으로 급한 불을 끌 수 있었다. 당시 우리나라 외환보유고는 80억이 되지 않았는데, 채무상환으로 하루에 10억 달러씩 계속 빠져나가고 있었다. 며칠 지나면 국가 파산 사태를 선언해야 하는 절체절명의 상황에서 미국의 도움이 있었기 때문에 최악의 위기를 피할 수 있었다.

미국이 신속하게 지원을 결정한 이유는 두말할 것도 없다. 우리가 한미동맹이라는 테두리 안에 있었기 때문이다. 미국 재무부 차관이 급히 한국을 방문해 대통령 당선자 신분이던 김대중을 만나 국가관, 경제관 등을 직접 확인해본 일화는 유명하다. 채무를 이행할 의지가 있는지, IMF 권고에 따라 개혁을 이행할 의지가 있는지 등을 확인한 것이다. 국가로서 좀 굴욕적인 일이긴 했지만, 위기의 국면에 지도자가 국민을 살리기 위해 그 정도야 감내해야 하지 않겠나.

미국의 지원으로 일단 급한 불은 껐고, 다음으로는 어떤 비결로 IMF 위기를 넘겼는가. 빚을 내서 빚을 갚는 것은 한계가 분명하고, 결국 '돈을 벌어' 외화를 쌓아나가는 방법이 궁극적 해결책이다. 그렇다면 당시 어디서 외화가 쏟아졌던가. 수출 주도형 산업 구조를 갖고 있는 우리나라로서는 다시 살아날 활로도 수출밖에 없었다. 하지만 없던 수출 원천이 갑작스레 불쑥 생겨나는 것은 아니지 않은가. 그때 국가적으로 천운天運이 있었다. 바로 중국이었다. 수년 전 북방정책을 통해 중국과 수교해놓은 기반이 있어 연간 250억 달러씩 흑자가 발생함으로써 IMF 극복의 결정적 열쇠를 확보할 수 있었다. 미리 수교해놓지 않았더라면, 나라의 운명이 어떻게 되었을까.

뚜렷한 결론은 이렇다. 세상 어떤 정부든 자기 홀로 서는 정부는 없다. 어떤 대통령이든 과거의 성과로부터 영향받지 않은 대통령은 없다. 과거에 만들어놓은 기반 위에 오늘이 있는 법이다.

21세기 수술을 70년대 의사에게 맡기다

김대중 정부의 IMF 경제위기 대응에 대해 나는 늘 이렇게 비유하곤 한다. "김대중이라는 의사가 한국 경제를 수술하겠다고 팔을 걷어붙이고 나섰는데, 수술실에서 환자의 배를 가르고 보니 내부가 생각보다 심각해 어떻게 손을 댈 수 없는 것이다. 그래서 섣불리 건드렸다가 여기저기 아픈 부위가 터지고 피가 날 것 같으니까 그냥 적당히 진통주사 한 방 놓고는 봉합해버렸다. 수술을 그렇게 적당히 중단해버리고, 일찍 완치되었다고 파티를 벌였다. 그것이 오늘날 한국 경제다."

김대중 정부 초기 2년 경제정책은 우리 정부의 정책이 아니라 IMF의 경제정책이라고 말해도 과언이 아닐 정도였다. 한국 경제의 수술을 위해서 이렇게 저렇게 하라고 내놓은 요구 조건을 이행하기 바빴다. 당시 IMF가 요구한 사항은 채권시장 완전 개방, 부실은행 매각, 정리해고제 도입, 외국인 주식 소유 제한 완전 철폐, 회계 투명성 확보 등이었다.

위기는 곧 기회라고, 어쩌면 김대중 정부는 운이 좋은 정부였는지도 모른다. 미국의 도움으로 급한 불은 껐으니, 다음 단계는 그동안 우리가 미처 하지 못했던 경제 개혁 조치를 과감히 단행할 수 있는 절호의 기회였다. 그런데 미적거렸다. 1998년 1월 미셸 캉드쉬 IMF 총재가 우리나라를 방문했을 때 했던 말이 있다. "당신들이 7년 전에 하려고 했던 일을 하지 않았기 때문에 이런 일이 발생했고, 지금 우리가 도와주려고 한다." 우리나라가 7년 전에 하려다 하지 못한 일은 무엇일까? 바로 대기업 업종 전문화다. 대기업집단이 순환출자, 중복투자, 문어발식 확장을 못하도록 조치하고 전문 업종에 집중해 책임 경영을 할 수 있도록 시장 질서를 확립하는 일 말이다. 그것만 제대로 실행했으면 IMF 경제위기는 오지 않았을지 모른다. 한때 대통령의 경제정책을 보좌했던 나로서도 직무를 맡고 있을 때 대기업 업종 전문화를 추진하지 못한 것을 가장 큰 아쉬움과 책임으로 느낀다. 여하튼 평소에는 대기업집단의 반발로 착수조차 하기 어려운 그런 숙제를 30대 재벌의 절반이 사라진 IMF 경제위기의 그때에 오히려 수월하게 단행할 수 있는 역설적 기회였다. IMF와 우리나라가 협약을 체결할 때 캉드쉬 총재는 "위장된 축복 Blessing in disguise"이란 표현을 사용하기도 했다. 뜻밖의 좋은 결과가 나타날 수도 있으니 전화위복의 기회로 삼으라는 뜻이다.

결심만 했다면 그때 노동개혁도 할 수 있었다. 노동개혁은 본질상 사회적 대타협이 요구되는 부분이 많은데, 위기를 극복하자는 국민적 공감대가 높은 때에 전격적으로 제안할 수 있는 개혁 과제다. 그런데 김대중 정부는 IMF가 요구하는 정리해고제 같은 것이나 받아들일 생각을 했지 노동조합의 본질적 개혁 같은 것은 시도조차 하지 않았다. 정권을 잡기 전에 그에 대한 이해와 구상이 전혀 없었기 때문이다.

김대중을 '준비된 대통령'이라 평가하는 사람들이 있다. 김대중도 선거운동 기간 동안 그것을 내세웠다. 하지만 과연 김대중은 준비되어 있었는가? 어떤 방면에서 어떻게 준비되어 있었다는 말일까?

대통령의 '준비'라고 한다면, 본인의 준비는 물론, 현실적으로는 사람을 준비하는 일이다. 하지만 '사람의 준비' 차원에서 김대중은 김영삼보다 열악했다. 김영삼은 그나마 3당 합당을 통해 구 여권의 인적 자원을 끌어올 수 있었으나, 김대중은 말 그대로 "최초의 수평적 정권교체"를 이루어낸 상황에서, 갖고 있는 인적 자원이 한정적이었다. 김대중 주변에 있는 정치인들은 거의 야당 생활, 재야 운동권 생활만 하던 사람들 위주였다. 투쟁은 잘할지 몰라도 국가를 운영할 수 있는 인적 자원은 아니었다. 당시 우리나라의 전반적 상황은 IMF 사태를 풀어나갈 수 있을 만큼 경험 있고 종합적 정책 기획 능력이 있는 인재가 긴요했는데, 김대중의 인재 풀에 그런 인물이 있을 리 없었다.

다행히(?) 김대중에게는 김종필이 있었다. DJP연합으로 김종필 쪽 인맥을 끌어올 수 있었던 것이다. 그래서 김대중 정부 초기 경제 각료는 거의 대부분 '박정희 시대' 인물들이다. 총리부터 김종필이었고, 재무장관, 금융위원장, 건설부 장관 등 경제 부처 장관은 모두 김종필 추천으로 임명한 사람들이었다. 이것도 역사적으로 아이러니한 부분이다. 애초에 김종필과 연대할 때부터 그러한 합의가 있었겠지만, 어쨌든 김대중은 자신이 갖고 있는 인적 자원으로는 당면한 문제를 해결할 수 없다는 사실 정도는 알고 있었던 것 같다. 그것이 김대중의 장점이라면 장점이라고 말할 수 있지 않을까. 김대중은 다소 몽상적인 측면도 있었지만, 막상 문제가 닥치면 그것을 푸는 방식은 대체로 현실적이었다.

그런데 문제는 따로 있었다. 현대판 수술을 해야 하는데 의사는 옛날 면허를 가진 사람들이었던 것이다. 박정희 때 사람들을 경제 관료로 쓰다 보니 해결 방식도 딱 박정희 때 방식이었다.

박정희 시대에 이른바 '부실기업 정리 사업'이 진행된 적 있다. 1972년 유신 직전에 했던 사업으로, 정부에 '기업합리화위원회'라는 기구를 만들어 3년 이상 결손이 계속된 기업, 채무가 많고 담보가 부족한 기업, 사업 전망이 없는 기업을 퇴출시킨 것이다. 그런데 그 방식이 좀 독특(?)했다. 정부에서 부실하다고 판정한 기업을 그냥 소멸시키는 것이 아니라, 특정 기업에 넘겨주는 '처분'의 방식으로 진행한 것이다. 그때 몸집을 키운 기업들이 나중에 모두 우리나라 재벌로 자랐다.

1972년에는 우리 경제사에 또 하나 특기할 만한 사건이 있었다. 그해 8월 박정희가 긴급명령권을 발동하여 우리나라 모든 기업이 갖고 있는 사채를 일시에 동결한 것이다. 이른바 8.3 사채동결조치로 불린 그러한 조치로 기존 사채의 월 이자가 1.35%로 한정되고(연 16.2%), 상환은 3년 거치 5년 분할상환 방식으로 조정되었다. 이 조치에 대한 평가는 극명하게 엇갈린다. 당시 브레튼우즈 체제 붕괴로 환율이 급등하는 상황에 살인적인 고리대까지 겹치며 파산 직전에 몰린 기업들의 숨통을 틔워 줬다는 긍정적 평가가 있는 반면, 아무리 그렇다지만 정부가 국민의 재산권을 침해하는 막무가내식 동결 조치를 강제로 집행할 수 있느냐는 반론이 있다. 반反자본주의 명령이라 부를 법한 그러한 조치로 우리 기업은 일거에 빚을 탕감받는 효과를 누리게 되었고, 그것이 오늘날 재벌이 성장하는 바탕이 되었다.

　　요컨대 부실기업 정리나 사채 동결 조치에서도 볼 수 있듯, 우리나라 경제는 자본주의 발전의 정상적 궤도를 따라 성장한 경제가 아니다. 재벌은 정치권력의 비호 아래 비상식적인 혜택을 받으면서 성장한 경제세력이지 온전한 시장경쟁의 결과로 살아남은 존재가 아니라는 뜻이다. 경제정책에 완전한 정답이란 없다. 나라마다 제각기 다른 발전 전략이 있을 수 있다. 다만, 사실이 이러함에도 우리나라 경제가 오롯이 자본주의와 시장경제의 작용으로 발전해온 것처럼 절대화하고, 대기업집단의 성장 과정을 지나치게 영웅시하는 사람들을 볼 때마다 역사를 제대로 알고 있는지 의문이 이는 것이다.

자, 그럼 IMF 위기 당시 김대중 정부는 경제에 대한 수술을 어떻게 진행했는가.

1960년대 후반에나 가능했던 낡고 단순한 기업 정리 방식을 21세기를 목전에 두고 그대로 재현했다. 시장의 불균형을 해소하는 차원에서 업종 전문화를 추진한 것이 아니라 이 기업에서 저 기업으로 사업권을 넘겨주는 방식의 통폐합을 추진하다 보니 기업의 집중도와 사회적 양극화는 더욱 심화되었다. IMF 수술대에 올라갈 차례였던 재벌들은 오히려 날개를 달게 된 격이 되어 환호했다.

또한 부실기업을 정리한다고 169조 원이나 되는 막대한 공적 자금이 투입됐다. 그 돈으로 우선 기업을 살렸다. 그렇게 살아난 기업을 다시 재벌 기업이 흡수했다. IMF 경제위기는 정부와 재벌의 잘못으로 빚어진 참극인데, 국민의 세금을 쏟아부어 대기업집단을 더욱 살찌우는 결과가 되었다. 이것이야말로 이익은 사유화하고 손실은 사회화하는 전형적 모럴해저드 아닌가.

투사라는 이미지를 불식하고 국민에게 '준비된 지도자'라는 인식을 주기 위해 김대중은 경제학 책도 쓰고 나름대로 애를 썼지만, IMF 경제위기 극복은 김대중의 경제학 서적에 나오는 내용과 특별한 관련이 없다. 자신이 할 수 없는 일이라는 사실을 일찍 깨닫고 전문 관료들에게 전적으로 맡겨 둔 것이 오히려 김대중이 잘한 점이다. 위기를 기회로 만들면서 환부를 도려내는 과단성 측면으로 보자면, 김대중에게는 평균점 이상 점수를 줄 수 없다.

위기를 '극복'하는 지도자는 대체로 평균점 정도에 해당하는 지도자라고 말할 수 있다. 물론 그마저도 하지 못하는 지도자가 많기 때문에 '평균 수준'이라 하더라도 그리 나쁘다고 평가할 수는 없지만, 역사가 흔히 '훌륭한' 지도자라고 칭송하는 지도자는 '위기를 기회로' 만든 지도자다. 평균의 수준을 뛰어넘는 역량을 보여줬던 것이다.

대통령 임기중에 국가적 위기 상황을 맞는 것은, 국가 공동체로서는 물론 불행한 일이지만, 정치인 개인으로서는 일종의 기회다. 준비된 역량을 보여주고 까다로운 개혁 과제에 도전장을 내미는 계기가 될 수도 있는 것이다. 그것을 기회로 살리느냐, 적당히 위기만 봉합하고 넘어가느냐 하는 것은 오롯이 지도자의 준비 정도에 달렸다. 그런 상황에 대통령에게 필요한 덕목은 정치적 창의성이다. 원칙이 이렇고 이론이 어떻고 하면서 따지는 것이 아니라, 헌법상 주어진 자신의 권한을 최대한 활용하면서, 세상에 존재한 적 없는 (혹은 평상시에는 쉽게 실행할 수 없는) 방식까지 과감히 도전하는 것이다. 권한은 그럴 때 쓰라고 주는 것이다. 창의성을 발휘하려면 해당 분야에 대한 해박한 지식이 있어야 하고, 풍부한 경험이 있어야 하며, 결단의 용기가 함께 필요하다. 김대중에게 부족했던 소양은 무엇일까?

정치 보복을 하지 않은 큰 공로

대통령으로서 김대중의 장점은 용인술이었다. 의아하게 생각할 사람도 있겠지만, 살펴보면 그렇다.

오랜 세월 야당 생활만 하다가 처음 정권을 잡았으니 보답하는 마음에 측근들을 두루 내각에 기용할 수도 있었으련만, 김대중은 이른바 '동교동계'라 부르는 핵심 측근들을 초기 내각에서 모두 배제했다. 그들이 국회의원 정도는 할 수 있겠지만 내각에 참여할 능력까지는 없다고 본 것이다. 개인적인 경험을 쌓으라는 듯 장차관 자리를 자기 진영 사람들에게 고루 나눠주는 한심한 행위를 하지 않았다. 경험과 능력을 우선으로 했다. 그동안 고생했던 측근들의 반발이 적지 않았지만 김대중이 동교동계를 확실히 장악하고 있으니 불만도 다독일 수 있었다.

청와대 구성 역시 그렇다. 동교동계 인물 가운데 청와대로 데려간 측근은 대변인 박지원, 기획수석 김한길 정도인데, 이들은 사실 원조 동교동계라 말하기 어렵다. 김대중의 정치 인생에 상대적으로 늦게 만난 사람들이지만 능력이 있다고 생각하니 동교동계 선배들을 제치고 데려간 것이다. 초대 비서실장은 자신과 인연이 길지 않은 김중권 씨를 임명했다. 김중권은 민정당에서 3선을 하고, 노태우 정부에서 정무수석을 했던 사람이다. 동교동계에서 역차별을 받는다고 하도 아우성이니 나중에 한광옥으로 비서실장을 바꾸긴 했지만, 자신과 인연을 따지지 않고 이런 식의 인사를 했던 것은 김대중의 큰 장점이고 흔히 간과하는 업적이다. (사실 대통령 비서실장은, 대통령과 오랫동안 호흡을 맞춰왔던 사람보다, 대통령에게 쓴소리를 할 수 있으면서 객관적 업무 능력이 검증된 인물을 기용하는 것이 정석이다.)

김대중의 또 다른 공로는 정치적 보복을 하지 않았다는 점이다. 앞에서 잠깐 '김영삼이 이회창에게 등을 돌렸다'고 언급했는데, 1997년 15대 대선에서 김영삼은 여당 후보인 이회창을 적극적으로 돕지 않았다. 이회창의 당선을 오히려 방해했다고 해도 과언이 아니다. 왜 그랬을까? 이유가 여럿이지만 이회창은 대통령이 되면 자신에게 정치적 보복을 할 것이고, 김대중은 그러지 않을 사람이라는 김영삼 나름의 확신이 있었기 때문으로 추측한다. 김영삼은 김대중이라는 인물을 오래 겪었기 때문에 성정을 잘 알고 있었던 것이다. 실제로 김대중은 오랜 맞수인 김영삼에 대해 정치적 보복을 하지 않았다.

전두환·노태우를 사면한 일도 그렇다. 물론 15대 대선에서 모든 후보가 전두환·노태우 사면을 공약으로 내세우기도 했지만, 김대중은 당선이 되자마자 인수위 시절에 그 약속을 지켰다. 형식상으로는 김영삼이 사면권을 행사한 것이지만, 김영삼은 당초 전두환·노태우 사면에 부정적이었으니, 김대중의 요청이 큰 역할을 했다고 볼 수 있다.

자신을 박해한 박정희에 대해서도 그랬다. 15대 대선에서 김대중은 '박정희 기념관' 건립을 공약했고 그 약속을 지켰다. 박정희기념사업회 관계자들 앞에서 "공인의 삶은 전부 박수받거나 전부 비판받을 순 없다"면서 박정희의 공로를 열거하고 "이제 박 대통령은 역사에서 존경받는 지도자라고 국민에게 알려져야 한다"고 김대중이 말한 것은 당시 크게 화제가 됐다. 박정희 기념관은 서울 상암동에 있다. 역사와 화해를 시도하고 스스로 모범을 보였다는 점에서 김대중의 큰 장점과 공로를 찾을 수 있다.

한일관계가 가장 순조로운 시절

흔히 간과하는 김대중의 업적을 하나 더 꼽으라면 일본 문화 개방을 들 수 있겠다. 그동안 '왜색倭色'이라면서 금지했던 일본 대중문화에 대한 수입을 단계적으로 허용한 것이다.

외교적으로 김대중의 가장 큰 공로는 한일관계를 과거에 집착하지 않고 풀어나갔다는 점이다. 한일관계 이외에도 김대중은 과거에 집착하지 않는 태도를 다방면에 드러냈다. 역설적이게도, 과거 정부에서 가장 탄압을 받은 정치인 가운데 한 명인 김대중이 전직 대통령과 유가족을 가장 잘 예우했다. 그가 역사적으로 평화와 화해의 상징처럼 되기 위해 일부러 그랬다고 깎아내리는 사람도 있지만, 의도와 상관없이 인정할 것은 인정해야 마땅하지 않을까.

물론 김대중의 실책 가운데 하나는 남북정상회담 등을 위해 북한에 거액의 돈을 건넨 일인데, 이는 자세히 설명할 필요가 없을 정도로 중대하고 치명적 실책이다.

김대중은 자기가 나름대로 전문성도 있고, 잘 해결할 수 있는 영역을 남북문제라고 생각했던 것 같다. 그래서 다른 분야는 몰라도 그 분야는 자신이 직접 챙겼고, 믿을 수 있는 측근을 각료로 임명했다. 하지만 세상 많은 일이 그렇지만, 사람들은 대체로 자기가 잘한다고 과신하는 부분에서 꼭 실수가 발생하는 법이고 경계선을 넘게 된다. 과거에 얽매이지 않은 김대중의 태도는 여러모로 좋았고, 북한과 관계 개선을 추구하는 것도 나쁘지 않은 통치행위지만, 넘지 말아야 할 선을 넘은 것에 대해서는 엄격한 역사의 판단이 있어야 할 것이다. 사람의 긍정적인 측면은 대체로 이렇게 부정적인 측면을 함께 내포한다.

한일관계나 남북관계, 그리고 이른바 과거사 문제와 관련해 김대중과 김영삼의 대비되는 부분은 바로 이렇다.

국민이 '속 시원하다' 말하는 개혁은 오히려 실행하기 쉽다. 국민이 주저하거나 아파하는 개혁을 추진하는 일이 어렵다. 김영삼은 통쾌한 개혁만 하려고 했다. 역사 청산을 한다면서 옛날 총독부 청사를 폭파 공정의 방식으로 무너뜨리고, 대통령이 공개 연설을 통해 "일본놈들의 버르장머리를 고쳐주겠다"는 말까지 서슴지 않았다. 역사바로세우기를 한다며 전국에 있는 쇠말뚝을 뽑는 이벤트를 벌였다. 그리하여 남은 것이 무엇인가? 민족 정기가 바로 섰을까. 그것으로 국제사회에서 우리의 존엄이 높아졌는가.

김대중이 시작한 일본문화 개방은 당시 대중으로부터 큰 호응을 얻지는 못했을지 몰라도 차츰 큰 역할을 했다. 다양한 문화는 우리 내부의 역동성을 높였고, 젊은 세대에게 문화적 경험으로 쌓이면서 오늘날 우리가 K-컬처라고 부르는 세계적 콘텐츠를 창조하는 소중한 원천이 되었다. 역대 정부에서 더 빨리 추진했어야 할 개혁이다. 그나마 김대중 정부에서 실행하여 다행인 일이었다. 일본과 외교 관계도 김대중 정부때 가장 순조로웠다. 그렇다고 김대중이 일본에 종속적이었다거나 굴욕적인 행위를 했다고 말하는 사람은 아무도 없다. 오히려 일본에게 가장 당당한 시절이었다.

시간을 건너 언급하자면, 나중에 한일관계를 파탄으로 이끄는 단초는 이명박이 제공했다. 대통령 재임기에 이명박은 갑작스레 독도를 방문했다. 역사적으로 독도는 분명한 우리 영토이고, 우리가 실효 지배하고 있어 누가 뭐래도 영원히 대한민국의 통치권이 미치는 구역이다. 우리가 한미일 삼각동맹 반경 안에 들어 있는 이상, 일본이 독도 문제에 있어 섣불리 현상 변경을 시도할 가능성도 없다. 그럼에도 이명박은 독도를 방문했다. 대통령은 어디를 가고 싶다고 아무 데나 갈 수 있는 존재가 아니다. 자신의 행위가 불러올 정치적 외교적 파장을 고민해봐야 하는 것은 어린 학생도 알 수 있는 일이다. 다른 전직 대통령들은 독도에 가기 싫어 안 갔던 것일까?

이명박은 왜 그랬을까? 구체적 이유야 본인에게 들어봐야겠지만 나는 이것도 일종의 콤플렉스 때문 아닐까 생각한다. 대통령 본인의 부족한 인기를 그런 이벤트로 메우려는 것이다. 특히 이명박의 경우는 일본에서 태어난 것을 정치적으로 공격하는 일부 세력이 있었다. 자신의 출생지는 스스로 결정할 수 없는 일이니 그런 치졸한 공격쯤이야 그냥 못들은 척 하면 되는데, 그런 것을 회피하고 싶었는지 특이하게 일본에 공격적인 태도를 보였다. 기업인 출신으로 평소 보여왔던 냉정한 태도와는 거리가 멀었다. 자신이 1964년 한일회담 반대 시위를 하다가 구속된 경력이 있다는 점을 드러내고 싶었는지도 모른다. 역시 콤플렉스 때문 아닐까.

정치인, 특히 대통령의 콤플렉스는 그래서 눈여겨볼 대목이다. 콤플렉스가 있는 사람들은 좀 과도한 행동을 하기 마련이다. 정직성integrity이 결여된 과잉 행동을 하게 된다.

김영삼이 전두환·노태우를 구속 처벌한 것도 그렇다. 두 전직 대통령에 대한 사법처리는 당연한 역사적 수순이었다지만, 김영삼이 민주자유당을 결성해 그들 세력과 야합했다는 콤플렉스를 극복하기 위해 더욱 거칠게 밀어붙였던 것은 아닐까 싶다. 역으로 그런 콤플렉스가 없던 김대중은 김영삼보다 오히려 과거 정권에 유화적일 수 있었다. 일본에 대한 김대중의 태도 역시 그렇다.

임기 말에 나타난 비리와 욕심

한편으로 김대중 또한 가족과 측근의 비리에서 벗어나지 못했다. 이른바 '홍삼 트리오'라 불린 세 아들(홍일·홍업·홍걸)이 모두 권력형 게이트에 연루되어 유죄 판결을 받았다. 이른바 민주정부의 커다란 모순이자 오명으로 남는다. 대통령 본인은 아무리 깨끗하다고 자랑할지 몰라도, 바로 옆에 있는 가족의 일조차 알 수 없는 법이며, 결국 그런 것이 민심을 잃고 국정 운영의 동력을 잃게 만든다.

대통령의 친인척 비위 문제가 자꾸 정권 말기에 드러나는 것을 두고 검찰의 정치적 의도를 탓하는 사람들도 있지만 애초에 그런 행위 자체를 저질러서는 안 되는 것이다. 의심받을 일조차 해서는 안 된다. 특히 대통령 가족들은 임기 초반에는 대체로 조심스럽다가, 수년쯤 시간이 흘러 권력을 누리는 생활이 일상화되면 점차 분별력을 잃으며 선을 넘는 행위를 한다. 마치 자신이 대통령이라도 되는 양 권세를 휘두르다가 임기 말에 많은 것이 곪아 터져 나오는 법이다. 김대중의 아들들을 봐도 그렇다. 둘째는 수뢰는 물론 각종 인사에까지 개입하면서 국정에 영향력을 행사했고, 셋째는 수준 낮은 브로커들과 어울리며 여러 이권에 개입하여 방탕한 생활을 했던 것이 드러났다. 첫째 아들은 인사청탁의 대가로 뇌물을 받은 혐의가 드러나 유죄판결을 받고 나중에 의원직을 상실했다. 하나같이 그저 단순한 부패가 아니라 이른바 '비선실세'로 행세한 모습이 보이는데, 그런 행위가 임기 말에 다가갈수록 심해졌다. 권력에 취해 그렇다. 일개 대통령 가족이 그러할진대, 대통령 본인이 느끼는 권력의 맛이 어떠할는지 가히 상상이 될 것이다.

김대중은 임기가 끝나갈 무렵에 꽤 욕심을 부렸다. IMF 경제위기를 극복한 것은 물론이고 경제를 더욱 부흥시켰다는 업적까지 쌓고 싶었던 것 같다. 그리하여 경기부양책의 일환으로 이른바 '주택 및 건설 경기 활성화 대책'을 발표한다. 경기과열의 논란이 있었지만 어쨌든 이런 정책은 다음 세대의 주택 문제 해결을 위해 나름대로 취할 수 있는 정책이라 보는데, 김대중 정부는 신용카드 활성화 대책까지 지나치게 서두르는 모양을 보였다.

김대중 정부 말기에 국민 대다수가 여러 장의 신용카드를 소유하기 시작했다. 여기저기 신용카드를 발급받으라는 호객 행위가 극성을 부렸다. 일단 당장은 현금을 지불하지 않아도 되는 신용카드 한 장씩을 손에 쥐게 되었으니 소비가 급격히 늘어나 각종 경제지표는 화려해졌다. 그러나 신용도나 상환 능력들을 고려하지 않고 무분별하게 이루어진 신용카드 발급은 나중에 고스란히 대규모 신용불량 사태로 돌아왔다. 다음 정부가 들어설 즈음엔 가계 부채 문제가 우리 사회의 심각한 문제 가운데 하나로 대두하게 되었다. 임기 마지막에 김대중은 길거리에서 국민에게 돈을 나눠줬던 셈이다. 그 후유증은 지금까지 계속 이어지고 있다.

9. 노무현

— 국민의 기대가 커서 실망도 컸던 대통령

빈부격차라는 것은 어느 시대 어느 사회에나 있지만 양극화는 빈부격차와 결이 다르다. 양극화는 경제학에서 객관적으로 인정하는 용어는 아니지만, 소득분배의 불공정이 지나쳐 빈부격차가 넘을 수 없는 허들이 되어갈 때 우리는 그것을 양극화 Polarization라고 부른다. 다분히 사회 심리적인 용어라고 폄훼하는 사람들도 있지만 정치하는 사람으로서는 그리 단순히 생각할 일은 아니다. 국민이 열심히 노력하면 성공할 수 있다는 희망을 갖고 있느냐, 빈부격차의 고착화를 막기 위한 제도적 장치를 사회적으로 마련하고 있느냐. 이런 문제는 국가의 정상적 발전에 있어 커다란 의미를 갖는다. 최근 들어 양극화 해소는 국가 지도자가 해결할 가장 중요한 임무 가운데 하나가 되고 있다. 어느 나라를 막론하고 그렇고, 우리나라 역시 그렇다.

한국 사회의 양극화는 IMF 경제위기로 촉발했다. 시장경제가 고도화되면 부의 편중은 어쩔 수 없이 발생하는 일이라지만 우리의 양극화는 대통령이 무능해 경제가 일시에 망가지면서 '인위적'이라 할 수 정도로 갑작스럽게 다가온 양극화라 국민이 느끼는 고통의 강도는 더욱 컸다. 김대중 정부는 외환위기의 급한 불은 껐지만 그러는 과정에 기업을 편중되게 지원했고, 본질적인 노동개혁은 시도조차 하지 않은 채 고용구조만 단순히 유연화하는 바람에 양극화는 더욱 심화했다. 그런 상황에 국민은 '서민적인 느낌의 노무현이라면 양극화의 고통을 이해하고 해결해주지 않겠는가' 하는 기대감에 (대통령직에 있어서는) 정치 신인이라고 볼 수 있는 노무현을 밀어줬다. 민주화 이후 대통령 가운데 한 번의 대권 도전으로 곧장 당선된 첫 대통령이었다.

반대로 뒤집어 보면, 그래서 가장 준비되지 않은 대통령이 노무현 아닐까 싶다. 본인조차도 이번에 대통령이 될 수 있을 것이라는 기대조차 크게 하지 않았고, 어쩌면 지명도를 높인다는 생각에 당내 경선에 참여했는데, 갑자기 '노무현 바람'이 불어 후보가 되었다. 그리고 다른 정당 후보와 단일화하는 정치 이벤트를 거쳐 덜컥 당선까지 되어 버렸다. 한 편의 드라마 같은 일이라고 사람들은 경탄했다.

개인적으로 노무현은 대통령이 되고 싶으니 도와달라는 부탁을 받은 두 번째 대통령이었다.

첫째는 노태우 대통령이었다. 노태우가 민정당 당 대표가 되고 지방 순시를 할 때 우연찮게 수행하게 되었는데, 일정 도중 '앞으로는 나를 좀 도와달라'는 부탁을 받았다. 당시 나는 여당 국회의원이었지만 예산동결 등을 비롯한 정부 정책에 반대하다 배척당해 국회 상임위까지 한직으로 물러나 있을 때였는데, 그런 나를 불러주니 꽤 의외였다.

김대중이 도와달라는 메시지를 보낸 적도 있다. 김대중이 대통령 후보이던 시절 그랬는데, 그런데 그것은 나를 통해 노태우에게 다리를 놓아달라는 뜻이었다. 14대 대선에서 노태우가 김영삼을 적극적으로 돕지 못하도록 시도한 것으로, 그런 의도까지는 성공하지 못했지만 노태우의 비자금이 김대중 측으로도 건너가 도움이 되었다. 물론 김영삼 측에는 더 많은 자금이 지원됐다.

노무현은 갑작스레 내 사무실에 찾아와 "대통령에 출마하고 싶으니 도와주십시오"라고 했다. 노무현이 해양수산부 장관을 할 때인데 전혀 예상치 못했던 제안이라 좀 당황스러웠다. 역시 저돌적이고 꾸밈없는 성격이었다. 당시 나는 "일단 장관직부터 바로 내려놓고 후보로서 준비 과정을 거치라"고 조언했다. 그는 내 의견을 듣지 않고 머뭇거리다 애매한 과정을 거쳐 장관직에서 물러났다. 그뒤로도 내 사무실 등에서 몇 차례 만나 정치, 경제, 사회, 외교 전반에 걸쳐 많은 이야기를 나눴다. 사실 그때만 해도 노무현이 정말 대통령이 될 수 있을 것이라는 생각은 해보지 않았고, 솔직하면서 의욕적인 모습이 보기 좋아 작은 도움이라도 되었으면 좋겠다는 생각에 대화를 이어갔다. 그런 그가 국민적 열망을 안고 홀연 대통령이 된 것이다.

그러나 노무현의 비극은 본인조차 곧장 대통령이 될 것이라 예상하지 못했던 그런 갑작스러움에서 시작되지 않았을까 싶다. 전혀 준비되지 않은 상태였다. 다른 모든 대통령이 마찬가지지만 노무현도 후보가 되고 나서, 그리고 대통령이 되고 나서 사람이 달라졌다. 그래서 일찍 실망한 탓도 있지만 노무현 옆에서 보다 적극적으로 도와주었더라면 상황이 조금 달라질 수도 있지 않았을까, 하는 마음 역시 한편에 갖고 있다.

삼성 보고서로 국가를 이끈 정부

노무현의 업적으로는 선거공영제를 도입하고 정치자금법을 개정한 것을 꼽을 수 있겠다. 돈이 없어 선거를 맘껏 치르지 못했다는 본인의 한이 있기 때문인지 노무현은 그런 일을 우선 적극적으로 추진했다.

대통령이든 국회의원이든 지방의원이나 단체장이든, 사실 노무현 때까지만 하여도 우리나라 선거에는 막대한 돈이 들어갔다. 모든 공직 선거가 그랬다. 그래서 재산이 없으면 함부로 정치에 뛰어들지 못했고, 선거에 몇 차례 낙선하면 일반적인 사람은 가세가 휘청일 정도가 되었다. 그렇다면 꾸준히 활동하는 정치인은 그 돈이 다 어디서 나왔겠나. 전두환·노태우 시기 이른바 비자금은 개인적 욕심에서 수수한 측면도 있지만, 정치활동을 공적으로 지원할 필요가 있다는 사회적 인식과 합의가 부족한 시절이라, 이른바 통치자금이라는 명목으로 기업에서 돈을 받아 그것을 여야에 나눠준 부분도 있다. 물론 여당에 극도로 편중되게 배분(?)하였으나 어쨌든 야당 또한 불법 정치자금의 굴레에서 벗어나지 못했다. 노무현마저 삼성그룹을 비롯한 대기업과 개인 기업가들로부터 자금을 받아 선거운동 비용으로 사용했고, 그로인해 노무현의 오른팔이라 불린 정치인(안희정)이 구속되기까지 했다.

2004년에 정치자금법이 전면적으로 개정된 배경에는 또다른 이유도 있다. 2002년 대통령 선거 당시 이른바 차떼기 사건 등으로 불법 정치자금의 존재에 대한 국민의 분노가 하늘을 찌르고 있었다. 김대중 정부 시기에 북한과 정상회담을 하기 위해 건넨 돈의 출처를 놓고도 큰 논란이 있었다. 그래서 차떼기 오명을 벗고 싶은 한나라당이 더욱 적극적으로 정치자금법 개정에 앞장섰고,* 여야의 입장과 이해관계가 서로 일치하여 오늘날 정치자금법이 만들어졌다고 보는 관점이 옳을 것이다. 과거에는 '정치하면 패가망신한다'는 말이 있을 정도로 정치(특히 선거)에 많은 돈이 소요되었으나, 지금은 일정한 득표율만 확보하면 세금으로 선거비용을 보전할 수 있게 되었다. 정치세력과 경제세력이 상호 이해관계 속에 주고받던 정치자금이 양지로 외투를 벗고 나온 것이다. 어느 정도 지지율이 나오는 정당에 속해 있으면** 정치인 자신의 호주머니에서는 돈을 꺼낼 필요가 없는, 이른바 '돈 안 드는 선거'가 시작되었다.

하지만 재벌에게 직접 돈을 받지 않는다고 정치권과 대기업 집단의 연계성은 완전히 끊어진 것일까. 수법은 고도화되고 치졸해졌다. 기업이 정치인과 관계를 맺고 이익을 건네는 방식도 다양하게 변태했다.

---

* 당시 정치자금법 개정을 주도한 사람이 2022년 현재 서울시장을 맡고 있는 오세훈이다. 그래서 그 법을 '오세훈법'이라 불렀다. 정치자금법뿐 아니라 공직선거법, 정당법을 모두 바꿨다. 정당의 시도市道당이 없어진 것도 그때 일이다.

** 결국 이 말은 양당 정치 구도를 형성하는 거대 정당에는 도움이 되는 제도이지만 소수 정당에는 그리 큰 도움이 되지 않는 제도라는 뜻이기도 하다. 소수 정당이 자라날 수 있도록 도우려면 정치자금의 사각지대를 지원하는 특별한 방안이 마련되는 것은 물론, 근본적으로는 권력구조가 바뀌어야 한다. 그럼에도 소수 정당이 선거제도만 바꾸려고 하지 권력구조 개편에 적극적이지 않은 것은 일종의 넌센스다.

전혀 준비 없이 시작한 노무현 정부이기 때문에 무언가 기댈 곳이 필요했다. 그것이 하필 삼성이었던 것은 또 하나의 역사적 아이러니다. 경제를 잘 모르는 사람들이 볼 때는 삼성경제연구소에서 나오는 보고서 같은 것이 꽤 체계적이고 그럴 듯하게 보인다. 노무현의 핵심 측근들은 삼성경제연구소에서 제공하는 그런 자료와 보고서에 의존해 정책을 짰다. 적지 않은 시간이 흘렀지만 당시 형성된 상호부조의 인간관계는 지금도 계속되고 있는 것 같다. 동서고금 어떤 역사에서든, 거대경제세력은 이쪽저쪽 모두에게 연줄을 대고 그때그때 상황 변화에 따라 편리하게 이득을 취하기 마련이다.

세금으로 부동산을 잡을 수 없다

노무현 정부는 임기 내내 좌충우돌했다. 이렇게도 해봤다 저렇게도 해봤다, 국가를 갖고 실험을 하듯 냉탕 온탕을 오가며 이런저런 정책을 반복했다.

대표적인 실책이 부동산 정책이다.

세상에 세금으로 부동산을 잡는 나라는 없다. 세금으로 부동산을 잡겠다는 발상 자체가 세금에 대한 인식이 아예 없는 것이다. 징세徵稅는 정부가 자기 역할을 하기 위해 필요한 재원을 확보하는 일이다. 그러한 인식을 확고히 갖고 있어야 한다. 세금으로 수요와 공급을 조절하는 효과가 있지만 그 또한 부차적 효과일 따름이다. 더구나 세금은 징벌이 아니다. 조세 이론 어디에도 세금에 징벌적 효과를 기대하지 않는다. 징벌은 죄와 관련된 것인데, 죄를 지었으면 형법에 따라 벌금을 부과하면 되는 것이지 왜 그것을 세금으로 대신하는가.

죄는 아니지만 '죄에 가까운' 행위라고 해서 부동산에 세금을 왕창 매긴다는 논리인데, 특정한 개인이 부동산을 지나치게 많이 보유하고 있거나 부동산 가격이 지나치게 높아 국민의 원성이 높고 시장에 혼란이 조성되고 있다면 다른 정책적 수단을 동원할 일이지 세금을 무기처럼 휘둘러서는 안 된다. 세금에 대한 국민의 인식에도 아주 좋지 않은 영향을 미친다.

백번 양보해 세금으로 부동산 가격을 잡겠다면, 그러다 가격이 진정되지 않으면 계속 세금을 올리고 또 올릴 셈인가. 그러다 부동산 가격이 내려가면 그때는 세금을 낮출 텐가. 그런 고무줄 같은 과세 기준이 어딨는가. 군사정권도 세금을 그런 식으로 거칠게 다루지 않았다. 뒤집어 생각해, 그렇다면 세금만 제대로 내면 부동산 투기를 해도 괜찮다는 말인가. 세금을 급격히 인상해 부동산 시장에 충격을 주면 일시적으로 거래가 줄면서 가격이 주춤할지 모르지만 경제주체들이 그것을 흡수하면 세금이 부과된 만큼 가격은 다시 오르게 되어 있다. 조세는 그렇게 전가轉嫁하기 마련이고, 결국 빈자를 위한다는 정책이 빈자를 더욱 힘들게 만드는 '선한 의지의 역설'에 귀착한다.

노무현 정부의 핵심이었고 지금 현재 우리나라 정치권의 주요 세력으로 자리잡은 이른바 86세대들은 세금에 대한 기본 인식이 잘못되어 있는 것 같다. 상당수가 학생운동권 출신인 그들이 어쩌다 그렇게 조세에 대한 엉뚱한 인식을 갖게 되었는지 궁금하다. 재정의 근간인 세금에 대한 인식이 잘못되어 있다는 것은 국가를 운영할 기본적인 준비 자세가 되어 있지 않다는 말이나 다름없다. 눈먼 요리사가 국자를 칼로 착각하고 재료를 썰고 있는 격이다. 그런 건 인식의 차이different가 아니라 분명한 틀림wrong의 영역이고, 그런 사람들에게 계속 권력을 쥐어주는 것은 위험한 일이다.

노무현 정부는 종합부동산세라는 새로운 세금을 만들어냈다. 지방정부가 이미 부동산에 과세한 것에 대해 중앙정부는 이를 다시 누진세율로 과세한다는 것인데 이중과세의 이론적 논란이 있음에도 그대로 밀어붙였다. 거기다 보유세를 올리고 등록세, 취득세, 양도세 등 부동산과 관련된 세금을 모두 올렸다. 주택 거래가 뚝 끊기고 아파트 가격이 폭등했다. 평생 저축해서 자기 집 한 채를 마련한 퇴직자들은 세금이 무서워 집을 팔아야 할 형편이 되었다. 국민이 세금을 마련하기 위해 따로 돈을 변통해야 할 정도면 그것은 세금이 아니라 약탈이 된다. 전월세

보증금도 크게 올랐다. 전세를 견디지 못한 서민들은 월세로 밀려났다.

게다가 불난 집에 기름을 끼얹는 듯한 이해할 수 없는 정책을 연달아 펼쳤다. 수도권 과밀 현상을 해소하겠다고 행정도시, 혁신도시, 기업도시, 지식기반도시 같은 계획을 잇따라 발표했다. 그러자 전국의 땅값이 들썩였다. 설상가상으로, 경기부양을 한다면서 전국에 골프장 건설을 권장하고 각종 환경 규제를 크게 완화했다. 세금 폭탄으로 묶여 있던 투기 자금이 이번에는 땅 투기로 몰렸다. 땅 부자들만 물 만난 시대가 되었다. 노무현 정부 시절 땅값은 전임 김대중 정부 때에 비해 23.8% 치솟았다.

임기 말에 노무현은 "부동산 정책을 빼놓고 내가 특별히 잘못한 일이 없지 않나"라고 억울한 목소리로 말했다.

대통령은 초보, 여당도 초보

부동산 정책 뿐인가.
재임시에 노무현은 '좌파 신자유주의'라는 표현을 사용한 바 있다. 세상에 좌파면 좌파고 신자유주의면 신자유주의지, 좌파 신자유주의가 어딨는가. 왼쪽 깜박이를 켜고 우회전을 한다는 격이라고 여론은 싸늘했다.

보수 정부 시절에 진보적 정책을 펴고, 진보 정부가 오히려 보수 정책을 실현하려는 태도는 좋다. 하지만 거기에도 잣대는 있는 법이고, 이념과 정파를 떠나 그 시기에 꼭 실현해야 할 국가적(혹은 시대적) 과제가 있을 때 진영 논리를 뛰어넘는 접근을 하는 것이다. 노무현을 대통령으로 만들어준 국민들의 바람은 무엇이었던가? 정치에 깊이 때 묻지 않아 보이는 노무현이 무엇을 해결할 것이라 기대하고 그를 뽑았던가. 두말할 것도 없이 IMF 경제위기로 촉발된 양극화를 해소하라는 바람이었다. 노무현은 그런 것은 해결할 시도조차 하지 않은 채 정치적 싸움만 계속했다. 노무현은 줄곧 '관료들이 잘 따라주지 않는다' 불만이었고 이른바 기득권 세력이 개혁에 저항하는 것처럼 말했지만 그런 문제를 적절히 해결하지 못하는 것도 엄연한 무능이다. 그러니 정책이 이리 갔다 저리 갔다 좌충우돌하기만 했다.

그런데 정치인의 존립 명분은 자기 스스로가 아니라 상대방이 만들어주는 경우가 흔하다. 정치적 풍운아였던 노무현의 경우도 그랬다.

2004년 3월 12일 국회에서 헌정사 최초로 대통령 탄핵소추안이 가결되었다. 탄핵안 가결에는 노무현을 대통령으로 만든 정당인 민주당까지 가세했다.

노무현은 임기 내내 마치 싸움을 하지 못해 안달인 대통령처럼 말하고 행동했다. 대통령이 자신을 대통령으로 만들어준 정당(민주당)을 박차고 나와 새로운 정당(열린우리당)을 만든 것까지는 백번 양보해 있을 수 있는 일이라고 하자. 대통령이 공식 기자회견에서 "국민들이 총선에서 열린우리당을 압도적으로 지지해줄 것을 기대한다"고 말했던 것은 일부러 탄핵을 유도한 발언이 아니냐 하는 의혹이 있었을 정도로 대통령의 본분에서 벗어난 행위였다. 대통령이라는 자리가 갖고 있는 의미와 무게를 알고나 있었는지 의문이 드는 대목이다. 이에 선관위가 중립을 지키라고 요구하자 노무현은 선관위 결정을 납득할 수 없다는 태도로 맞섰다. 대통령이라면 국가기관의 결정에 설령 불만이 있더라도 최소한 존중하는 자세라도 보여야 할 텐데 그렇지 않았다.

그러나 맞은 편에 있는 야당과 구 여당도 마찬가지다. 상황이 비록 그렇다 하더라도 국민의 손으로 직접 뽑은 대통령을 의회가 탄핵하는 일에는 신중에 신중을 기해야 하고(그것도 노무현이 대통령에 선출된지 1년밖에 되지 않은 상황이었다), 그에 대한 국민적 반감까지 고려했어야 했는데, 흥분한 대통령에 맞서 똑같이 흥분하다 역풍을 맞았다. 대통령 탄핵안이 헌재의 심판을 기다리는 동안 실시된 총선에서 열린우리당은 과반 의석을 차지했다. 152석의 거대 여당이 엉겁결에 탄생한 것이다. 여당 의원 가운데 절반이 이른바 '탄돌이'라 불리는 초선 의원이었고, 대부분 학생운동권 출신이었다. 대통령도 준비 없이 당선된 초보, 여당도 의회 경험이 전혀 없는 초보. 그런 나라가 제대로 돌아갈 수 있겠나.

큰 성공은 교만과 불손으로 언제나 큰 실패를 부르는 법이다. 노무현과 열린우리당은 다시 스스로 무너졌다.

한미FTA 추진, 이라크 파병 등을 노무현 정부가 잘한 일로 꼽는 사람도 있다. 이른바 반미주의자라고 비난을 받던* 노무현 정부가 항간의 오해와는 반대로 움직인 것이 다소 이채롭게 보였던 것이다. 하지만 개인적인 신념을 바꾸라고까지 요구할 수는 없어도 국가를 이끌어 가는 입장에서는 최소한 일관성이라도 있어야 할 것 아닌가. 훗날 벌어진 일을 보자. 노무현 정부에서 협상을 시작한 한미FTA는 차기 이명박 정부에서 비준안이 국회에 상정됐다. 협상이 진행되는 과정에 몇 가지 변화는 있었지만 큰 틀에서 바뀐 것은 별로 없다. 그러나 민주당은 한미FTA 국회 비준을 계속 거부했고, 미국과 재협상을 거듭할수록 우리 입장만 불리해졌다. 그러니 오죽하면 "노무현이 하면 좋은 FTA고 이명박이 하면 나쁜 FTA냐"는 말이 나왔겠는가. 우리 정치에 이런 풍경이 한두 번은 아니지만, 왜 그것을 추진

---

* 이라크 파병 3개월 전 노무현은 "미국의 의견을 따르지 않으면 마치 큰일이 날 것처럼 몰아붙이는 국내 일각의 정치적 주장을 안타깝게 생각한다"고 발언했던 바 있다.

하는지에 뚜렷한 정치적 각성없이 이럴 때는 이렇게 저럴 때는 저렇게 편한 대로 움직이다 보니 그런 일이 벌어지지 않는가 싶다.

　이라크 파병 역시 그렇다. 이왕 파병을 결심했으면 그냥 '대테러 전쟁에 함께 하겠다'고 밝히면 되지 군이 "국익을 위한 결정"이라고 표현할 필요가 있었을까. 파병된 군인들은 뭐가 되는가. 노무현은 나중에 자서전에 "이라크 파병은 옳지 않은 선택으로 역사에 기록될 것이다. 옳다고 믿어서가 아니라 대통령을 맡은 사람으로서는 회피할 수 없는 선택이라 파병한 것이다."라고 밝혔다. 물론 대통령도 이런저런 결정을 하며 인간적 고뇌를 하기 마련이지만 그걸 군이 이렇게 드러낼 필요가 있을까 싶다. 끝내 비난을 받더라도 오직 결과로만 평가받는다는 자세가 더욱 지도자답지 않을까. 화려한 말은 소용없다. 대통령 재임 중에도 그러한 자세로 일해야 한다.

　노무현은 말로 지지자들에게 감동을 주기도 했지만 말로 많은 것을 잃기도 했다. 정치 지도자의 말은 최대한 절제되어 있어야 하며, 특히 대통령의 말은 지지세력의 대표자로서 하는 말이 아니라 국민의 대표자로서 숙고한 언어여야 한다.

노무현을 이용한 사람들

사람들은 흔히 죽은 자에게 관대하다. 이미 죽어 세상에 없는 사람에게 모질게 대하는 것은 당당하지 못한 태도라고 생각하기도 한다. 더구나 정情이 많은 우리 한국인은 예로부터 그러한 경향이 도드라진다. 그러나 공적 인물에 대한 평가는 객관적이어야 하지 않겠는가.

노무현은 측근 관리를 제대로 하지 못했다. 낡은 정치세력과 자신은 다르다고 자신했으나 본인도 똑같은 실수를 되풀이한 것이다. 물론 노무현 본인의 부패는 아니었지만 역대 대통령들에 비해 깨끗하다고 믿었던 대통령과 관련한 문제였으니 국민이 느낀 실망의 무게는 더욱 컸다. 노무현 자신의 부끄러움도 컸을 것이다. 노무현은 극단적 선택으로 생을 마감했다.

하지만 일국의 대통령을 역임한 사람이 그런 선택을 한 것은 과연 옳았을까 하는 점을 냉정하게 돌아본다. 본인이 아무리 억울하고 차기 정권의 모욕주기식 보복이 섞여 있었다 한들, 국법에 따른 응당한 절차를 밟았어야 옳지 않았을까 생각한다. 그것이 제도와 질서를 수호하는 대통령의 자세다. 비록 퇴임한 뒤라도, 대통령은 그런 자리다. 개인의 분함과 원통함마저 영원히 가슴에 담고 가야 하는 자리다.

노무현의 죽음은 갑작스레 손에 들어온 권력에 어쩔 줄 몰라 흥청망청했던 운동권 출신 초보 정치인들에게 일종의 면죄부를 안겨줬다. 노무현 정부가 끝나고 처음에 '폐족'이라 자처하며 스스로 고개 숙였던 그들은 노무현의 죽음 뒤로 입신의 기회를 만들었다.

유서를 통해 드러나듯 노무현 자신이 그런 일을 바라지 않았다. 미안해하지 말고 누구도 원망하지 말라고 했다. 자신의 시신은 화장하고, 집 가까운 곳에 아주 작은 비석 하나만 남겨두라고 했다. 그런 유지遺旨는 지켜졌는가?

노무현은, 본인의 바람과는 완전히 반대로, 화합의 상징이 아니라 복수의 상징처럼 되었다. 우리 정치사에서 참 허망한 대목이다. 다시는 그런 정치가 되풀이 되어서는 안될 것이다. 대통령은 죽음마저도 스스로 선택할 수 없는 자리라는 사실을 다음 대통령들이 알았으면 좋겠다.

노무현의 실패는 곧 이명박을 불렀다.

'서민' 노무현으로도 안 되니, 차라리 '기업인' 출신에게 기대보면 어떨까 하여 만들어진 대통령이 이명박이다. 역시 국민의 선택이다.

10. 이명박

― 기업과는 친하고 국민과는 멀었던 대통령

노무현의 실패가 이명박을 불렀다.

정치가 그렇다. 여당은 야당의 실수를 먹고 사는 존재다. 대중 정치에서 '적'이라는 표현이 적절하지는 않지만, 적이 나를 키우고 돋보이게 만드는 법이다. 내가 잘해서 이기기도 하지만, 상대가 잘못해 이기는 경우가 더 많은 분야가 정치다.

승자가 권력을 독점하는 대통령제 하에서는 더욱 그렇다. 권력을 갖지 않은 야당이 할 수 있는 일이 별로 없다. 여소야대라면 모를까, 의회에서 표결에 밀리는 야당이라면 더욱 그렇다. 야당 의원이 성실한 입법 활동으로 좋은 정책과 법안을 만들면 여론의 좋은 평가를 받을 수도 있지만 그것은 대체로 개인의 성과로 수렴된다. 입법부와 행정부가 분리되어 있다 보니 야당 의원이 열심히 노력해 정부 정책을 바꾸어도 결국은 행정부의 성과가 되기 때문에 야당 전체로서는 다른 방법을 택하는 것이 게임의 룰에 합당하다. 행정부가 제대로 일할 수 없도록 방해하는 것이다. 그것이 부단히 노력해 정책을 올바르게 유도하는 것보다 간단하고 정치적 이익도 크다. 이런 모든 것이 대통령제가 갖는 폐해다. 강력한 대통령제일수록 더욱 그렇다. 제도의 자기 모순은 계속 반복하며 유전하는 중이다.

'서민' 노무현으로 안 되니 국민은 '기업인' 이명박을 찾았다.

이것에 실망하면 그것과 반대되는 다른 것에 기대보는 것이 인간의 특질이다. 설탕으로 안 되니 소금 찾은 격이다.

민주화 이후 각종 선거는 대체로 경제 이슈가 70~80%가량 중량을 차지한다. 국민이 먹고살 만하다 여기면 현 정부와 여당을 유지하는 쪽을 택했고, 먹고살기 힘들면 정권 심판(혹은 교체)를 선택했다.

그럼 정치·경제 이슈의 비중에 있어 총선과 대선은 어떻게 다를까? 총선은 경제 이슈가 강하고, 대선은 정치적 이슈가 좌우할 것이라 생각하지만 사실은 반대다.

시기에 따라 다르긴 하지만 대선과 대선 사이에 끼어 있는 총선은 대체로 중간평가 성격을 갖는다. 국민의 경제적 상황이 판단의 중심이어도 어쨌든 정치적 판단이 곁들여지는 것이다. 인물보다 정당 위주로 투표한다. 지역구 후보 이름조차 모르고 투표하는 유권자도 흔하다. 대선은 다르다. 정권에 대한 총체적 평가를 기본으로 하는데, 그 평가의 핵심은 역시 경제 상황이다. 어떤 후보가 작금 민생의 어려움을 타개할 수 있을 것인지 후보 개인의 능력을 살핀다. 그리고 후보가 속해있는 정당이 그것을 뒷받침할 수 있을지 함께 살핀다. 국민의 삶이 힘들어 정권교체 여론이 높을 때는 여당에서 어떤 후보가 나오더라도 프레임의 벽을 넘어서기 어려운 특징 또한 있다.

노무현이 국민에게 실망을 줬다는 사실은 노무현과 정반대 이미지를 갖는 이명박이 당선되었다는 사실에서 충분히 가늠할 수 있다. 그 실망감의 깊이는 이명박이 얻은 득표율에서 더욱 선명히 드러난다.

역대 우리나라 대선 가운데 보수 정당과 민주당 계열 정당의 득표 차이가 가장 컸던 선거가 이명박이 당선된 17대 대선이었다.

우리나라 정치권을 보수와 진보로 나누는 것에는 그리 동의하지 않지만,* 당시 보수 성향으로 분류된 이명박과 이회창을 합쳐 얻은 표가 64%다. 이명박이 얻은 표는 49%였고, 이명박보다 더욱 강한 보수 성향인 이회창이 얻은 표가 15%나 되었다. 게다가 이회창은 무소속 후보였다. 반면 민주당 정동영이 얻은 표는 26%에 불과했다. 제3지대 표까지 감안하면, 결과적으로 보수가 70%, 진보가 30%를 얻은 선거라고 볼 수 있다. 더블스코어 이상의 '보수 압승'이다.

군사정부 시절에도 없던 표 차이다. 국민이 자유롭게 선택할 수 있는 조건과 사회적 분위기 가운데 나타난 결과다. 민심이 얼마나 무서운지 알 수 있는 대목이다.

'환율주권론'이라는 위험한 용어

이명박이 내걸었던 대표적인 공약은 이른바 '747'이었다. 임기 중에 경제성장률을 7%대로 올리고, 국민소득 4만 불을 달성

---

*   민주당이 결코 진보적인 정당이 아니기 때문이다. 태생적으로 민주당은 지주와 자본가를 계급 기반으로 하는 한민당에 뿌리를 두고 있고, 지금도 중산층 이상 정규직 대기업 직장인을 주요 계층 기반으로 하면서 외형상 필요에 따라 진보를 표방할 따름이다. 이념적으로 자유주의에 뿌리내리고 있다고 보기 힘들고 실질적으로 약자를 위한 정책을 주도한 적도 별로 없다. 위선적 경향이 강한 정당일 따름이다.

하여, 세계 7위 경제강국으로 도약하겠다는 것이다. 앞에서도 언급했지만 민주화 이후 정부 가운데 이렇게 숫자로 된 경제 목표를 내걸고 시작한 정부치고 성공한 정부가 없다. 군사정권 식으로 밀어붙이면 되는 간단한 산업구조가 이미 아니기 때문이다. 이명박은 출발부터 시대에 역행했다.

747은 일단 경제적 상식으로 말이 되지 않는다. 국가의 성장 동력이 갑자기 생겨나지 않는 이상, 정권이 바뀌었다고 경제성 장률이 느닷없이 확 올라갈 방법이 없기 때문이다.

노무현 정부 시기 경제성장률은 대체로 3~5%대에 머물렀다. 경제는 세계적인 경기 흐름도 타기 마련인데 김대중~노무현 정부 시기는 사실 국제 경제 상황이 제법 좋았다. 1990년대 말 동아시아발 경제위기를 겪었지만 이른바 '닷컴버블'이라 불릴 정도로 시중에 돈이 풀렸고 인터넷 산업이 활황이었다. 이제 막 4차 산업혁명이 시작된다고 세계가 들썩이던 때였다. 그때가 바로 '새로운 성장의 동력'이 불붙은 시점이었다. 노무현 정부 시기에는 버블이 사그라들던 때였지만 그래도 불씨는 남아 있었다. 노무현 정부는 그 소중한 시기를 헛되어 흘러 보냈다.

아무튼 그런 경제성장률을 갑자기 7%까지 끌어올리겠다는 것이다.

성장률 목표치를 그렇게 올려 달성하려면, 수출의존도가 높은 우리 경제로서는 수출을 증대할 수 있는 방법을 찾아야 한다. 그런데 갑작스레 어디서 그런 것이 튀어나오겠는가. 결국 인위적으로 수출을 증대하는 수밖에 없다. 또 환율에 손을 대는 것이다. 원화 가치를 일부러 떨어뜨려 우리 상품의 수출경쟁력을 높이면 된다. 예상하겠지만, 그러면 우리는 환율조작국이 된다. 동서 냉전이 첨예하던 때에는 우리나라가 미국과 혈맹으로 자유진영에 속해 있는 데다 개발도상국 수준인 작은 경제 규모였으니 어느 정도 환율 통제가 용인되었다. 하지만 이명박 정부 시절에는 이미 세계 10위권 경제 규모로 선진국 문턱에 있었다. 게다가 세계화의 파고 속에 많은 것이 개방되고 국제적으로 연결된 시대에 정부가 환율에 노골적으로 개입하는 인상을 주는 일은 어느 나라를 막론하고 고립 행위에 가깝다.

그런데 이명박 정부 기획재정부 장관(강만수)은 "어느 나라도 환율을 시장에 맡기는 나라는 없다"면서 환율 시장에 손을 댔다. 심지어 '환율주권론'이라는 기괴한 말까지 들고 나왔다. 2009년 삼성전자가 사상 처음으로 영업이익 10조 원을 달성한 것도 이런 고환율 정책 덕분이었다.

'비즈니스 프렌들리'라는 금시초문 용어

노무현 정부가 지나치게 저환율으로 갔기 때문에 이명박 정부에서는 고환율을 쓸 수밖에 없었다고 하는데, 어쨌든 국가의 경제정책이 정부에 따라 냉탕과 온탕을 오간 것이다.

차제에 재삼 강조하자면, 경제정책이란 연속성을 갖는다. 특정한 대통령이 자기 임기 중에 밀려오는 경제적 위기 상황을 일시적으로 모면하려는 정책을 거듭하면 다음 정부가 감당할 몫이 두세 배는 커진다. 그 피해는 고스란히 국민에게 돌아간다.

노무현 정부가 저환율 정책을 고집한 이유는 여럿이었다. 환율을 낮춰 달러로 표시되는 국민소득을 높임으로써 국민소득 2만불 시대를 빨리 달성하겠다는 이유가 있었고, 수입 가격을 낮춤으로써 물가를 안정시키겠다는 이유도 있었다. 어느 쪽이든 김영삼 정부와 똑같은 수법으로, 권력의 속성은 이토록 똑같다. 순간적으로 위기만 모면하는 눈속임 정치를 하는 것이다. 경제에서 시장의 원리에 맡겨 놓아야 할 부분과 그렇지 않은 부분을 구분하지 못한다. 우리나라는 경제에 있어서는 보수와 진보가 따로 있지 않고, 뒤죽박죽 앞뒤가 맞지 않는 측면에서 양쪽이 모두 똑같다.

차제에 하나 더 언급하자면, '경제민주화'라는 용어에 오해를 갖는 사람들이 있다. 경제민주화를 사회주의 정책이라고 하면서, 정부가 시장에 적극 개입하는 개념쯤으로 오해하는 사람들도 있다. 그렇지 않다. 개입할 것은 하고, 하지 말아야 할 것은 하지 않는 분명한 태도가 경제민주화다. 가급적 모든 것을 자유시장의 원칙에 맡겨두고, 특정한 경제주체가 그러한 원칙을 위반하는 행동을 할 수 없도록 질서를 유지해, 시장의 흐름을 원활하게 해주는 것이 정부의 역할이다. 그것이 바로 경제민주화다.

어떤 때에 정부가 시장에 개입해야 하는가. '시장이 실패한 경우'로 한정된다. 특정한 경제주체가 지나치게 비대해 다른 경제주체의 진입과 성장을 막는 경우, 인위적 조작을 일삼아 시장을 교란하는 경우 등에 그렇다. 그런 문제까지 시장에 자율에 맡겨 놓으면 오히려 시장을 파괴하는 결과를 낳기 때문에, 시장을 '지키기 위해' 정부가 개입하는 것이다. 그것이 우리가 국가를 만들고 정부를 구성하는 이유이기도 하다. 반대로, 일시적으로 경제 지표가 나빠지더라도 시장이 정상 작동한 결과 그렇게 되었다면 현상을 인정하고 가급적 그대로 놓아두는 편이 옳다. 대신 경쟁에서 도태된 경제주체들이 재기할 수 있도록 패자부활전과 같은 계기를 자꾸 만들어주는 것이 다른 방면에서 정부의 역할이다.

그런데 많은 정부들이 이것을 거꾸로 한다. 개입하지 않아야 할 때 개입하고 정작 개입해야 할 때에는 하지 않는다. 왜 그럴까? 정부가 개입해야 할 때 하지 않아서 이익을 보고, 정부가 개입하지 말아야 할 때 개입해 지원의 혜택을 입은 세력이 누구인지 살펴보면 된다. 결과적으로 언제나 거대경제세력이다. 그러니 거대경제세력의 정치권 로비와 결탁을 의심하지 않을 수 없는 것이다. 이명박 정부의 경제정책이 딱 그랬다.

이명박 정부가 출범할 때 슬로건처럼 내세웠던 구호가 '비즈니스 프랜들리business friendly'였다. 세상에 마켓(시장) 프랜들리도 아니고 '사업' 프랜들리라니, 그런 정부가 어딨나. 나는 정상적인 정부의 슬로건으로 그런 용어가 등장하는 경우를 본 적이 없다. 시장의 합리적 중재자가 되어야 할 정부가 스스로 특정 경제세력의 편을 들어주겠다고 공식 선언한 셈이다. 사업은 사업가들이 스스로 알아서 하는 것이지 정부가 특별히 프랜들리할 이유가 없다. 불필요한 규제를 없애 '사업하기 편한 질서'를 만든다고 하더라도 그것 또한 마켓 프랜들리가 되어야지 비즈니스 프랜들리라고 표현해서는 안 된다.

애초에 인식 자체가 잘못되어 있었으니 이명박 정부의 몰락은 이미 거기서 예고되어 있었다. 이명박 정부의 핵심 관료들은 자유주의, 자유시장, 시장경쟁, 규제개혁 같은 것을 트레이드마크처럼 내세우는 사람들인데, 그래서 '자본주의 수호의 첨병'이라고 스스로 사명감까지 갖고 있는 사람들이다. 하지만 어쩌면 그들이 가장 자본주의를 망치는 사람들이다. 자본주의를 곧잘 내세우는 정부치고 제대로 자본주의를 이해하는 정부 또한 없다.

단체장과 대통령은 다르다

개인적으로는 민주화 이후 대통령 가운데 가장 기대하지 않은 대통령이 이명박이다. 애초에 기대 자체를 갖고 있지 않았다. 1970년대 이래 그가 현대건설 사장으로 무슨 일을 했는지 훤히 알고 있기 때문이다. 기업에서 이익을 남기기 위해 무슨 행위든 해왔던 사람에게 나라 경제를 맡겨 과연 어떤 일이 일어나겠는가. 국민도 그런 것을 알고 있었지만 혹시나 하는 기대감에, '경제 대통령'이라는 용어에 홀려 그를 선택한 것이다. 어찌 보면 선택의 여지가 없는 선거였다.

개인적으로는 기업인 출신에게 대통령직을 맡겨서는 안된다는 생각 또한 갖고 있다. 우리나라 헌법에 대통령의 출마 자격을 제한하지 않는다.* 특정한 직업 출신이라고 대통령이 될 수 없다고 주장한다면 큰일날 일이다. 그렇더라도, 이런 직업을 가

---

*   현행 6공화국 헌법으로는 대통령 피선거권에 연령 제한(만 40세)만 있을 뿐이다.

졌던 사람은 대통령 직책을 수행하는 데 잘 어울리지 않는다는 직업이 있다. 나는 그것을 기업인으로 본다. 실제로 내각책임제든 대통령중심제든 세계 역사를 둘러보아도 기업인 출신으로 성공한 국가지도자가 드물다. 평범한 지도자 정도로 역사에 남은 기업인 출신 정치인은 있어도, 위대한 업적을 남긴 기업인 출신 정치인은 거의 없다. 왜 그럴까. 기업을 이끄는 사고 방식과 정치인으로서의 사고 방식이 기본적으로 다르기 때문이다.

기업인에게 어떤 나쁜 감정이 있어서 하는 말이 아니다. 회사를 이끌고, 직원에게 급여를 주고, 소비자에게 상품과 서비스를 제공하고, 그것으로 경제에 기여하는 기업인을 나쁘게 볼 이유가 있겠는가. 기업인은 경제에 큰 공헌을 하는 주체다. 그렇지만 기업인이 정치를 하는 문제는 다른 차원의 문제가 된다. 기업인이 정치인이 되는 순간, 그동안 기업인으로 살아왔던 마인드를 완전히 바꾸지 않는 이상 성공하기 어렵다. 이건 야구 선수로 성공한 사람이 갑작스레 축구 선수로 전향하는 경우와 똑같다.

기업은 손익을 냉혹하게 따져야 하는 현장이다. 기업을 이끄는 일은 투자한 만큼 반드시 이익을 회수하는 것을 목표로 한다. 평생 그런 사고방식이 회로처럼 머리에 그려져 있는 사람이 기업인인데 정치인는 다르다. 정치는 때로 손해보는 일도 해야 한다. 회수할 수 없는 일도 공동체의 이익을 위해 결단해야 한다. 당장 눈에 보이는 손익으로 세상을 바라봐서는 안된다는 말이다. 물론 기업인에게도 먼 미래를 내다보는 장기투자, 가치투자의 관점이 있지만, 오너 경영인이 아닌 경우에는 특히 단기 실적에 집중하는 경향을 보인다. 이명박은 평생 그런 길만 걸어왔던 사람이다.

서울시장으로서 이명박이 거둔 성과를 높이 인정하는 여론도 있었다. 하지만 단체장과 대통령직은 많은 부분에서 다르다. 단체장은 정치인 중에서도 행정가에 속한다. 의회를 상대해본 경험이 없어도 불도저처럼 밀어붙이면 성과를 낼 수 있는 영역이 적잖다. 기업인으로 쌓은 경험이 단체장으로 행정관청을 이끌어가는 데는 어느 정도 통용된다. 하지만 대통령은 일개 관청의 수장이 아니다. 정치인으로서 최고 경지의 능력을 발휘해야 한다. 모든 국민을 대표하는 국가원수의 역할을 수행한다. 정치력이 보통 수준 이상을 넘어서야 한다.

우리나라 대통령은 표면상으로는 행정부 수반이지만 사법부에도 일정한 영향력을 행사하여 권력이 막강하다. 그렇다고 대통령 마음대로 할 수 있는 것도 아니다. 의회가 여소야대이거나, 대통령 개인이 포용력이나 통합 능력이 없으면 정책을 원만하게 관철하기 어려운 문제를 안고 있다. 여론이 특별히 관심을 갖지 않는 서울시장과 달리, 대통령은 항상 여론의 집중적인 관심 속에 살아간다. 막 밀어붙인다고 될 수 있는 자리가 아니다.

이명박이 서울시장을 하던 시절 서울시는 한나라당이 압도적 의석을 점유하고 있었다(102석중 87석). 의회와 다툴 일이 없었다. 한편 서울시는 재정이 열악한 지자체가 아니다. 자치구에 따라 재정자립도가 20%에 불과한 지역도 있지만, 서울시 본청의 경우 재정자립도가 80%를 넘는다. 대한민국 어느 지자체보다 우선순위로 국고보조금을 받을 수 있다. 그런 환경에서 성과를 내지 못할 단체장이 누가 있겠는가. 따라서 시장 이명박이 대통령 이명박으로 성공할 수 있을 것이라는 기대는 안타까운 환상에 불과했다.

국민이 찾은 시대정신 "경제민주화"

어쩌면 이명박은 순박한 대통령이다. 경제 분야에서 성과를 내면 국민이 자신을 믿고 따라줄 것이라 기대했던 것 같다. 박정희가 갖고 있던 사고관과 비슷하다. 시대가 40년이나 지났는데 그런 생각을 갖고 있다니, 순박보다는 무지에 가깝다고 말할 수 있을 것이다. 정치적 감각이 전혀 없었던 것이다.

민주화 이래 우리 국민의 사고는 많이 바뀌었다. 특히 IMF 경제위기를 거치면서 양극화가 심화하고, 그로 인해 정치적 극단주의 현상이 들끓었다. 먹고살기 힘드니 사람들이 거칠어 지는 것이다. 이명박 정부 시기에는 자본주의 심장부 미국에서도

'월가를 점령하라'는 구호가 마치 혁명 구호처럼 범람하던 때였다. 이명박은 이런 변화에도 둔감해, 특히 집권 초창기에 정치적으로 민감할 수 있는 사안을 아무런 생각없이 밀어붙였다. 그 대표적 사례가 한미 쇠고기 협상인데, 특정한 세력이 의도적으로 이른바 '광우병 사태'를 촉발한 측면도 있지만, 그런 부분에 대한 정무적 판단 없이 막 밀어붙일 사안이었던가 하는 의문은 남는다. 시위대가 광화문 광장을 가득 메우고 촛불시위를 하는데 대통령은 청와대 뒷산에 올라가 촛불 행렬을 보면서 '아침이슬' 노래를 따라 부르며 자책했다는 대목에서 참 한심하다는 생각이 들었다. 애초에 그런 일을 만들지 말거나, 조심스럽게 접근하거나, 사태가 커지기 전에 정치적으로 조기 수습했어야 할 영역이다. 지도자의 안일한 판단 하나는 집권기간 내내 정책적 판단을 어렵게 만든다. 대통령이 여론의 지지를 받으면서 국정을 운영할 수 있는 동력을 집권 초기에 이미 잃어버린 것이다.

이명박 정권 시기에 세계 경제가 썩 좋지 않았던 것은 사실이다. 2008년 금융위기를 선방한 것을 이명박의 업적으로 꼽기도 한다. 그러나 천안함 폭침, 연평도 포격 이외에 이명박 정부 시절에 어떤 일이 있었냐고 묻는다면 딱히 대답할 거리가 없다. 많은 사람들이 그럴 것이다. 정부가 출발할 때에는 엄청난 성과를 만들고 경제를 쑥쑥 발전시킬 수 있을 것처럼 기대를 모았던 것과 달리, 돌아보면 이명박은 관리管理형 대통령 수준 이상을 보여주지 못했다. 목소리 큰 사람치고 제대로 일하는 사람 있던가.

기대가 크면 실망도 큰 법이다. 서민 노무현으로도 안되고, 기업인 이명박으로도 안되고, 국민은 다른 길을 찾기 시작했다. 그때 등장한 화두가 경제민주화다.

양극화는 결과이자 원인이다. 소득분배의 불균형으로 양극화라는 결과가 나타나지만, 그런 양극화를 원인으로 해서 양극화는 더욱 심화된다. 당시 국민은 자신의 삶으로 그런 원리를 이미 알고 있었다. 이런저런 대통령을 뽑아봤지만 매번 실망하니 급기야 다른 대안을 찾게 됐는데, 그즈음 터져나온 요구가 바로 '경제에서도 민주주의를 실현하자'는 것이다. 특정 세력에게 치우친 부의 편중 문제를 해소해달라는 것이다. 우리 헌법 제119조 2항에 있는 '경제민주화'라는 용어가 국민의 마음을 새삼 사로잡았다.

제대로 된 상황이라면 이런 때는 야당이 경제민주화 이슈를 선점하고 국민이 야당에 기대를 거는 것이 정상적인 정치의 흐름이다. 하지만 당시 야당(민주당)은 극도로 한심한 수준이었다. 열린민주당, 대통합민주신당, 통합민주당으로 해마다 이름을 바꾸며 변화를 시도했지만 노무현 정부 실패의 무게에서 쉽게 벗어나지 못했다. 대통령이 실패하면 그가 속했던 정당은 그 굴레를 벗어나기 위해 몇 곱절의 노력을 해야 한다. 하지만 당면해 들끓는 시대정신을 파악하지 못하고, 변화의 방향을 어디에 맞춰야 하는지 가늠조차 못한 채 의미 없는 이합집산만 계속하고 있었다. 그러는 야당에 민심이 향할 리 없다.

여당도 상황이 크게 다르지는 않았다. 이명박을 지지하는 이른바 친이계, 새로운 대권 주자로 유력한 박근혜를 중심으로 하는 친박계로 갈라져 분당의 위기로까지 치닫고 있었다.

여야가 그렇게 지리멸렬하자 국민은 일종의 정치적 혐오감에 빠졌다. 그러한 현상은 2011년 실시된 서울시장 재보궐 선거에서 무소속 박원순 후보가 당선되는 결과로 나타났다. 야당은 후보조차 내놓지 못했고(무소속으로 단일화됐다), 여당은 참패했다. 세계적으로도 기존 정치 질서를 부정하고 제3의 정치세력이 급부상하는 현상이 여러 나라에서 나타나던 시절이었다.

그럼에도 야당은 상황 변화를 인식하지 못했다. 그나마(?) 여당이 비상대책위 체제로 정당을 전환하면서 '경제민주화'를 전면에 내걸었다. 상황 변화에 적응하는 모습을 보였다. 대통령 박근혜가 가능할 수 있었던 것은 이러한 시대적 환경이 복합적으로 작용한 결과다.

11. 박근혜

— '문고리'에 휘둘린 식물 대통령

경제를 중심으로 민주화 이후 지금까지 대통령의 역사를 다시 살펴보자.

김영삼이 IMF 경제위기를 불러와 양극화의 단초를 만들었고, 김대중이 그것을 극복할 적임자라고 생각하고 뽑았으나 당면한 위기는 넘겼을지 모르지만 양극화는 심화됐다. 그래서 국민은 서민의 삶을 이해하는 노무현이라면 양극화를 해소해줄 것이라 기대했는데, 기대가 컸던 탓인지 오히려 커다란 실망감을 경험했다. 이에 기업인 출신이라면 경제를 좀 알고 유능하지 않을까 싶어 뽑았던 대통령이 이명박이다. '현대건설의 신화'를 만든 사람이라면 경제를 살릴 수도 있을 것이라 기대했던 것이다.

하지만 경제 대통령이라더니 우리의 삶은 별로 달라진 것이 없다며 국민이 또 실망감을 느끼고 있을 때 중간평가 성격의 2010년 지방선거가 열렸다. 선거 전 여론조사로 봤을 때는 여당(한나라당)이 압승하는 것으로 나왔다. 하지만 결과를 보니 여당이 실질적으로 패배한 것으로 분석됐고, 특히 서울시장 선거는 아주 아슬아슬하게 자리를 유지할 수 있었다. 패배에 대한 책임을 지고 당 대표가 사퇴했다.

당시 지방선거에서 야당(민주당)은 초중고등학교 무상급식을 주요 공약으로 내세워 파란을 일으켰다. 서울과 경기도 교육감을 모두 야당이 가져가는 이변이 일어났다. 정치인들의 문제는 이렇게 선거를 통해 나타난 민심을 무시하거나, 잘못 해석하거나, 심지어 민심과 맞서려는 데서 발생한다. 한나라당은 최악으로 흘러갔다. 민심이 압도적으로 그렇게 나타났으면 의미를 일단 곰곰이 되짚어 봐야 하는데, 서울시장이 전면 무상급식에 반대하면서 그 문제를 주민투표 안건으로 붙인 것이다. 게다가 투표가 부결되면 시장 자리에서 물러나겠다고까지 선언했다. 자신이 확신하는 방향에 대해 정치인이 나름의 뚜렷한 주관과 소신을 밝히는 일은 얼마든 있을 수 있다. 하지만 국민의 투표를 통해 임위받은 직위의 진퇴를 내걸고 주민투표를 실시하는 일이 어딨나. 그것도 당선된지 얼마 되지 않은 사람이 말이다. 국민이 볼 때 이런 행위는 '내 생각을 들어달라'고 떼를 쓰거나 으름장을 놓는 것처럼 보이는 일이다.

국민은 그것을 시장 개인의 판단이 아니라 여당 전체의 입장으로 여겼다. 대통령이 최종적인 배후에 있지 않았을까 의심했다. 실제로 당시 한나라당과 이명박 정부는 무상급식 찬반 투표를 이른바 '선별적 복지'라는 자신들의 입장을 확인하는 리트머스 시험지 정도로 여겼다. 한나라당은 그런 오판으로 일거에 무너졌다.

지방선거 결과를 보고도 이명박 정부는 아무런 변화의 제스쳐를 취하지 않았다. 한나라당의 이른바 소장파 초선 의원들이 들고 일어나 전면 쇄신을 요구했지만 받아들여지지 않았고, 당내 갈등이 치열했다. 민심의 이반은 계속됐다. 무상급식으로 시작된 보편적 복지에 대한 요구는 헌법 제119조 2항 '경제민주화' 조항에 대한 여론의 관심을 크게 높였다. 그즈음 한나라당은 기존의 지도체제가 무너지면서 비상대책위원회로 전환할 것을 결정했다. 차기 대권 주자로 유력한 박근혜가 비대위원장을 맡으면서 보수의 혁신을 책임질 아이콘으로 급부상했다. 나는 그때 박근혜의 제안을 받아 비대위 위원으로 합류하게 되었다.

처음에는 겸손했던 사람

나와 박근혜의 개인적인 인연에 대해서는 졸저 《영원한 권력은 없다》를 통해 소상히 밝혔으니 여기서는 간단히 경과만 소개하도록 하겠다.

박근혜라는 이름을 처음 들은 것은 1973년 내가 서강대 교수로 있을 때인데 대통령 딸이 우리 대학에 다니고 있다는 소문을 들은 정도였다. 박근혜를 개인적으로 만날 일은 없었다. 박근혜가 1998년 15대 국회부터 정치활동을 시작했지만 마주할 기회가 없었고, 2004년 내가 새천년민주당 소속으로 의원이 되어서야 만났는데 국회 본회의장에서 인사를 주고받는 수준의 사이였다.

그러다 어느 날 노태우 정부 때 법무부장관을 했던 김기춘 의원에게 연락이 왔다. 김기춘과 식사를 하는데 "박근혜를 대통령으로 만드는 일에 도움을 줬으면 좋겠다"는 요청을 받았다. 박근혜가 대통령직에 대한 포부를 갖고 있고, 구체적으로 준비하고 있다는 사실을 그때 처음 알았다. 하지만 설령 도와준다 하더라도 당시 나는 야당 소속이었다. 가능한 일인가. 얼토당토 않은 제안이라 여겼다.

한번은 박근혜가 내 사무실을 찾아왔다. 내가 한독韓獨의원협회장을 맡고 있을 때인데, 박근혜가 아데나워재단 초청으로 독일을 방문하기에 앞서 조언을 구하러 찾아온 것이다. 그날 짧지 않은 대화를 통해 받은 느낌은, 대통령 딸인 데다 육영수 여사가 사망한 뒤로는 퍼스트레이디 역할까지 하면서 성장하다 보니 오만할 줄 알았는데 그렇지 않다는 점이었다. 생각보다 공손하고 상대의 말을 경청할 줄 알았다. 나를 어렵게 여겼던 것인지, 특별한 권위 의식도 느껴지지 않았다. 그리고 어렸을 때부터 아버지가 하는 모습을 곁에서 지켜본 경험이 있는 탓인지 대통령이란 자리가 갖는 의미와 무게도 어느 정도 아는 것으로 보였다. 나중에 주변을 파악해보니 교우관계가 생각보다 단출하고 가족과 친인척도 많지 않아 사사로운 이익에 휩쓸리지 않을 사람으로 보였다. 지금까지 우리나라 대통령이 하나같이 가족과 친인척, 측근의 문제로 불행한 운명에 휩싸였는데, 박근혜는 주변이 간단한 점이 오히려 장점이 될 수 있겠구나 싶었다.

2007년 한나라당 대통령 후보 경선에서 박근혜는 이명박에 패했다. 선거인단 투표에 이겼지만 여론조사에 밀려 그렇게 됐는데, 그럼에도 결과를 승복하고 선대위 고문을 맡아 직접 지원 유세까지 하고 다니는 것을 보고 흔치 않은 정치인이라는 생각이 들었다. 이명박과 박근혜 사이 감정의 골을 잘 알고 있는 정치권에서는 박근혜의 깨끗한 승복이 사뭇 신선한 풍경으로 받아들여졌다. 그래서 나도 박근혜와 따로 식사를 하면서 "독일의 메르켈도 정치에 입문해 총리가 되기까지 15년이 걸렸는데, 당신도 그런 메르켈의 길을 간다 생각하면서 더 많이 보고 배우는 기회를 만들라"고 덕담을 건넸던 기억이 있다.

시간이 흘러, 내 국회의원 임기가 끝났다. 정당에 소속되지 않은 자유인의 신분이 되었다. 이명박 정부가 출범한 직후였는데, 박근혜에게서 전화가 왔다. 대통령이 되고 싶으니 도와달라는 것이다. 그때 처음으로 박근혜에게서 직접적인 도움 요청을 받았다.

몇 번 만나 대통령으로서 갖추어야 할 자질 등에 대해 조언해주었다. 특히 우리나라 역대 대통령들이 왜 실패했는지를 설명하면서, 개인적인 탐욕을 버리고 주변을 잘 정리하라고 강조했던 것으로 기억한다. 박근혜는 개인적인 탐욕은 어땠는지 모르지만 주변을 전혀 정리하지 못함으로써, 나중에 대통령으로서가장 치욕적이고 비극적인 최후를 맞게 되었다. 긴 회한이 남는다.

경선 뒤 달라진 눈빛

짧지 않은 시간이 흘러 2020년 7월 14일, 관훈클럽 초청 토론에서 나는 박근혜 정부와 문재인 정부가 탄생하는 데 각각 일조했던 것에 대해 국민에게 사과했다. 이미 회고록을 통해서도 사과한 바 있지만, 반성과 사과는 상처 입은 사람들의 마음에 닿을 때까지 진정성 있게 되풀이하는 것이 좋지 않을까. 물론 나 같은 사람이 사과한다고 역사의 결과가 달라지는 것은 아니지만, 국민 앞에 그렇게 하는 것이 최소한의 예의라고 생각했다.

앞에 소개한 것처럼 2011년 서울시 무상급식 찬반 투표는 한나라당의 거대한 패배로 끝났다. 그런 직후, 경제민주화에 대한 국민의 관심과 요구가 폭증했다. 우리 헌법에 경제민주화 조항을 입안한 사람이 누구인지 찾기 시작하면서, 갑작스레 나에 대한 사회적 관심이 높아졌다. 그때 박근혜·문재인 양쪽에서 함께 하자는 제안이 있었지만 박근혜 쪽을 택했던 이유는, 문재인보다 박근혜를 더 오래전부터 만나고 있었고, 경제민주화를 반드시 실천하겠다고 박근혜가 더욱 강력히 의지를 밝혔기 때문이다.

지도자가 그 정도 결의를 갖고 있다면 보수 정당을 바꾸는 계기가 될 수도 있지 않을까, 나름의 기대를 가졌다. 실제로 당시 한나라당은 비상대책위 활동을 통해 당명을 새누리당으로 바꾼 것은 물론, 정강정책에 경제민주화를 앞세우는 등 나름의 변화 의지를 보였다. 추락했던 지지율도 올라가고 있었다. 그리하여 야당이 '이명박 정부 심판'의 구호를 들고 나온 총선에서 여당(새누리당)은 과반 이상 의석을 확보했다. 중간평가 성격의 총선에서 여당이 그렇게 낙승하는 것은 사실 그리 쉽지 않은 일이다. 이제 국민은 박근혜가 이끄는 새누리당을 이명박 정부와 분리해 '다른 세력'으로 바라보기 시작했다.

비대위를 성공으로 이끌고 총선에서 승리함으로써 새누리당은 경제민주화라는 시대적 요구를 선점한 모양새가 되었다. 나중에 대통령 선거에서 문재인 후보도 경제민주화를 내세웠지만, 내가 새누리당에 있으니 정치적 파급 효과가 그리 크지 않았다. 실제로 대선 후보 토론회에서 문재인이 경제민주화를 언급하자 박근혜가 "김종인 박사도 제가 경제민주화를 실천하려는 의지가 제일 높다고 말씀하셨지 않습니까"라고 대답하여 토론이 간단히 정리되는 분위기였다.

왜 대통령은 실패하는가? 이 책을 통해 역대 대통령을 돌아보며 그런 문제를 독자들과 함께 살펴보고 있다. 박근혜 편에서는 "대통령은 '어느 시점부터' 실패하는가" 하는 문제를 되짚어 볼 수 있겠다.

대통령이 될만한 수준이 되지 않은 인물이 대통령이 되겠다고 마음먹는 순간부터 대통령의 실패는 예정되어 있다고 볼 수 있다. 하지만 오십보백보 수준 인물들이 경쟁하는 우리나라 정치 현장에서, 대통령을 꿈꾸는 자의 태도와 자세가 확 달라지는 순간이 있다. 여러 대통령을 겪으며 '경선 전 사람'과 '경선 후 사람'이 다르다는 것을 매번 느꼈다. 대통령은 그 순간부터 실패하는 것 같다. 박근혜는 그런 차이를 충격적으로 느끼게 했던 인물이었다.

경선 전에는 당에서 후보로 선출될 수 있을지 없을지 모르는 경쟁의 상황이다. 적게는 서너 명에서 많게는 열 명 넘는 인물들이 당내 경선을 치른다. 그러니 적어도 그때까지는 모든 정치인이 대체로 겸손하고 흡수력도 좋다. 대통령이 되기 위해서는 뭐든 하겠다는 각오로 배우려 노력한다. 하지만 당내 경선을 통과한 순간, 우리와 같은 양당 체제 하에서는 1/2의 확률이 된다. 절반쯤은 대통령 권력의 문 앞에 도착한 것이다. 주위에서는 절대적인 인물마냥 그를 추존하기 시작한다. 그때부터 사람이 바뀐다. '인ㅅ의 장막'에 둘러싸이기 시작하고, 이미 권력을 획득한 사람처럼 눈빛부터 달라진다. 대통령의 실패는 그때부터 시작하는 것 아닐까. 박근혜는 특히 그랬다.

대통령의 성패는 '선대위'에서 보인다

박근혜와 개인적인 소통 관계는 경선 직후까지 그리 나쁘지 않았다. 당내 경선을 앞두고 출마선언문을 내가 수정했는데, 경제민주화를 전면에 내세우는 방향으로 완전히 뜯어고쳤을 때에도 박근혜는 특별한 이의를 제기하지 않았다. 경선에 승리해 후보자 지명을 수락하는 연설에도 경제민주화를 앞세웠다.

하지만 경제민주화는 구호로 되는 일이 아니지 않은가. 대기업집단을 통제할 방법 등을 제도적인 내용으로 담아 구체적 공약을 작성했는데 그때부터 브레이크가 걸리기 시작했다. 후보의 눈과 귀를 장악하려는 세력이 있다는 느낌이 들었다.

당시 나는 선거대책위원회 국민행복추진위원장으로 정책과 공약을 총괄하는 역할을 맡고 있었다. 공약을 완성했으면 당연히 후보에게 그것을 설명해야 하지 않겠는가. 후보와 독대를 요청했다. 거절한다는 응답이 돌아왔다. 공약을 정리한 서류만 건네주고 설명은 서면으로 대신하라는 것이다. 황당하기 이를 데 없는 일이었다. 선거의 핵심이자 국민에게 드리는 약속인 공약을 후보에게 서면으로 설명하라니, 언론 브리핑도 그런 식으로는 안 한다.

사실 이것은 박근혜에게만 해당하는 사례가 아니다. 어느 대통령이나 그렇다. 차기 권력자가 수면 위로 떠오르면, 그의 주변으로 인의 장막이 만들어지기 시작한다. 마치 대통령이라는 절대 반지를 아무도 만지지 못하게 만들려는 듯 어둠 속에 꽁꽁 숨겨놓고 다른 사람들의 접근을 차단한다. 다만 박근혜는 그런 장막에 일찍, 그리고 강력하게 둘러싸이기 시작했고, 나중에 그것은 박근혜 정권의 몰락을 불러온 결정적 요인 가운데 하나가 되었다.

그 전에 이런 일도 있었다. 새누리당 선대위 구성을 최종적으로 마무리할 즈음인데, 선대위에 공약위원회를 두겠다는 것이다. 국민행복추진위가 이미 공약을 만드는 역할을 담당하고 있는데 공약위원회는 또 뭔가 했더니 "공약을 제대로 실천하기 위해" 그런 기구를 만든다는 것이다. 공약의 '실천'은 당선된 후에 하는 일이다. 그런데 무슨 선대위 시절에 공약 실천을 운운한단 말인가. 논리에 맞지 않는 기구가 생겨나는 것에는 대체로 모종의 의도가 숨어 있는 법이다. 박근혜 주변을 둘러싼 경제민주화 반대 세력들이 경제민주화 정책이 핵심 공약으로 제출되는 것을 방해하기 위해 옥상옥의 조직을 쌓으려 한다는 합리적 의심을 지울 수 없었다.

대통령 선대위에는 이런 일이 흔하게 발생한다. 선대위 산하에 수많은 위원회가 생겨나는데 내용이 중복되는 조직이 많다. 일단 많은 사람을 모아놓아야 강력한 지지 세력이 확보된다는 낡은 사고방식에 빠져 그러는 것인데, 도대체 일하려는 조직이 아니다. 다들 그렇게 모여 앉아 차기 정부에서 무슨 자리 하나 맡아보려는 꿈에만 부풀어 있는 것이다. 자신이 지지하는 후보가 대통령이 될 확률은 1/2, 그러면 자신이 나중에 감투를 쓰게 될 확률도 1/2. 결과를 복불복으로 여기면서, 선거를 내용적으로 준비할 생각은 않고 권력 투쟁에 더욱 신경을 곤두세운다.

대통령 선대위에 참여했던 사람들 가운데 상당수가 대통령직 인수위로 옮겨가고, 인수위가 청와대의 밑그림을 그린다. 따라서 차기 정부가 잘될 싹은 선대위 시절부터 엿보인다.

그렇다면 선대위가 잡음 없이 잘 굴러간다고 좋은 일일까? 그것도 아니다. 후보의 개인기에 전적으로 의존한 조직일 테니,

그렇게 당선된 대통령이 어떤 전횡을 일삼을지 눈에 훤히 보인다. 선대위라는 조직을 만들어가는 과정 자체가 차기 정부를 구성하는 준비 과정이라고 볼 수도 있다. "선거일까지 선대위만 만들다 끝난다"는 말도 있을 정도인데, 물론 조직이 조기에 완성되면 좋겠지만, 다음 정권을 책임질 준비를 부단히 해나간다는 측면에서 봐도 된다. 대통령을 둘러싼 인의 장막을 없애는 일도 선대위 시절에 끝내야 한다. '미래의 대통령'인 후보가 이때부터 경각심을 단단히 가져야 한다.

우리나라 역대 대통령들이 하나 같이 실패했던 이유 가운데 하나는 일단 후보가 된 직후부터 조직 운용을 측근에게 맡겨놓는 것에서 시작한다. 거대한 조직이 만들어지는 것을 뭔가 잘되고 있다는 증거로 받아들이는 착각에서 비롯된다. 후보는 선거운동에만 집중하면 된다는 주위의 달콤한 말에 속아 조직이 제대로 작동되고 있는지 직접 살피지 않고, 자신을 눈속임하려는 조직 구성도 눈치채지 못한다. 누구보다 측근을 의심해야 하는데, 일단 선거에 승리하는 것이 우선이다 보니 선거운동 기간 동안 측근에 전적으로 의존하게 되고, 당선 이후로도 그런 의존이 지속된다. 모든 대통령 후보들이 하나같이 "나는 그러지 않을 것"이라고 자신했지만 하나같이 그랬다. 대통령의 몰락은 그렇게 시작한다.

정무수석이 독대한 적 없는 대통령

　사람들은 흔히 대통령이 엄청난 정보력을 갖고 있는 줄 안다. 많은 사람들을 만나면서 굉장히 바쁜 일상을 살아가는 줄 안다. 그렇기도 하지만, 그렇지 않은 측면도 있다.

　물론 대통령은 정보의 정점에 있다. 국정원과 검찰, 경찰 등 기관을 통해 엄청난 분량의 정보가 대통령에게 모이고, 그중에는 일반인이 쉽게 접근할 수 없는 비밀 정보도 많다. 여러 라인을 통해 경쟁적으로 대통령에게 정보가 몰리다 보니 보고받은 정보를 판단할 시간뿐 아니라 읽어볼 시간조차 빠듯하다. 그렇게 양적으로 대단히 많은 정보가 대통령에게 집중되는 것이 오히려 독이 된다. 쉽게 생각해보아도, 산더미 같은 정보 가운데 무엇은 취하고 무엇은 버려야 할지 '골라야' 할 것 아닌가. 그걸 요약해주는 사람이 누구냐에 따라 대통령은 허수아비가 될 수도 있는 것이다. 오히려 정보를 편향적이고 왜곡해 받아들이기 딱 좋다.

　사람을 만나는 문제 또한 그렇다. 대통령이 만나야 할 사람이 너무나 많다. 하지만 모든 사람을 다 만날 수는 없다. 누구는 만나고 누구는 만나지 않을 것인가. 그것을 골라주는 사람이 또 누구냐에 따라 대통령이 갖고 있는 소통의 주파수가 결정된다. 아예 사람을 만나지 않고 지낼 수도 있다. 박근혜가 그렇게 대통령직의 많은 시간을 보냈다. 대통령의 정치적 판단을 돕고 정치권과 소통을 책임지는 정무수석(조윤선)이 박근혜를 11개월 동안 한 번도 독대한 적이 없었다고 하니 그 정권이 대체 어떤 시스템으로 돌아갔을까. 정무수석은 형식적인 자리로 만들어놓고 누군가 박근혜의 정무적 판단을 이미 조종하고 있었다는 고백에 다름아니다.

대통령 박근혜의 몰락은 이미 후보로 확정된 순간부터 감지되고 있어 집권기 실패 사례에 대해서는 굳이 언급할 필요조차 없을 정도지만, 하나 지적하지 않을 수 없는 사건은 대통령 당선인 시절 인수위 대변인이 인선안을 발표하던 풍경이다. 당시 박근혜는 언론인 출신 윤창중을 수석 대변인으로 임명했다. 그는 인수위원회 1차 인선안이 들어 있는 봉투를 밀봉된 채로 브리핑실에 가지고 와서, 기자들 앞에서 봉투를 뜯고 내용을 읽었다. 마치 비밀 서류를 공개하는 듯한 풍경을 자아냈다. 그걸 보면서 '이 정부, 큰일나겠구나' 싶었다.

곧 발표할 인선안을 봉인해 대변인에게 전달하는 경우가 없다. 사실이라면 그 자체가 비정상적인 것이다. 나중에 알고 보니 일반적인 형태로 전달된 서류를 대변인이 구경거리를 만드느라 일부러 봉투에 넣어 밀봉했다고 한다. 그런 유형의 인물들에게 대통령이 둘러싸여 있었으니 정부가 제대로 운영될 리 있었겠나. 그런 일이 발생했으면 사람 됨됨이를 알아보고 진작 멀리해야 하는데 또 그런 사람을 청와대 대변인으로까지 데려갔다. 박근혜가 대통령에 취임하고 처음 미국을 방문했을 때 윤창중은 호텔에서 성추행 사건을 일으켜 급히 귀국했다. 망신도 그런 망신이 어디 있을까.

이른바 쇼show를 좋아하는 정부치고 성공한 정부가 없다. 물론 작은 사례라 할 수 있지만, 박근혜 정부의 싹은 이미 거기에서도 넘겨다 보였다. 인터넷과 사회관계망서비스SNS가 발달한 탓인지 정치권도 갈수록 보여주기식 행사에 치중하는 행태를 보이고, 뒤이은 문재인 정부는 더욱 그러한 경향이 짙다. 대통령까지 조작된 무대의 광대처럼 행동한다. 국민은 관객으로 전락하고, 나라의 격이 갈수록 떨어지는 느낌이다.

박정희 이름에 먹칠을 한 박근혜

박근혜는 나를 끌어와 경제민주화라는 용어를 선점하더니, 당선되자마자 경제민주화를 버렸다. 경제민주화를 지우고 택한 방향이 '창조경제'라는 용어다. 박근혜 정부는 창조경제를 앞세웠다.

창조경제의 뜻이 대체 무엇인지 알 수 없지만 너그럽게 받아들이자면 과학기술 및 문화산업을 육성하여 새로운 성장의 동력을 마련하는 일이라고 볼 수 있겠다. 그 정도면 어느 정부든 내세울 수 있는 국정운영의 방향이라 말할 수도 있다. 그런데 대체로, 박근혜뿐 아니라 어떤 대통령이든 해당하는 이야기지만, 그것을 '국가'가 주도하려고 한다. 정부의 역할은 그런 산업이 발달할 수 있도록 방향을 잡고, 초석을 깔아주고, 정상적 발전을 왜곡하는 경제세력을 통제하면서 시장의 질서를 유지하는 일이지 정부 스스로 나서서 그런 산업을 이끌어갈 수 없다. (그렇게 시장의 질서를 바로잡아 중견·중소기업과 스타트업이 성장할 수 있도록 길을 열어주는 일이 바로 '경제민주화'다.) 그런데 대통령이 되면 마치 '주식회사 대한민국'의 CEO라도 취임하는 양, 혹은 오너 경영인이라도 되는 양 가시적인 성과를 내는 행위를 하려고 한다.

사실은 그렇게 해봤자 시장이 미치는 영향도 미미하다. 뭔가 하고 있다는 시늉을 자꾸 하려다 보니까 구호만 난무한다. 박근혜의 경우도 창조경제를 한다면서 고작 했던 일이 정부 부처를 통폐합해 미래창조과학부 같은 것을 새로 만들어낸 일뿐이었고, 대기업을 압박해 전국 각지에 창조기업 혁신센터 같은 것을 만들도록 했다. 그리하여 창조경제가 된다면 세상에 창조적인 경제를 갖추지 못할 나라가 어딨겠는가. 게다가 그렇게 대기업을 압박하다 보면, 정부 입장에서는 압박한다고 생각하겠지만, 대기업 입장에서는 유착의 기회로 삼고, 결국 부패의 연결 고리만 만들어지게 된다. 결국 박근혜 정부는 그런 유착과 거래의 실체가 드러나면서 몰락하지 않았는가.

이른바 보수와 진보를 막론하고 '국가(정부) 주도 자본주의'의 욕망은 한국에 독특한 현상이다. 박정희가 만들어놓은 틀을 여전히 벗어나지 못한 것이다.

차제에 말하자면 박근혜가 대통령에 당선된 이유는 여럿이지만 그중 하나는 '박정희 딸'이라는 상징자산 덕분이었다. 박정희 시대가 오롯이 암흑의 시대였고 국민에게 고통만 줬다면 노년층에서 박근혜 지지도가 가장 낮게 나와야 정상이다. 하지만 박근혜는 60대 이상 노년층에서 압도적 지지를 받았다. 노년층에게 기초연금을 지급한다는 공약이 적잖은 영향을 미치기도 했으나, 대선 이전에도 노년층에서 박근혜에 대한 지지도는 아주 높았다. 박정희 시대가 우리 경제와 역사에 미친 부정적 영향은 적지 않지만, 어쨌든 그 시대에 국민의 생활 수준이 비약적으로 나아진 것도 사실이다. 비록 고통스러웠어도 국민은 거기에 미련을 갖고, 긍지와 보람을 느끼는 것이다. 오랜 시간이 지나고 여러 정부를 거치는 동안에도 그런 인식이 남아 있었으니 그것을 단순히 주입된 자긍심이라고만 폄훼할 수는 없다.

박근혜가 정말 아버지의 명예를 소중히 여겼다면 아버지를 뛰어넘는 무엇을 보여줬어야 했다. 그리고 박정희 시대가 만들어놓은 시장 왜곡의 폐해를 스스로 청산하는 노력을 지속했어야 마땅하다. 국민이 박근혜에게 기대했던 것도 그것이었다. 박정희의 딸이니까 박정희처럼 하라는 것이 아니라, 박정희를 뛰어넘는 역할을 바란 것이다. 그러니 박근혜가 경제민주화를 주창하는 일견 모순되어 보이는 행위에도, 일종의 결자해지를 바라는 뜻에서 국민은 박근혜를 지지했다. 박근혜는 국민의 그런 기대를 깨끗이 져버렸고, 아버지의 이름에도 스스로 먹칠을 했다. 대통령이 되지 않느니만 못한 결과를 초래한 것이다.

임기 중반 박근혜 지지율 54%

박근혜 임기가 절반을 넘어선 2016년에 나는 더불어민주당 비상대책위원회 대표를 맡았다. 박근혜에 대한 개인적 감정 같은 것 때문은 아니었다. 정치인이 사사로운 감정 따위에 휘둘려서야 되겠는가.

박근혜 정부가 그토록 엉망으로 국정을 운영하고 있는데도 임기 중단 박근혜의 지지율은 54%에 달했다. 나중에 박근혜 정부가 워낙 처참하게 몰락했기 때문에 지금 이렇게 말하면 일반적인 사람은 '과연?'하고 의아하게 생각하는 경우도 많겠지만 정말로 그랬다. 역대 우리나라 대통령 가운데 중간평가 성격의 여론조사에서 지지율이 과반을 넘은 대통령은 박근혜가 유일했다. 부정평가는 40% 수준이었다. 그때까지만 해도 여론상으로 박근혜는 건재했던 것이다.

　어쨌든 상황이 그러함에도 총선을 앞두고 야당(민주당)은 지리멸렬하기 이를 데 없었고, 우리나라도 일본처럼 보수 정당이 계파를 달리하면서 영원히 정권을 이어나갈 것이라는 이른바 '보수 정당 영속집권론'까지 회자되고 있었다. 박근혜 정부를 탄생시킨 내 나름의 책임을 지고 야당을 바로 세워야겠다는 결심을 하게 됐다. 무너질 권력은 스스로 무너지기 마련인지 20대 총선에서 새누리당은 공천 파동을 겪어 몰락하였고, 민주당은 제1당이 되어 16년 만에 여소야대 정국이 만들어졌다. 내가 탄생을 도운 정부에 대해 스스로 대척점에 선 셈이다. 내가 뭘 잘해서 그런 결과가 만들어졌다고 생각지는 않는다. 야당이 혁신하는 자세를 보이며 대안을 보여주니 국민의 마음이 곧장 그렇게 흘러갔다. 대통령이 여론조사 지지율을 정치적 면책특권으로 혼동해서는 안된다는 사실은 여기서도 증명된다. 다시 강조하지만, 임기 4년차 박근혜의 지지율은 40%를 넘었다.

　박근혜는 이른바 비선실세 문제, 삼성과 유착관계 등으로 국민의 분노와 지탄을 받아 헌정사 최초로 탄핵된 대통령이 되었다. 탄핵 직전 박근혜에 대한 여론조사 지지율은 4%였다.

12. 문재인

— 촛불을 이용하고 촛불을 배반한 대통령

이른바 '이명박근혜 정권'이라는 말이 있다. 이명박, 박근혜 정부를 하나로 묶어 폄훼하려는 의도에서 만든 정치적 용어다. 그러나 나는 이명박 정부와 박근혜 정부에 과연 어떤 공통점이 있으며 정책적 연속성이 있는지 묻고 싶다. 대통령 개인의 성향과 자질, 정부의 수준을 놓고 본다면 박근혜-문재인 정권이라고 말해야 옳지 않을까. 어떤 측면에서는 문재인 정부가 훨씬 뒤떨어지고 과거로 회귀하는 경향을 보인다.

역대 다른 대통령을 돌아본 방식과 마찬가지로 문재인 정부에 대해서도 국민이 문재인을 선택했던 이유를 먼저 살펴보자.

정상적 정치 상황에서는 문재인이 당선되기 어려웠을 것이다. 그러나 박근혜 정부가 갑작스레 몰락하여 기존 여당은 존립 명분 자체를 잃었고, 제3 정당은 미처 선거를 준비할 겨를이 없는 상황에서, 양당 정치 구조의 다른 한 축이 정권을 잡는 일은 어쩌면 자연스러운 수순이었다. 권력을 지나가다 그저 주운 셈이다.

박근혜 정권이 몰락한 이유는 여럿이지만, 가장 중요한 이유는 권력을 사유화privatization 했기 때문이다. 엄동설한에 국민들이 거리로 쏟아져나와 촛불을 들고 대통령 탄핵을 외쳤던 이유는 국민이 대통령에게 부여한 권한을 대통령이 제멋대로 사인私人에게 제공했다는 분노와 허탈감에서 비롯했다. 최 모라는 여인이 이른바 비선실세로 행세하면서 대통령 연설문까지 자의적으로 수정하고, 각종 정부 정책에 관여하고, 인사에 개입하고, 권력의 힘을 이용해 재단을 만들어 재벌과 전경련의 후원을 받았던 흔적이 속속 드러났다. 대통령은 이를 방관하거나 지원했다. 국민은 분노했고, 국회에서 탄핵소추안이 가결되었으며, 헌법재판소는 대통령 탄핵을 만장일치로 인용했다. 박근혜는 현직 대통령으로서는 처음으로 국민에게 탄핵 당한 대통령으로 역사에 남게 되었다.

국민이 박근혜에게 분노한 지점은 대통령 자신이 권력의 전횡을 일삼았다는 측면이 아니었다. 차라리 그랬으면 분노가 덜했을 것이다. 국민이 박근혜에게 화를 낸 가장 큰 이유는, 권력자의 역할을 사사로이 다른 사람에게 건네주면서, 그러는 동안 대통령은 자기 책무를 제대로 수행하지 않았다는 점에 있었다. 대통령이 문고리 권력에 휘둘리면서 정보가 통제되고, 만나는 사람이 제한되고, 활발한 외부 활동을 하지 않았고, 꼭두각시처럼 살아가면서 자신이 결정할 일을 제때에 처리하지 못했다. 국민은 그러한 대통령을 뽑았다는 사실에 자괴감을 느끼고 국민으로서 부끄러움마저 느꼈던 것이다.

정책의 실패는 있을 수 있는 일이다. 국민이 박근혜 정부에 분노했던 것은 정책의 실패가 아니었다. 국민이 분노한 것은 결과가 아니라 과정이었다. 박근혜가 대통령 직책을 수행하는 과정이 정의롭지 못했고, 사사로웠으며, 공정하지 못하고, 부패했기 때문이다.

그리하여 박근혜는 헌정사 최초 여성 대통령이자 부녀 대통령, 민주화 이후 최초로 과반 득표를 얻어 당선되었다는 여러 겹의 영광을 스스로 저버리고 마지막 여론조사 지지율 4%에 탄핵받아 물러난 최초의 대통령이라는 오명을 안았다.

특정 진영을 위한 '권력의 사유화'

그렇다면 문재인 정부는 박근혜 정부에 비해 과연 나아졌는가.

'권력의 사유화'라는 측면에 있어 문재인 정부는 이전 정부에 비해 나아진 바가 별로 없다. 오히려 잘못된 방향으로 한참 퇴보한 느낌이다.

권력의 사유화라는 것은 권력을 사사로이 개인에게 양도하는 것만 의미하지 않는다. 외형상으로는 공인의 지위를 가졌다 하더라도 대통령이 권력을 특정한 개인이나 진영의 이익을 위해서만 활용한다면, 본질상으로는 권력의 사유화에 다름 아니다.

박근혜 정부가 몰락한 이유는 삼척동자도 알고 있기 때문에 문재인 정부는 노골적으로 그렇게 하지는 못했다. 그렇다고 이전 정부의 과오를 근본적으로 개선하기 위한 노력 또한 하지 않았다. 박근혜가 그렇게 몰락했으면 문재인은 거기서 마땅한 교훈을 찾고, 권력을 분산하고 스스로 권한을 내놓으며, 국민을 통합하기 위해 애써야 했는데 전혀 반대 방향으로만 나아갔다. 형식적 합법성의 힘을 빌려 더욱 심한 전횡을 일삼았다. 수법이 교묘해지고 염치가 없어졌달까. 가만히 보면 역대 정부의 좋지 않은 통치 기술은 모두 배운 것이 아닌가 싶을 정도다.

특정한 정부가 일하려는 정부인지, 뭔가 다른 목적이 있는 정부인지 하는 점은 초기 내각 구성을 보면 대략 보인다.

문재인 정부 초기 내각을 보면 실력보다는 '파격'을 위주로 마치 연극 무대에 올라가는 배우를 뽑듯 내각을 구성했다. 국토 교통부 장관은 국토개발, 주택건설, 교통 운용 등에 대한 전문 지식이 전혀 없고 경험조차 없는 인물을 오로지 운동권 출신이 고 대통령과 가깝다는 이유로 장관직에 임명했다. 결국 그는 부 동산 정책을 제멋대로 남발해 수도권 부동산 가격을 일제히 폭 등시켜 놓고 아무런 책임도 지지 않은채 3년 6개월 동안 장관 직을 수행하다 자리에서 물러났다.

대통령의 기획 참모 역할을 하는 청와대 정책실장에는 행정 경험이 전혀 없고 검증되지 않은 이상한 경제 학설을 주장하던 교수를 임명했다. 결국 그는 소득주도성장이라는 앞뒤가 맞지 않는 정책을 밀어붙이다 고용지표를 파탄냈고, 그런 사람을 경 질하기는커녕 주중대사로 다시 영전시켰다. 환경부장관에는 환경운동가 출신을 임명했다. 그것까지는 있을 수 있는 일인데, 나중에 그 사람은 환경부 산하 기관 임원들을 대상으로 블랙리 스트를 작성했던 사실이 드러나 법정 구속됐다. 박근혜가 탄핵 에 이른 숱한 이유 가운데 하나가 그런 블랙리스트를 작성해 국 민을 네 편과 우리 편으로 나눈 것인데, 그 전철을 그대로 밟은 것이다.

문재인 정부는 임기 내내 이런 일을 되풀이했다. 실력도 자질 도 검증되지 않은 사람을 오로지 대통령과 친분이 있거나 같은 진영에 속해 있다는 이유로 무작위로 임명하는 것이다. 그러한 숫자가 너무도 많아 일일이 언급하기조차 곤란할 정도인데, 예를 들어 교육부총리 역시 교육행정 경험이 전혀 없는 사람을 임명했다. 그는 인사청문회를 앞두고 "어릴 적 꿈이 교사였다"는 말로 여론의 지탄을 받았다. 이러한 인물들이 국회 인사청문회에서 부적격 판정을 받아도 대통령은 그것을 참고하는 시늉조차 하지 않은 채 임명을 강행했다. 그러려면 국회는 대체 왜 존재하는 것일까 싶을 정도였다.

역대 정부에서도 능력이 닿지 않거나 이념적 편향성이 지적되는 인물이 고위직에 내정되는 사례가 있었다. 그러나 대체로 해당 분야의 전문 경험이나 기본적 소양 정도는 되는 사람을 지명했고 여론이 부정적이면 즉시 철회하거나 본인 스스로 물러나는 경우가 대부분이었다. 수십 년 전에 했던 발언 한 마디, 종교단체에서 했던 기도문 하나로 자리에서 물러난 사람도 있었다. 문재인 정부처럼 막무가내로 임명을 밀어붙인 정권은 찾기 어렵다. 박근혜 정부에서 그 숱한 사람들이 왜 낙마했나 싶을 정도로 문재인 정부는 권력의 전횡을 일삼았다. 심지어, 마지못해 내정을 철회하면 다른 자리를 주고, 실책으로 물러나면 또 다른 자리를 줬다. 이처럼 참혹한 권력의 사유화가 어딨는가. 국민은 아랑곳 않는 것이다. 앞으로 어떤 대통령인들 여론과 의회, 사법부를 의식하며 조심하겠는가. 대통령이 되면 내 맘대로 해도 된다는 전횡의 교본을 보여줬다.

가장 큰 과오는 '3권분립 훼손'

문재인 정부는 사법부까지 사유화했다.

너무도 당연한 사실이지만 우리나라는 삼권분립을 권력 균형의 기본 원리로 삼는 나라다. 그런데 현행 헌법의 논점 가운데 하나인 소재이지만, 사법부 수장(대법원장)을 행정부 수장인 대통령이 임명하도록 되어 있다.

그럼에도 역사상 대법원장은 대체로 무난한 인물을 임명해 왔다고 보아도 좋다. 4.19혁명이 일어나자 물러난 조용순 대법원장, 인혁당 사건 같은 사법살인으로 지탄받는 민복기 대법원장, 판사들이 들고일어나 최초로 탄핵안이 제출되었던 유태흥 대법원장 등 사법부의 명예에 먹칠을 한 사례가 있긴 했지만, 검찰의 공소장을 찢으면서 공판중심주의를 하라고 역설했던 이용훈 대법원장 이후로 사법부의 독립은 갈수록 자리를 잡아가는 모양이었다.

문재인은 대법원장에 김명수를 임명했다. 대법관을 거치지 않은 법조인이 지방법원장으로 있다가 대법원장으로 직행한 사례는 거의 50년 만에 처음 있는 일이다. 행정부처 장관을 파격적으로 임명하더니, 사법부 수장까지 대통령의 산하 기관장처럼 파격 임명한 것이다. 김명수가 특출한 전문적 식견이 있거나 법조계에 신망이 두터운 인물이라서 그렇게 임명한 것이 아니라 대통령과 정치적 코드가 일치한다는 이유에서였다. 그 뒤로 대통령과 대법원장은 서로 동맹 관계를 맺는 식으로, 대법관과 헌법 재판관은 물론 부장 판사, 사법부 말단 연구원에 이르기까지 특정 이념이 도드라진 특정 모임 출신 인물들을 줄줄이 임명했다. 전두환 정권 시절 하나회 출신들이 정부 요직에 승승장구하던 때에도 이 정도는 아니었다. 이른바 '사법 장악'을 이렇게 노골적으로 시도한 정권은 역대에 없었다.

참고로, 대법원장을 대통령이 임명하는 방식은 유신헌법 때부터 생긴 것이다. 대통령은 국가원수 역할을 수행하기 때문에 유신 이전에도 최종적으로는 대통령이 대법원장을 임명하는 절차가 존재하기는 했으나 법관회의에서 추천받은 법조인을 대통령이 추인하는 절차에 불과했다. 즉 형식적 임명권은 대통령에게 있어도 실질적 임명권은 사법부 내부에 있었던 것이다. 박정희는 유신 쿠데타를 통해 관행을 뒤집고 대통령이 아무 근거 없이 직접 지명하여 사법부를 정권의 시녀처럼 만든 것인데, 문재인이 이런 대통령 임명권을 가장 악용한 사례라고 말할 수 있다. 민주화 이후로 대법원장을 임명할 때에는 사법부 내에서 '대법원장이 될 만한 인품과 능력이 충분하다'고 널리 인정하는 인물을 대통령이 임명해왔다.

대법원장에 임명된 김명수의 행보는 가히 사법부의 치욕이라고 할 정도다. 사법부 수장으로서 김명수의 능력이나 자질에 대해서는 일일이 열거하기 힘들 정도로 한심한 수준이지만, 이른바 사법농단 사건에 연루된 판사가 건강상 이유로 사표를 제출하자 수리하지 않고 거절하면서 거짓말을 했던 것은 공직자로서 자격이 있는지조차 의심할 만한 태도다. 당시 김명수는 해당 법관에게 "정치적 상황을 고려할 때 사표를 수리하면 국회에서 탄핵 얘기를 못하니 내가 비난을 받을 수 있어 수리를 못하겠다"고 발언한 것으로 알려졌다. 그는 이러한 발언 사실이 알려지자 자신은 그런 말을 한 적이 없다고 완강히 부인하다가 녹음테이프가 공개되어서야 "기억이 정확하지 않았다"고 말을 바꿨다. 사법부 수장이 사법행정을 총괄함에 있어 '정치적 고려'를 하고 있다는 태도 자체가 삼권분립의 근간을 흔드는 국기문란의 사고 방식일 뿐더러, 대법원장이 국민들 보는 앞에 뻔뻔하게 거짓말을 하고도 태연하다는 측면에서 역사에 길이 남을 후안무치다. 모든 권력이 그러하지만, 사법부는 특히 정직성이 생명이다. 정직하지 못한 대법원장은 존립의 이유가 없다.

대법원장 후보로 지명되었을 때 김명수는 근무지인 춘천에서 시외버스를 타고 서울로 와서 다시 지하철을 이용해 대법원 청사에 도착했다. 서류가방 하나만 들고 수행원도 두지 않았다. 소박하고 소탈한 대법원장 후보자라고 여당과 일부 언론은 칭송했다. 그러나 대법원장에 임명된 후 김명수는 수억 원의 예산을 들여 관사를 화려하게 치장하고, 강남 아파트 분양에 당첨된

아들 내외를 관사에 불러 살도록 하고, 며느리가 특정 대기업 변호사로 활동하면서 대법원장 공관에 직원들을 불러 파티를 여는 등 공과 사를 망각한 여러 행위로 국민의 지탄을 받았다. 김명수의 소박과 소탈은 연출된 행위에 불과했던 것이다. 문재인이 임명한 인물들이 신기하게도 하나같이 그렇다. 정직한 인물이 없다. 그때그때 필요에 따라 말을 바꾸고, 보여주기식 행위로 국민을 눈속임하는 공통점을 지닌다.

문재인은 행정부와 입법부를 두루 망가뜨렸지만 사법부에 끼친 해악이 가장 크다. 입법과 행정은 국민이 선거를 통해 오류를 보정할 수 있지만, 사법부는 한번 잘못된 길로 접어들면 시스템을 바로 잡기까지 오랜 세월이 소요된다. 그러니 사법부 인사와 관련해서는 공화주의적 보편성에 따라야 하는 것이 대통령으로서 중요한 책무다. 앞으로 20~30년 정도는 우리 사법부에 큰 해악으로 남지 않을까 예상한다.

사법부를 그렇게 마음대로 뒤흔드는 것을 보며, 문재인은 도대체 대통령이라는 자신의 직책을 어떻게 받아들이고 있기에 저러는 걸까, 의아한 생각마저 들었다. 혁명의 전권을 부여받았다고 생각하거나 "짐이 곧 국가"라는 사고방식을 가진 것이 아니라면 민주국가에서는 도저히 있을 수 없는 일이다. 제왕적 대통령제의 폐해를 극명하게 보여주는 사례가 아닐 수 없다.

'탈원전'이라는 몽환의 신세계

권력의 사유화와 함께 문재인 정부에 도드라진 특징은 권력의 분절화segmentation다. 어떤 정권이든 홀로 존재하는 정권은 없다. 무릇 대한민국 정부라면 좋든 싫든 모두 지난 정부와 관계 가운데 연속성을 지니며 존재한다. 그러나 문재인 정부는 홀로 툭 튀어나온 정부마냥 행세했다.

문재인 정부의 인사人事가 권력의 사유화에 가깝다면, 문재인 정부의 정책은 권력의 분절화에 해당한다. 문재인 정부가 추진한 정책 가운데 가장 큰 논란을 빚은 정책이 이른바 '탈원전'이다. 원자력 발전소를 감축하고 궁극적으로는 원자력 발전의 도움을 받지 않는 에너지 생산 체계를 만들겠다는 것이다. 좋은 일이다. 가능하기만 한다면 반길 일이다. 하지만 우리가 지금껏 원자력 발전소를 지어온 것은 우리가 갖고 있는 자원과 기술, 국제협력 관계의 조건 안에서 가장 경제성 높고 안정적이며 친환경적인 에너지 자원을 찾다가 얻은 오랜 선택의 결과다. 우리나라 전체 발전량에서 원자력이 차지하는 비중이 30%에 이른다. 문재인 정부는 이것을 없애겠다는 것이다.

문재인 정부가 그런 정책을 추진하게 된 배경이 기괴하다. 대통령이 원전 사고와 관련된 SF영화를 한 편 보고 공포감을 느껴 탈원전을 추진하게 되었다는 것이다. 물론 그 이유만은 아닐 것이라 믿는다. 하지만 문재인 정부의 탈원전 정책에는 어떤 오기와 고집이 느껴진다. 대표적으로, 멀쩡하게 가동하던 원자력 발전 설비(월성1호기)를 일시에 폐쇄해버렸다. 그것을 위해 경제성 평가 결과를 조작하고, 그런 과정이 들통나자 헌법기관의 감사를 방해하고, 관련자들이 야밤에 사무실에 몰래 들어가 문서 자료를 파쇄하는 등 공직자로서 상상도 할 수 없는 파렴치한 행각까지 일삼았다. 이런 과정에 산업자원부 장관이 개입했다는 증거도 여럿 드러났는데, 그가 단독으로 그런 결심을 하지는 못했을 것이다. 월성 1호기를 막무가내로 폐쇄해 발생한 직접적인 손실만 1조8000억에 달하는 것으로 알려졌다.

친환경 발전이라든지 탄소중립 같은 것이 마음먹는다고 뚝딱 되는 일이 아니다. 태양광, 풍력, 지력 발전 같은 이른바 대체 에너지, 바이오-신재생 에너지가 친환경적인줄 몰라서 지난 정부들에서 안 했겠는가. 우리의 자연조건에 맞지 않고, 공급 안정성이 확보되지 않고, 송배전을 비롯한 전력 시스템을 함께 고쳐야 하고, 에너지 효율을 따져보았을 때 적절하지 않고, 아직 기술력이 충분하지 않고, 경제성에도 맞지 않는 다양한 이유 때문에 추진하지 않거나 보류했던 것이다. 전기가 없으면 당장 세상이 멈춘다. 국민의 삶과 직결되는 사안이고 국가의 안위가 걸려있는 문제인데 그것을 어떻게 전망도 불투명한 '대체'에 맡길 수 있단 말인가. 역대 정부는 나름대로 현실적 절충점을 선택해 왔던 것이다. 그런데 문재인 정부는 홀로 하늘에서 내려온 정부인양 몽환적 신세계를 역설한다.

문재인 정부의 이른바 소득주도성장 정책 역시 그렇다. 근로자들의 급여를 많이 주면 생활이 윤택해진다는 사실을 누가 몰라 그것을 하지 않았겠는가. 급격한 임금 상승이 경제에 미칠 충격, 특히 영세한 소상공인과 자영업자들이 먼저 고통을 겪고 고용지표에도 영향을 주기 때문에 임금 가격 결정은 가급적 시장의 작동에 맡기고 정부는 최대한 개입하지 않는 원칙을 지켜왔던 것이다.

권력의 분절화는 자기 정권이 특별한 역사적 사명을 안고 있는 권력, 차별화된 권력이라고 과도한 자기애narcissism를 갖는 것으로부터 시작한다. 앞에 살펴보았듯 박정희, 전두환, 김영삼 정부 등이 그랬다. 자신들이 천부 권한을 받고 태어난 혁명 정부인줄 알았던 것이다.

문재인 정부는 스스로 '촛불 정부'라고 자처했다. 대통령을 탄핵한 촛불 시위의 결과로 태어난 정권이라고 말이다. 하지만 촛불 시위는 더이상 권력을 사유화하지 말고 공정한 세상을 만들라는 염원의 발산이지, 탄핵의 결과로 거리에서 권력을 주운 것처럼 쉽게 당선된 대통령에게 무소불위의 혁명 완장과 면책 특권을 부여한 것이 아니다.

문재인은 대통령 취임사에서 "기회는 평등하고, 과정은 공정하며, 결과는 정의로울 것"이라고 했다. "한 번도 경험하지 않은 나라"를 경험하게 해줄 것이라고 했다. 문재인 정부 5년을 거치면서 과연 무엇이 얼마나 평등하였고 공정해졌으며 정의는 대체 어디에 존재하는가. 대통령 권력의 주위에 몰려든 존재들끼리 권력의 힘을 만끽하며 자기들 세상이 왔다고 기뻐하라고 온 국민이 엄동설한에 촛불을 들었던 것은 아니었으리라. 정말 한 번도 경험해보지 못한 기이한 장면을 수시로 목격하게 만든 정부이기는 했다.

과오는 떠넘기고, 공로는 빼앗고

문재인 정부는 어쩌면 대단히 운이 좋은 정부다. 정권을 잡은 배경에도 천운이 따랐지만 정권을 유지하는 과정에도 운이 좋았다. 코로나19 팬데믹이 일어났다. 국민으로서는 지극히 불행한 일이지만, 정권으로는 호기가 아닐 수 없다. 코로나19가 아니었으면, 탄핵까지는 아니더라도, 문재인 정부가 과연 정치적으로 무사했을까 싶다.

대통령 선거 과정에 인터넷 댓글 공작을 해서 여론을 조작했다는 수사 결과가 나왔고, 그것으로 대통령 최측근이 구속됐다. 정권 핵심에 있는 사람들이 줄줄이 각종 비리와 부패, 이른바

'내로남불'이라 불리는 위선적 행태로 지탄받았다. 신라젠, 라임, 옵티머스 등 초대형 금융범죄 사건이 줄줄이 터졌고 거기에 정권 관계자들이 깊숙이 관여한 정황이 드러났다. 대통령 일가족의 의문스런 행동도 여론의 도마에 올랐다. 대통령 사위가 임금 체불과 부패 사건으로 구속된 여당 의원이 실질적으로 소유하는 항공사에 임원으로 근무하고 있다는 의혹이 알려졌다. 대통령이 가장 친한 친구를 울산 시장에 당선시키기 위해 비서실장이 직접 출마를 권유하고, 청와대가 공약을 논의하고, 다른 후보자의 불출마를 권유하고, 경찰을 동원해 경쟁 후보를 압수수색하는 등 온갖 선거 개입을 했던 의혹도 드러났다. 또 대통령 최측근을 법무부장관에 임명하려다가 그와 관련한 숱한 위선과 부패, 비위 행위가 여론을 들끓게 했다. 정상적인 상황이면 시민들이 거리로 쏟아져 나와 정권 퇴진 구호를 외쳐도 전혀 이상할 것이 없는 상황이었다. 그런 와중에 코로나19 팬데믹이 일어났다.

앞에 표현한대로, 어떤 정권이든 홀로 존재하는 정권은 없다. 역대 대한민국에 존재했던 정부들과 상관없이 홀로 툭 튀어나온 정부는 없다. 모든 정부가 과거 정부의 정책에 계승성과 연속성을 지닌다.

글을 쓰고 있는 지금도 코로나19 팬데믹이 계속되고 있다. 우리나라가 비교적 무난하게 이런 사태를 극복하고 있는 것은 지난 정부에서 쌓아 올린 국가적 기본 자산이 존재하기 때문이다. 무엇보다, 훌륭한 사회의료보험 체계와 성실하고 능력 있는 의료진이 있기 때문 아닌가. 다른 나라들이 팬데믹 초기에 의료 붕괴가 일어나 어려움을 겪는 와중에도 우리는 든든한 의료 기반이 존재했기 때문에 위기를 견뎌냈다. 문재인 정부가 없던 것을 새로 만들어 홀로 이룩한 성과가 아니라는 말이다.

박근혜 정부 시기에 메르스MERS 감염병이 발생했다. 당시 박근혜 정부가 대응을 제대로 하지 못했다고 비판하지만, 그때 감염자 추적과 동선 공개, 진단검사 등에 대한 각종 대응체계를 만들어놓은 것이 코로나19 팬데믹에 큰 힘이 되었다. 이명박 정부는 신종플루에 대응하며 경험을 쌓았고, 노무현 정부는 사스SARS에 대응하며 교훈을 얻었다. 지난 정부의 정책이 다 그렇게 연결되는 것이다.

문재인 정부의 가장 큰 문제는, 대한민국의 모든 잘못은 지난 정부의 폐해인 것처럼 주장하면서, 자기 정부의 임기 중에 발생한 모든 성과는 자신들의 공로인 것처럼 독점한다는 사실이다. 역대 많은 정권이 그러한 경향이 어느 정도 있었지만 문재인 정부는 유독 심하다.

문재인 정부의 유난한 특징 가운데 다른 하나는 사과에 대단히 인색하다는 점이다. 그렇게 숱한 인사 문제가 발생하고, 부동산·노동·대북정책 등이 실패하고, 방역에 허점이 생기고, 부정과 비리가 드러나도, 대통령이 그런 실책 앞에 제대로 사과한 적이 없다. 이것은 지난 정권들로부터 배운, 아주 좋지 않은 학습효과라고 보는데 '사과를 하면 진다'는 사고방식을 강하게 갖고 있는 것 같다. 역대 어떤 권위적인 정권도, 여론을 들끓게 하는 사건에는 대통령이 직접 사과했다. 하물며 김영삼도 아들의 비리 문제에 대해 수사기관의 수사가 아직 끝나지 않았음에도 방송 카메라 앞에 나와 직접 대국민 사과문을 읽었다. 문재인 정부는 그래봤자 지지율만 떨어질 뿐 정치적으로 얻을 이익이 별로 없다는 교훈(?) 같은 것을 습득한 것으로 보인다. 사과할 일이 있으면 총리나 장관, 대변인을 시키고, 돋보일 일이 있으면 무조건 대통령을 앞세운다. 이처럼 용렬한 대통령을 본 적이 없다. 주위 참모가 그러자고 해도 대통령 스스로 그래서는 안된다고 물리칠 일이다.

문재인 정부가 코로나19 대응을 잘했다면서 거기에 K-방역이라는 이름까지 붙여 자찬하지만 그중 9할은 국민의 적극적인 방역 협조, 자영업자들의 희생으로 얻은 결과다. 세상 어느 나라 국민이 그토록 성실하게 방역 수칙을 지키면서, 엄격한 통제에도 군말없이 잘 따라주었던가. 세상 어느 나라 자영업자가 적절한 사전 보상 조치가 없는데도 영업시간 단축과 출입인원 제한조치 등을 그대로 받아들였던가. 지난 시대 우리나라 경제발전의 과정에도 그렇지만, 국가에서 하는 일은 일단 믿고 따르면서 협조하는 우리 국민의 순수한 국민성이 이른바 K-방역의 요체인 것이다. 지난 시대 경제발전의 성과가 오롯이 군사정권의 공로만은 아니고 우리 국민 모두의 노력과 희생 위에 이룬 성과인 것처럼, 코로나19 방역 역시 마찬가지다. 그러나 문재인 정부는 국민의 협조에 진심 어린 감사의 뜻을 밝히기에 앞서 정권의 성과로 자랑하기에만 바쁘다. 소상공인과 자영업자들의 희생에 양해를 구하고 진중한 사과의 뜻을 밝힌 적도 없다.

무엇보다 책임감이 없는 대통령이다. 지도자의 가장 큰 자질 가운데 하나는 상황을 제대로 인식하는 능력이다. 코로나19 초창기에 팬데믹이 이렇게 심각하고 오래갈 것이라 예상한 사람은 그리 많지 않았다. 따라서 범인凡人에게 초인적 능력을 발휘하길 기대하기는 어려운 일이다. 하지만 사태가 지속하고 국민의 고통이 심해지면 지금이 비상 상황임을 깨닫고 대통령으로서 발휘할 수 있는 모든 헌법적 권한을 동원해 위기를 돌파하는 것이 당연하다. 소상공인·자영업자 구제와 관련해 대통령은 계속 의회를 핑계 댔다. '의회에서 적절한 입법 조치가 있기를 기대한다'는 식으로 말했다. 우리 헌법에 위기 상황에 대통령이 발휘할 수 있는 권한이 충분히 명시되어 있다. 그런 권한을 사용한대도 전혀 반민주적이거나 탈법적이지 않다. 정치적 창의성을 발휘하면 대통령이 직접 나서 의회의 협조를 구하면서 얼마든 빨리 진행할 수 있는 일이다. 그러나 정작 절차적 정당성이 필요한 일에는 절차를 무시하던 대통령이 빠른 판단과 조치를 요하는 일에는 절차를 찾는 모순된 태도를 보였다. 상황 인식이 결여되어 현 상황을 위기라고 판단하지 않거나, 공감능력이 결여되어 피해자들의 피해를 대수롭지 않게 생각하는 사고방식이라고 밖에 달리 해석할 길이 없다. 2021년 신년 기자회견에서 문재인은 방역 관련 질의 시간에 다른 질문이 나오자 "방역은 너무 잘하니까 질문이 없으신가요?"라는 괴이한 말까지 했다. 고통 받는 국민 앞에 할 수 있는 농담이 아니다.

검찰을 공적公敵으로 창조한 대통령

문재인 정부 5년 동안 가장 요란했던 화제 가운데 하나는 이른바 검찰개혁이었다. 그것은 노무현이 검찰의 박해로 극단적 선택을 하고 말았다는 오도된 판단으로부터 시작한다. 어쨌든 그런 추측은 할 수도 있다. 하지만 본인들이 정녕 그런 신념을 가졌다면 정권을 잡자마자 검찰을 바로 잡았어야 하는 일 아닌가.

문재인 정부 초기 2~3년 동안 끊임없이 했던 일이 이른바 적폐청산이었다. 박근혜 정부의 과오와 관련한 모든 사건을 빠짐없이 조사했고, 관련자들을 모두 구속하거나 정상적 사회활동을 불가능하게 만들었다. 거기에 검찰을 앞세웠다. 그렇게 필요할 때는 검찰을 한껏 활용하다가 나중에 갑작스레 들고나온 용어가 검찰개혁이다.

과연 언제부터 '검찰개혁'이란 용어가 본격 등장했던가. 대통령 최측근을 법무부장관에 임명하려다가 각종 비위 문제로 국민 여론의 반대에 부딪히자 '검찰이 개혁에 반대해 저항하는 것'이라는 환상을 만들어 지지자들을 그쪽으로 몰고 갔다. 국민을 둘로 쪼개 놓았다. 연일 이쪽저쪽 국민들이 광화문과 서초동 등지에서 시위를 벌였다. 이런 극단적 정치 대립의 상황에도 임명권자인 대통령은 장시간 침묵만 지켰다. 그러다 나중에 국민에게는 사과의 뜻은 밝히지 않은 채 오로지 측근에게만 "마음이 빚이 있다"고 말했다. 그러니 "박근혜에겐 한 명의 최 모씨가 있었지만 문재인에겐 열 명의 최 모 씨가 있다"는 말까지 생겨난 것이다.

그런 식으로 '검찰이 개혁에 저항한다'는 엉뚱한 환상을 만들고는 현직 검찰총장을 개혁 저항 세력의 수뇌인 것처럼 몰아붙였다. 대통령 자신이 임명했으니 정말로 문제가 있다고 생각한다면 대통령 자신이 결자해지의 자세로 사직을 권하면 되는데 또 그렇게는 하지 못하고 법무부장관을 앞세워 유무형의 압력을 계속 집어넣었다. 그 검찰총장은 이명박의 BBK비리 의혹을 수사한 특검팀 특별검사였고, 박근혜 당선 과정에 불거진 국가정보원 댓글 사건의 수사팀장이기도 했다. 그런 수사를 원칙대로 진행하다 좌천되어 한직으로 물러났다가 박근혜 국정농단 사건 수사팀장을 맡으면서 국민들 사이에 공정과 정의의 상징으로 떠올랐다. 문재인도 그것을 인정해 서울중앙지방검찰청 검사장을 거쳐 고검장을 거치지 않고 검찰총장에 임명한 파격 인사를 했던 것이다. 문재인의 파격 인사 가운데 그나마 잘한 케이스다. 그럼에도 달고 삼키고 쓰면 뱉는 권력의 생리대로, 필요할 때는 한껏 추켜세우다가, 자기 측근의 비리 문제에 칼날을 겨누고 원칙대로 수사를 진행하니 갑작스레 악덕하고 부도덕한 사람의 표본인 것처럼 만들어버렸다. 민주화 이후 여러 대통령 가운데 이토록 이중적인 경우가 있었던가 싶을 정도다. 국민은 그런 모습을 보면서 집권세력의 이중성에 분노와 실망을 넘어 두려움마저 느꼈다.

공정 앞세웠으나 공정을 훼손한 대통령

역대 모든 대통령이 자신이 내세운 가치, 국민이 기대한 시대정신을 저버리면서 스스로 몰락했다. 이승만은 건국의 공로를 세웠으나 권력에 대한 탐욕을 이기지 못해 몰락했고, 박정희는 가난과 궁핍으로부터 국민을 구제하겠다는 목표는 어느 정도 이루었으나 끝까지 자신이 모든 것을 이루겠다는 욕심이 지나쳐 반민주적 폭거를 거듭하다 측근의 총탄에 맞고 죽었다. 전두환은 '정의구현'을 전면에 내세웠으나 전혀 정의롭지 않은 친인척들의 비리 문제로 그러잖아도 희박한 정통성에 치명타를 입었고, 노태우는 '보통 사람들의 시대'를 열겠다고 했으나 재벌들과 유착하며 보통 사람답지 않게 행동함으로써 과오를 남겼다. 김영삼은 신한국 건설을 내세웠으나 전임 대통령에게 물려받은 국민소득 지표를 더욱 후퇴시켜 놓고 떠난 최초이자 아직까지는 유일한 대통령이 되었고, IMF 경제위기를 극복하라는 국민적 여망을 안고 당선된 김대중은 양극화 문제라는 시대적 숙제를 남겼다. 서민적인 노무현에게 양극화 해결을 기대했던 국민은 크게 실망했고, 기업인 출신에게 대통령직을 맡겨보았으나 역시 실망했으며, 박정희의 딸에게 경제민주화라는 실낱같은 희망을 걸었으나 큰 실망을 겪고 대통령을 탄핵했다. 국민이 문재인에게 기대했던 것은 공정이었다. 권력을 사유화하지 말고, 공명정대하게 국가를 운영하고, 경제적 불균형을 해소하는 데 무엇보다 집중해 달라는 것이다.

문재인 정부 들어 불균형은 더욱 심각해졌다. 인위적으로 소득을 올려 불균형을 해소하겠다는 단세포적인 사고는 고용 참사를 불렀고, 그런 와중에 코로나19 팬데믹이 시작되면서 양극화의 계단에는 더욱 큰 간극이 생겼다. 팬데믹으로 가장 고통받는 사람들을 찾아 우선적이고 집중적인 지원을 해줌으로써 부의 편중을 막고 사회적 균형을 유지하는 데 최선을 다해야 했는데, 오로지 인기를 의식한 무분별한 예산 낭비로 양극화는 격화하고 국가 재정을 심각한 상황으로 내몰았다. 팬데믹을 극복하기 위해 어느 나라든 확장재정정책을 펼치고 있고, 이런 때야말로 재정의 적극적 역할이 중요하다. 하지만 '확장'도 원칙에 따라 하는 것이지, 이때다 싶어 매표買票하는 양상으로 돈을 뿌리는 정부는 세계에서 문재인 정부가 유일하다.

문재인 정부의 특징 가운데 하나는 좋지 않은 일, 인기 없는 개혁은 무조건 뒤로 미룬다는 점이다. 전두환 정부의 예산동결처럼, 뒤에 벌어질 일은 생각지 않고 자기 임기 중에 드러나는 현상만 중시하는 태도다. 문재인 정부의 그런 대표적인 사례가 방만한 재정이고, 노동개혁이나 연금개혁 등은 손도 대지 않은 것이다. 심지어 임기 마지막에 인기를 의식해 전기요금과 가스요금까지 동결하면서 다음 정권에 책임을 넘겼다. 나중 일에는 눈 감고 오직 오늘만을 즐긴다.

다음 대통령은 누가 될 것인가. 가장 큰 시대정신은 문재인 정부가 방치한 '공정'의 가치를 회복하는 일이다. 문재인 정부가 훼손한 부동산, 조세와 재정, 고용 불안 등을 해소하는 일이며, 궁극적으로는 코로나19 팬데믹 이전 상태로 국민의 삶을 되돌리는 일이다. 문재인은 8조 원의 재정을 풀어 자영업자를 지원했다고 홍보하지만 그러는 동안 자영업자들은 50조 원의 빚을 졌다. 이는 자영업자들에게만 해당하는 문제가 아니라 심각한 사회 경제적 연쇄작용을 불러올 것이다. 자영업 중산층이 붕괴하면 대한민국 전체가 무너진다.

지난 대통령을 통틀어 대통령이 보여줄 수 있는 가장 한심하고 비겁하며 무책임한 행태를 문재인 정부에서 모두 목격했다. 대통령에 집중된 권한을 분산하고, 책임과 균형의 원리에 맞는 새로운 권력구조를 만들어나가는 것도 다음 대통령의 가장 큰 숙제라 할 것이다. 문재인이 훼손한 3권분립의 민주주의도 정상으로 돌려놓아야 한다.

문재인 정부는 촛불 정부가 아니라 촛불을 이용하고 촛불을 정면으로 배반한 정부다. 그리하여 박근혜–문재인 정부라고 표현할 수밖에 없는 것이다.

3부   대통령에게 건네는 6가지 조언

1. '대한민국'의 대통령이 되어야 한다

"대한민국은 민주공화국이다."

우리 헌법 제1조 제1항은 이렇게 시작한다. 그런데 사람들은 여기서 '민주'에는 시선을 기울이면서 '공화'는 간과하는 경향이 있다. 우리나라는 민주국가이자 공화국가이다.

우리나라가 민주국가라는 것은 지배의 정당성이 국민으로부터 나온다는 뜻이다. 이어지는 제2항처럼 "주권이 국민에게 있고, 모든 권력은 국민으로부터 나온다"는 의미다. 우리나라가 공화국가라는 것은 그 국민이 특정한 국민이 아니라는 뜻이다. 특정한 계층, 특정한 신분, 특정한 세력의 국민이 아니라 모든 국민을 의미한다. 어떠한 이유로든 특정한 국민을 차별하거나 도외시하지 않고 대한민국이라는 공동체의 구성원으로 인정해야 한다는 통합의 뜻을 담고 있기도 하다. 민주와 공화는 대한민국을 구성하는 이념적, 제도적 양대 축이다.

민주주의를 보완하는 공화주의

'공화'의 뜻을 쉽게 이해하려면 서양에서 유래한 republic이라는 용어가 어떻게 共和로 번역되었는지 살펴보는 편이 간단하고 빠르다. 알다시피 우리가 지금 사용하는 개념어 대부분은 영어, 독일어, 프랑스어, 네덜란드어 등을 어원으로 하여 수입된 것을 일본이나 중국 학자들이 한자로 번역해 전해졌는데, 사회, 경제, 자유, 의식, 주권, 발명, 생산, 문화, 법, 민족 등 셀 수 없을 정도로 많다. republic이나 republicanism도 그중 하나다. republic은 일본 학자들이 번역한 케이스다.

당시 일본 학자들이 republic의 속뜻을 보니 여러 사람이 집단으로 정치를 이끌어가는 세상을 뜻하는 것 같은데, 중국 고대 역사에 그런 시절이 잠시 있었다. 주周나라 여왕厲王이 폭정을 일삼다 쫓겨났는데, 왕이 없는 자리에 귀족들이 서로 합의하며 일종의 공동 통치를 했던 시절이 있었던 것이다. 그 시대를 함께共 화합한다和는 뜻으로 공화라 불렀다. republic의 번역으로 제격이라 여기게 되었다. 그래서 공화는 한자어 그대로만 해석하자면 조화로운 통합을 추구하는 정치체제 혹은 정치이념이라고 말할 수 있다.

한편 데모크라시democracy(민주주의)는 말 그대로 데모스demos의 우위를 인정하는 체제cracy를 말한다. 고대 그리스에서 데모스가 어떤 계층을 지칭하는지는 확실치 않지만 대체로 평민平民을 의미하고 있다는 것에는 많은 학자들의 의견이 일치한다. 즉 '다수에 의한 지배'가 민주주의 본연의 뜻에 가깝다.

하지만 다수의 뜻에 따른 지배를 한다고 온전히 올바른 정치체제라고 말할 수는 없다. 다수가 소수를 무시하고, 우매한 군중이 제도의 근간을 제대로 이해하지 못하고 정치적 폭력을 휘두를 수도 있기 때문이다. 그래서 공화주의는 어떤 측면에서는 민주주의를 보완하는 차원에서 등장하는 개념이다. 왕정이나 귀족정처럼 특정한 계급 계층이 이끄는 나라가 아니라 보편적 국민이 이끄는 나라라는 뜻이기도 하다. 대한민국은 민주 '공화국'이다.

공화주의를 일탈한 박근혜, 문재인

역대 우리나라 대통령들을 보면 민주주의도 제대로 이해하지 못했지만 공화주의적 원칙에 어긋나는 행위를 너무 많이 했다. 그리고 정권이 민심을 잃는 주요한 이유는 이 공화주의를 망각했기 때문에 발생했다.

가까운 예로 박근혜 정부 시절 국정 역사 교과서 도입 논란을 보자. 교육 현장에서 사용하는 역사 교과서가 이념적으로 편향된 부분이 많아 과거처럼 정부가 일률적인 역사 교과서를 만들어 보급하겠다고 당시 박근혜는 발표했다.

물론 출판사마다 고유한 시각으로 제작한 역사 교과서 가운데 그릇되거나 치우친 인식을 담은 경우가 종종 있었다. 하지만 그것이 국가가 직접 개입해 획일적인 교과서를 만든다고 해결될 일인가? 게다가 이미 오래도록 국가가 검정한 다양한 교과서를 사용해왔는데, 그것을 어떻게 국정화로 되돌린단 말인가. 박근혜 정부의 이런 무리한 시도는 자유주의적 시각을 가진 지식인들이 박근혜에게 등을 돌리는 중요한 계기 가운데 하나가 되었고, 나중에 대통령 탄핵을 촉구하는 촛불 시위에도 이들이 앞장서게 되었다.

박근혜는 국민 통합을 위해 올바른 역사 교과서를 만들겠다는 명분을 내세웠지만 그것은 공화주의를 가장한 국가주의일 따름이다. 공화주의는 단순히 통합만 추구하는 이념 성향이 아니다. 다양성을 근간으로 한다. 그리고 집중된 권력에 대한 견제와 균형 장치를 마련하는 것이 공화주의적 발상이다. 박근혜는 민주주의 절차와 질서를 무시한 것도 있지만 공화주의 정신을 망각한 것이 대통령직을 탄핵당한 주요 원인이었다.

그럼 뒤이은 문재인 정부는 공화주의를 존중했는가.

문재인은 취임사에 "국민 모두의 대통령 되겠다"고 약속했다. 공화주의적 원칙을 강조하는 말이다. 대통령의 제왕적 권력을 최대한 나누겠다, 권력기관을 정치로부터 완전히 독립시키겠다, 견제 장치를 만들겠다, 분열과 갈등의 정치를 바꾸겠다, 보수와 진보의 갈등을 끝내겠다, 전국적으로 고르게 인사를 등용하겠다, 능력과 적재적소를 원칙으로 삼겠다, 유능한 인재를 삼고초려해 일을 맡기겠다, 야당은 국정운영의 동반자다, 대화를 정례화하고 수시로 만나겠다…… 취임사에 좋은 말이란 좋은 말은 다 등장했다. 전부 공화주의와 관련한 약속인데, 하나도 지켜진 것이 없다. 그래도 공화주의가 시대정신이라는 사실 정도는 알고 있었던 것이다. 모르고 실천하지 않은 것은 어느 정도 양해할 수 있으되, 알면서도 지키지 않았으니 더욱 문제가 크다.

앞서 여러차례 언급한 바 있지만, 문재인 임기 내내 가장 시끄러웠던 논란은 이른바 검찰개혁이었다. 검찰에 권한이 집중돼 있으니 그걸 나누겠다는 것이다. 좋다. 사법행정을 '권한'의 개념으로 바라보는 견해가 적절하지는 않지만,* 어쨌든 검찰권에 대해서도 견제와 감시는 있을 수 있는 일이다. 그런데 그게 신조라면, 정권 초기에 명분이 확실할 때 했어야 할 일 아닌가. 집권 초기에는 적폐 청산이니 하면서 검찰을 오히려 승승장구하게 만들더니, 효용가치가 다하니 마치 검찰이 만악의 근원이라는 듯 몰아세웠다.

가장 심각한 문제는 이런 사안에 대한 견해 차이에 있지 않다. 어느 사회나 구성원들 사이에 생각의 차이는 있는 법이다. 문제는 여론이 양분되어 국민들이 밤마다 맞불 시위를 하고 극심한 사회적 갈등과 혼란이 계속되고 있는데도 갈등을 수습하고 통합을 유지할 대통령이 공화국 지도자로서의 역할을 방기한 채 사태를 관망하기만 했던 점에 있다. 마치 대립을 즐기는 양상이었다. 문재인은 대통령 후보 시절에도 자신을 열성적으로 지지하는 사람들이 특정한 정치인에게 휴대폰 문자메시지를 폭탄처럼 쏟아붓고 정치후원금을 18원씩 보내면서 유치한 행위를 하는 것에 대해 "경쟁을 흥미롭게 만드는 양념 같은 것"

---

* 사법행정은 권한이 아니라 '효율'의 견지에서 봐야 한다. 즉, 국가의 형사 사법 질서를 유지하기 위해 어떠한 시스템을 구축해야 국민의 생명과 안전을 지키면서 가장 효율적인지를 따져야 한다. 그런데 민주당 인사들은 세상만물을 '권력투쟁'의 견지에서 바라보니 사법행정마저 그런 태도로 일관한다. 공화주의적 시각이 결여되어 있기 때문이다.

이라고 두둔한 바 있다. 그런 발언이 문제가 되자 거기에 피해를 입은 의원들에게는 유감과 위로의 뜻을 밝혔지만 그러한 행위를 일삼는 자들에 대해서는 어떠한 주의도 주지 않았다. 문재인이 공화주의적 양태에는 전혀 관심이 없다는 사실을 이런 사례에서도 발견할 수 있다. 나라를 화합으로 이끌겠다는 생각 자체가 없는 것이다.

결국 문재인이 말하는 화합이란 자신과 뜻이 맞는 사람들, 자기 진영 내부에 있는 사람들 사이 화합을 말하는 것 같은데, 그런 식으로 공화주의에 일탈해 권력을 사유화하면서 전혀 능력이 되지 않는 사람에게 장관직, 대사직, 부총리직을 나눠주고, 온갖 공공기관장과 공기업 임원 자리 하나까지 집권세력과 조금이라도 연줄이 닿는 사람으로 바꿔 넣었다.

지금껏 우리나라 정치를 보고 겪으며 능력이 닿지 않은 인물이 권력자와 연줄이 닿아 분수에 맞지 않는 자리를 차지하는 모양은 여러 번 봤다. 그럼에도 최소한의 능력이나 염치는 있었다. 적어도 그 직위를 유지할 만한 기본은 갖춘 사람들 가운데 연줄 있는 사람을 임명했던 것이 지난 정권의 행태였다. 그런데 문재인 정부는 능력이나 경험 같은 것은 완전히 무시하고 자기 진영이냐 아니냐를 최고의 판단 기준으로 삼은 것 같다. 표현 자체가 상스럽긴 하지만 아무나 '꽂아넣는' 식으로 인사 전횡을 일삼았다. 국가기관을 자기 진영 사람들이 경험을 쌓는 실습장 정도로 여기지 않는다면 나올 수 없는 태도다. 세상에 이런 정부, 이런 대통령을 본 적이 없다. 우리나라는 공화주의 국가가 아니라 선언하고 국가를 일방적으로 끌고 가는 모습이었다.

약탈국가가 되었다

우리나라 대통령이 직접 임명하거나 임명에 개입할 수 있는 자리가 대략 2천 개 정도는 된다. 영향력을 미칠 수 있는 자리까지 합하면 7천 개 정도에 이른다고 말하는 사람도 있다. 이제는 완전히 민간기업이 된 포스코나 KT 같은 기업의 최고경영자 자리까지 대통령이 영향력을 행사할 수 있을 정도이니 우리나라 대통령 제도가 얼마나 비정상적이고 후진적인 형태인지 알 수 있을 것이다.

노태우 때까지만 해도 청와대에 인사를 담당하는 부서가 아예 없었다. 일반 공직사회야 각 부처별로 인사가 이루어지고, 대통령도 법률에 정한 인사권만 행사하면 되는 것이니 굳이 청와대에 인사 담당 부서를 둘 이유가 없었던 것이다. 김영삼 때부터 청와대에 인사를 관리하는 시스템이 만들어지기 시작했는데, 청와대가 모든 인사를 관장하겠다는 뜻을 대내외적으로 선포한 셈이다.

김영삼 정부 때 그랬던 것은 김영삼이 대통령 선거운동을 할 때 처음으로 '캠프'라는 것이 생겼기 때문이다. 대통령 선거운동은 당 차원의 선거대책위원회가 꾸려지기 때문에 공식적인 조직을 활용하면 되지 굳이 외곽조직이란 것이 필요 없다. 그런데 김영삼이 이끌던 민주산악회 인사들이 여기저기 캠프라는 것을 만들어, 특정 분야에서는 자기들이 실세인 것처럼 행세했다. 선거가 끝나니 이들은 논공행상을 벌였고, 그런 많은 사람들에게 각자 한자리씩 나눠주려다 보니 청와대에 그것을 담당할 전담 부서가 생겨난 것이다.

김영삼 이래로 대통령 선거엔 캠프가 유행이 됐다. 후보마다 무수한 캠프가 생겨난다. 대통령 하나 만들어보겠다고 각 분야의 사람들이 모이는데, 모두 선대위에 낄 수는 없으니 캠프에 분산된다. 물론 이들 중에서는 순수한 열정으로 참여하는 사람들도 있겠지만, 일종의 자리 사냥꾼job hunter으로 참여하는 사람들이 적지 않다. 대통령이 되면 쉽게 만날 수도 없으니 후보 시절부터 캠프에 참여해 눈도장을 찍어놓고 자기 명함을 건네주어야 나중에 작은 자리 하나라도 얻을 수 있기 때문이다.

특히 대학교수들이 캠프에 많이 몰린다. 교수로서 더이상 출세할 길이 없고, 학문으로는 실력이 안 되니, 정치권밖엔 갈 곳 없는 사람들이 선거 때마다 여기저기 줄을 댄다. 대학 총장이 되는 방법도 정치권에 줄 서는 것이 가장 빠르기 때문에 그렇게 한다. 나중에 연구용역 하나 따는 것도 정치권 연줄이 큰 역할을 하니 어떻게든 캠프에 이름을 올린다. 대학의 정치화가 그래서 심각해진 것이다.

그러니 캠프라는 곳은 이른바 폴리페서, 자리사냥꾼, 정치 밖에는 할 줄 아는 것이 없는 사람들이 모여 앉아 여기저기 전화하면서 그것을 선거운동이라고 착각하는, 그리하여 정권이 바뀌면 한자리 꿰차려는 욕망에 들뜬 사람들의 임시 정류장과 같은 곳이다. 제대로 된 대통령이라면 선거운동을 하기 전부터 그런 사람들을 멀리하고, 아예 상대도 하지 말아야 하는데, 한 표가 아쉬운 상황이라 이런저런 캠프를 용인하게 된다. 그게 다나중에 정치적 빚으로 남는다.

이런 문제는 대통령이 정치적으로 임명할 수 있는 자리를 최소화하는 방향으로 헌법과 법률을 개정하고 우리나라의 관료시스템을 전면적으로 뜯어고치는 것이 근본적 해결책이다. 사실은 대통령이 마음만 먹으면 당장이라도 개선할 수 있는 일이다. 하지만 어떤 대통령이든 그렇게 하지 않는다. 챙겨줘야 할 사람이 많기 때문이다. 국가를 하나의 전리품처럼 여긴다. '상대방도 그랬는데 우리라고 못할쏘냐'라는 식으로 전혀 양심의 거리낌 없이 그렇게 한다. 정치학에서 말하는 약탈국가predatory state처럼 된 것이다. 공화주의 정신의 심각한 일탈이다. 무소불위 대통령 제도가 그것을 부추기고 있다.

급기야 문재인 정부에서는 대통령 임기가 끝날 즈음이 되자 임기 3년짜리 공기업 임원을 이른바 알박기 하는 형태로 무수히 임명하는 몰상식한 행위까지 서슴없이 진행했다. 끝까지 국가를 탐욕의 대상으로 삼은 것이다. 거창하게 공화주의의 위기라고 말할 것이 아니라, 인간으로서 양심의 위기에 가깝다.

잊어야 할 것, 잊지 말아야 할 것

대통령이 되었다는 것은 정치인으로서 최고의 자리에 올랐다는 것을 의미한다. 개인적으로는 더이상 바랄 것이 없는 영광을 차지한 셈이다. 그렇다면 더 욕심 부릴 것이 뭐가 있을까. 사사로운 정이나 인간적 관계에 얽매일 필요 없이 무사공평한 태도로서 능력에 따라 관료를 등용하고, 국가와 국민을 위해 최고의 성과를 남기는 것에만 집중하면 된다. 그런데 우리나라 대통령들은 특이하게도 '은혜를 갚아야 한다'는 생각에 이끌리는 것 같다.

대통령이 잊어야 할 것과 잊지 말아야 할 것이 있다. 당선과 동시에 '그동안 나를 도왔던 사람'은 다 잊어야 한다. 그리고 임기 내내, 자신은 특정한 계파의 지도자가 아니라 국민의 대통령이라는 사실을 잊지 말아야 한다.

앞에서 주로 인사 문제를 중심으로 공화주의적 원칙을 말했지만 대통령의 역사관도 그렇다.

어떠한 직위든 '공인'이 되었다는 것은 개인으로서의 자신은 사라지는 것을 의미한다. 개인적인 신념도 잠시 접어둬야 할 경우가 있고, 공동체의 기준과 요구에 맞게 자신을 재정비할 필요도 있다. 대통령이 되었으면 특정한 정치적 이념이나 역사관을 고집하는 일도 삼가야 한다. 대한민국의 대통령이기 때문에 그렇다. 공화국의 대통령이기 때문에 그렇다. 너무도 당연한 이야기가 너무도 허망하게 무시되는 경우를 그동안 지켜봤기 때문에 덧붙이는 말이다. 한쪽이 대통령이 되면 다른 한쪽의 역사를 지우고 부정하려는 권태로운 풍경이 반복되는 것도 공화주의적 의식이 결여되어 있기 때문이다.

2. 미래를 상대로 경쟁하라

세상을 살아가며 얻은 교훈 가운데 하나는 사람은 무릇 경쟁자를 잘 골라야 한다는 사실이다.

너무 강한 경쟁자를 고르면 쉽게 꺾이고, 너무 약한 경쟁자를 고르면 함께 약해지기 마련이다. 경쟁할 만한 대상이 아닌 상대를 경쟁자로 고르는 것이 최악의 경우다.

역대 우리나라 대통령들은 대부분 박정희를 경쟁 상대로 삼았다. 권위주의 시대 대통령은 '박정희의 성과를 잃지 않겠다'는 의미에서 죽은 박정희와 경쟁했고, 민주화 시대 대통령은 '민주 정부가 박정희보다 못할쏘냐'라는 태도로 죽은 박정희와 경쟁했다. 가장 한심한 것은 문재인 정부 같은데, "그래도 박근

혜 때보다는 낫지 않느냐"는 식의 변명을 곧잘 했다. 경쟁 상대
가 될 수 없는 대상을 고르고 자족하는 최악의 경우다.

정부의 역할을 바로 알아야

박정희의 국가 발전 전략은 무엇보다 성장 위주 담론이다.
"잘살아보세"라는 표현으로 간단히 요약된다. 좋게 해석해 박
정희 시대는 경제성장과 민주주의 가운데 후자를 뒤로 미루고,
성장의 열매가 열리면 그때서야 민주주의를 허락하겠다는 뜻
으로 풀이된다. 물론 박정희가 그런 생각을 가졌는지 여부는 알
수 없지만, 결과론적으로 그렇다는 말이다. 경제성장이 먼저냐,
민주주의가 먼저냐 하는 논란 가운데 결국 '성장제일주의'가
우선하고 승리한 역사가 대한민국의 현대사다. 좋든 싫든 결과
는 그렇게 나타났다.

성장이 먼저냐, 분배가 먼저냐. 이런 질문을 곧잘 듣는다. 성
장이 없는데 어떻게 분배를 할 수 있을까? 전제 자체가 잘못된
질문이다. 성장은 상수常數에 가깝다. 항상 추구해야 할 가치다.
그럼 어느 시점부터 분배를 적극적으로 추구할 것이냐. 그것이
지도자가 판단할 몫이다.

그런데 '국가 차원'의 성장 전략이라는 것은 시장이 영세할

때 나오는 전략이다. 시장 스스로 발전할 힘이 없으니 국가가 개입해 의도적으로 시장을 키우는 방법이다. 박정희 시대 우리나라 발전 전략이 그것이었다. 하지만 시장이 어느 정도 형성되면, 시장은 자체의 힘으로 커나가기 마련이다. 그것이 올바른 시장주의자의 자세다. 국가는 시장의 왜곡만 바로 잡아 나가면 된다. 그런 뒤로 성장은 기업의 몫이 된다. 기업은 성장하지말라고 압박해도 어떻게든 성장을 추구하는 존재 아닌가. 그럼에도, 시장이 이미 성숙했는데도, 여전히 국가가 앞장서 성장을 추구하겠다는 전략을 수립하는 정부가 있다면 기업과 시장에 잘못된 영향을 줄 수 있고, 멀리 보아 국민의 삶을 망친다.

한편으로 시장은 분배를 추구하지 않는다는 사실을 알아야 한다. 시장에서 분배는 임금의 수준을 뛰어넘지 않는다. 그것이 정상이다. 임금을 받지 못하는 실업자를 기업이 챙겨줄 리 만무하고, 기업이 근로자와 정한 임금 수준 이상의 것을 줘야 할 의무 또한 없다. 따라서 분배(정확히 표현하자면 '재분배')는 오롯이 국가의 몫이 된다. 시장에서의 분배가 사회의 정상적 발전을 저해할 수준이 되지 않도록 재분배 기능을 발휘하는 것이다.

재분배의 기본 수단은 당연히 재정(주로 국민의 세금)이다. 당연한 사실을 다시 반복하자면, 재분배는 오롯이 정부가 할 수 있는 역할이다. 기업에게 재분배를 하라고 촉구할 수는 없는 일 아닌가. 정부가 시장에 개입해 기업에게 재분배를 재촉한다면,

본질상 그것은 정부의 책임을 떠넘기는 일이다.

문재인 정부의 이른바 '소득주도성장'의 이론적 문제점은 이렇게 간파된다. 정부가 기업에게 재분배를 하라고 재촉한 모양인 것이다. 정부가 기업에게 공정한 분배를 촉구한다면 논리적 근거가 명확해야 하는데 무작정 목표를 설정해놓고 '여기까지 올리자'는 식이니 그것이 어떻게 정상적인 분배인가. 임금도 경제학적으로는 분명 가격인데, 시장에서의 가격 결정 기능에 정부가 지나치게 개입해 시장 질서를 교란한 격이다. 급격한 최저임금 인상에 소상공인과 자영업자들이 비명을 지르자 인상된 급여 정도를 정부에서 지원해주겠다는 미봉책을 내놓고 그것을 재분배 정책인 것처럼 자랑했는데 정부의 역할은 그런 것이 아니다. 애초에 임금 결정에는 정부가 함부로 개입하면 안 되는 일이다.

차제에 말하자면 이른바 최저임금은 최소한의 노동인권도 지켜지지 않던 제조업 위주 산업자본주의 시대에 형성된 개념인데 아직도 그것을 진보적 가치관처럼 내세운다는 현실 자체가 퇴행적이다. 그만큼 사회적 약자들의 삶이 힘들다는 뜻이기도 하지만 현실에 문제가 있더라도 가격 결정 기능에 정부 개입은 최소화해야 하고, 다른 방법을 통한 적극적 재분배 수단을 찾는 것이 정부의 올바른 역할이다.

본질적으로 '소득주도성장'이란 용어에는 소득과 성장 사이 인과관계가 전혀 증명되어 있지 않다. (사실은 인과관계가 거꾸로 되었다.) '성장'이라는 용어를 '소득주도'라는 전제에 그냥 갖다 붙여 만든 어색한 조어 아닐까 싶다. 그런데 여기에 왜 굳이 '성장'을 집어넣었을까? 결국엔 이 이상한 표현을 창안한 사람도 성장 담론이 매력은 있다고 생각해 그런 것이 아닐까 추측하게 된다.

가장 큰 문제는 '비상 불감증'

굳이 문재인 정부의 소득주도성장을 다시 꺼내 비판하는 이유는 바로 그런 배경 때문이다. 얼토당토 않은 정책이긴 하지만, 어쨌든 그 정책 역시 '성장'을 모토로 하는 점이 특이하다.

성장이 중요하지 않다는 말이 아니다. 앞서 말한 것처럼 성장은 상수다. 그러나 어느 정도 시장 규모가 형성된 국가에서 정부가 앞장서 성장 전략을 추구할 수는 없다. 기업은 시장 전체의 균형을 감안하고 국가의 미래를 내다보면서 성장하는 것이 아니기 때문에 정부 차원에서 특정 분야의 산업 육성 전략을 도모할 수는 있다. 예를 들어 인공지능이나 로봇, 바이오산업 등을 집중 육성하겠다는 전략 말이다. 그러한 산업발전 전략 이외의 성장 전략은 대체로 무용하다. 현 시대에 정부 차원의 성장

담론이라고 한다면 현재로서는 '포용적 성장' 정도가 거의 유일한 담론이 되지 않을까 싶다. 사회적 약자를 끌어안으면서 양극화를 해소해 그것을 균형있는 성장의 원동력으로 삼는 것이다.

그러나 사실 지금 우리에게는 소득주도성장이니 바이오산업 육성이니 포용적 성장이니 하는 문제보다 더 급한 문제가 있다. 성장의 기본 지표 자체가 흔들리고 있다는 사실이다. 한가로이 이런저런 성장을 따질 때가 아니다.

2021년 11월 OECD 보고서에 따르면 2030~2060년 대한민국의 1인당 잠재 GDP 성장률은 연간 0.8% 정도로 예상된다. 문제는 우리나라의 잠재성장률이 OECD 국가 가운데 가장 낮은 수준인 것은 물론, 추락하는 속도가 다른 나라에 비해 현저히 빠르다는 점에 있다. 2000년대 초반만 하여도 우리나라의 잠재성장률은 3.8% 수준으로 신흥성장국인 중국이나 인도에는 미치지 않았으나 엄연히 OECD 상위권에 속해 있었다. 그러던 것이 불과 20년만에 성장률이 반 토막 났고, 앞으로 10년만 있으면 0%대로 진입한다. 우리나라의 잠재성장률은 추락 속도가 너무나 과격해, 예상보다 더 빨리 0%대에 들어설 것이라는 예측도 있다. 그동안 우리 국민은 빠른 성장에만 익숙했기 때문에 성장률 저하로 인한 고통의 체감 지수는 상대적으로 높을 것이다.

잠재성장률이 급격히 추락하는 주요 요인 가운데 하나는 저출산 고령화 때문이다. 생산인구는 감소하는데 공동체의 노력으로 부양해야 할 인구는 늘어나는 이중의 과제를 안고 있다. 이것 또한 속도가 문제다. 어느 나라든 저출산 문제는 겪는 중이지만, 우리는 출산율 역시 감소 속도가 너무 빠른 것이 특징이다. 2001년 한국과 일본의 합계 출산율은 각각 1.1과 1.2로 거의 비슷한 수준이었는데 20년이 흐른 지금(2021년) 한국의 합계 출산율은 0.84, 일본은 1.34로, 일본은 오히려 출산율이 올랐으나 우리는 초초저출산 국가로 진입하는 양상이다. 보통 일반적인 국가가 2.1정도 출산율에서 1.3까지 이르는 데 걸린 시간이 30~40년으로 천천히 하강곡선을 보였던 반면(합계출산율 2.1을 저출산, 1.3을 초저출산이라고 말한다), 우리나라는 거기에 소요된 기간이 채 20년에 지나지 않았다. 게다가 그것이 다시 1명 이하로 떨어지는 데 걸린 시간은 15년 정도에 불과하다.

한편, 국가 재정 여건이 악화되고 이른바 '나라빚'이 쌓이는 것을 걱정하는 여론이 많다. 코로나19 팬데믹으로 세계 모든 나라가 재정의 적극적인 역할을 주문하는 가운데 재정이 일시적으로 확장하는 현상 자체는 큰 문제가 아니다. 지금 재정을 역동적으로 활용해 나중에 더 큰 사회적 비용을 치르지 않고 공동체의 위기를 극복할 수 있다면 오히려 반길 일이다. 하지만 문제는 재정이 꼭 필요한 국민에게 먼저 활용되는 것이 아니라 선심성으로 원칙 없이 사용되고 있다는 점에 있고, 코로나

19 이전부터 재정적자가 쌓이는 '속도'가 지나치다는 점에 있다. 우리는 성장률이 낮아지는 속도, 저출산과 고령화가 심화되는 속도, 재정적자가 쌓이는 속도, 뭐든 속도가 너무 빠른 것이 문제다. 급속한 경제성장을 이룬 만큼 퇴보도 빠른 것 아니냐는 걱정이 나오는 이유다.

부정적 측면의 경제 사회 지표가 동시에 이렇게 빠른 속도로 증가하는 것은 일종의 국가적 비상 상황이다. 그런데 아무도 이것을 비상이라 생각지 않는다. 일종의 '비상 불감증'이랄까. 비상이라고 말하면 호들갑을 떤다는 식으로 대한다. 그것이 심각한 문제다.

언급하자면 우리나라는 자살률도 OECD 평균의 곱절을 넘는다.* 세계 1위를 유지하고 있다. 출산율 감소, 고령화 진척 속도, 재정 확장 등의 속도가 지나치게 빠른데 거기에 자살률까지 세계 최고 수준이라는 것은 이 자살률이 단순한 사회 문화적 현상으로 해석할 수 있는 수치가 아니라는 것을 뜻한다. 우리나라 자살률은 경제 사회적인 복합 문제로 읽어야 한다.

---

*   2021년 현재 우리나라의 자살률은 10만 명 당 23.5명으로 OECD 평균인 10.9명의 2배가 넘는다.

저출산 문제에는 혁명적으로 대응해야

상황이 비상인 만큼 그것에 대응하는 방식 또한 달라야 한다. 일반적인 감소 추세에서 다른 나라에서 취했던 방식을 베껴오는 방식으로는 도저히 극복할 수 없다. 국가대개혁을 하듯 경제 패러다임 자체를 바꿔야 하는 것이다. 그런데 여전히 우리나라 대통령은 철지난 성장 담론의 주변부를 벗어나지 못한다. 문제의 핵심이 무엇인지 모르기 때문이다.

회고하자면 1970년대 초반 내가 박정희 정부 각료에게 "경제발전의 패러다임을 바꿔야 한다"고 말했던 것은, 당시 내가 워낙 젊었기 때문에 당돌했던 탓도 있지만, 사회의 계층 구조가 바뀌고 있는 점이 나름대로 눈에 보였기 때문이다. 경제발전의 성과로 근로자 계층은 몇 배로 늘어나고 국민의 의식도 바뀌고 있는데, 대통령은 국가와 국민을 여전히 1960년대 수준으로만 바라보고 있었다. 그저 '나라만 부강하면 된다'는 식으로 경제를 이끌어갔던 것이 나중에 문제를 더욱 어렵게 풀어야 하는 사회적 과제로 쌓였다.

지금 대통령들도 똑같다. 우리나라 저출산 고령화 문제, 잠재성장률의 추락 가능성 등은 이미 2000년대 초반부터 예고되어 왔던 문제이지만 지금껏 어느 대통령도 이것을 심각한 문제로 받아들이지 않았다. 그러한 인식이 있다 하더라도 자기 임기 중에 성과가 나타나는 사안이 아니기 때문에 후순위 중에서도 후순위로 미뤄놓는 과제였다. 결국 상황이 곪고 곪아 오늘에 이르렀다. 사실은 지금도 대응하기에 많이 늦은 것이다. '5년 단임 대통령이기 때문에 발생한 문제'라고 제도에서 원인을 찾기에는 너무도 안이한 태도다. 과연 '대한민국'의 대통령이라는 인식이 있는 사람들인지 의심스러울 정도다. 미래를 위한 초석을 놓는다는 생각은 하지 않고 다들 오늘을 위해서만 사는 것 같다.

최근에는 우리나라가 일본을 제치고 머잖아 G7국가에 진입할 것이라는 장밋빛 전망마저 나온다. 일본 학자도 그렇게 전망한다. 일본 학자가 자기 나라 미래를 걱정해서 하는 말인데 거기에 우리가 경망스럽게 환호할 필요는 없다. 그러한 모습을 보면서 오히려 어떤 기시감이 든다. 1980년대 말, 일본이 미국을 제치고 세계 제1 경제대국이 될 것이라고 환호하던 시절이 있었다. 당시 일본 경제는 압도적으로 승승장구했고, 일본인들이 미국 땅을 다 사들일 수도 있다느니 하는 어리석은 자부심까지 있었다*. 그러나 그 뒤로 어떻게 됐는가. 자신감의 정점에서 일

---

*   1980년대 말, 일본 싱크탱크 노무라종합연구소에서 작성한 장기 전망에 따르면 21세기에 일본은 GDP에 있어 미국을 능가하고 주가도 닛케이지수 8만을 넘을 것이라는(당시 3만) 황홀경에 빠져 있었다. 지금 일본은 1인당 명목 GDP가 한국에 추월당할 정도이고, 2022년 1월 현재 닛케이 지수는 2만7천 선이다.

본은 추락했다. 잃어버린 10년인가 했더니 침체가 30년까지 이어지고 있다. 혹시 우리도 그렇게 되는 것은 아닐까? 1980년대 말 일본을 많이 닮았다. 지금 이것이 우리가 성장할 수 있는 가능성의 정점이고, 앞으로는 기나긴 내리막길만 남은 것은 아닌가 하는 걱정과 회의마저 든다. 실제 지표는 그것을 가리킨다. 최근에 고령화 대책을 세워야 한다면서 연금개혁 등을 말하는 사람들이 있는데, 인구 문제를 근본적으로 풀지 못하면 아무리 연금개혁을 해봤자 특별한 의미가 없다. 저출산 속도가 다른 모든 개혁의 속도를 압도하고 있는 것이다.

각설하고, 누구 탓을 하고 있을 겨를이 없다. 지나치게 낙관적이거나 지나치게 암울할 필요도 없다. 일단 상황이 이렇게 조성되었으니, 문제를 풀어야 할 것 아닌가. 인구구조 변화에 대한 혁신을 넘은 '혁명적' 대응이 필요한 시점이다. 앞에서 "어떤 정권이든 집권하자마자 자신들이 혁명세력이라는 생각으로 우쭐했다"고 비판했지만, 인구구조 변화에 대해서만큼은 혁명적 대응이 필요하다. 우물쭈물할 시간이 없다. 과거에 혁명세력을 자처했던 정권은 패러다임을 바꾸지도 못하면서 어설픈 정책으로 혁명을 남발했지만 지금이야말로 혁명, '국가적 혁신'을 이야기할 때다.

"이미 지나간 정권을 경쟁 상대로 삼지 말고 미래를 상대로 경쟁하라." 이 말을 강조하고 싶다.

인구 문제를 관장하는 새로운 부처를 만든다거나, 인구 부총리를 신설한다던가, 대통령 직속 저출산고령사회위원회를 더욱 확대하는 방안 등을 거론하지만 과연 그 정도로 해결책을 마련할 수 있을까 싶다. 보육, 교육, 주택, 고용, 노동, 이민, 보험, 연금, 재정, 균형발전, 양성평등 등 대한민국을 완전히 뜯고 치겠다는 각오로 전면적 개혁 과제가 나와야 하고, 이를 집중적으로 관리할 컨트롤타워가 필요하다. 일개 부처의 노력으로 실현할 수 있는 일이 아니다.

　　덧붙이자면, 재정의 새 틀을 짤 필요가 있다. 재정 악화를 걱정하면서 재정건전성을 이야기하는데, 그렇다고 복지 지출을 줄이거나 이른바 허리띠를 졸라매듯 긴축재정을 펼친다고 되는 일이 아니다. 지금 우리의 문제는, 산업화 시대부터 이어져 내려온 재정의 프레임을 근본적으로 바꿀 생각을 전혀 하지 않는 데 있다. 그저, 어떤 정권이든, '과거부터 그래왔던 거니까'라는 식으로 따라가는 중이다. 왜 그 예산이 생겨났는지 고민하지 않고, 누구도 재정개혁을 시도하지 않는다. 그런 부분에 있어서는 여야가 따로 없을 정도로 일치한다. 혹여 경직성 경비를 줄이면 큰일날까봐, 혹은 해당 부처와 이익단체의 반대 여론을 의식해, 재정을 구조적으로 재편하는 과제에는 손도 대지 않는다.

　　사실은 어디서부터 손을 대야 할지 몰라 그러는 것은 아닐까 싶을 때가 많다. 세출 구조를 바꿔야 하고, 세제稅制도 전반적으로 손봐야 한다. 산업화 시대에 만들어진 세금의 틀을 갖고 거기에 덧대는 식으로 이런저런 세금을 넣고 빼고 하고 있었으니, 세제가 누더기가 되었다. 그런 세제와 세정으로 과거보다 경제 상식과 지식수준이 훨씬 높아진 국민의 동의를 어떻게 구할 것이며 인구 구조가 크게 변화하는 미래 사회를 준비할 수 있을지 심히 우려된다. 누군가는 메스를 들고 나서야 할 일이다.

　나라의 살림 장부를 재정비하고 대한민국의 40~50년 뒤 미래를 설계한다는 생각으로 대통령이 직접 이런 문제들을 챙겨야 한다. 그러나 이 부분에 대한 뚜렷한 인식과 준비를 갖춘 정치인을 찾기 힘들다. 대한민국 70년 역사와 경제사, 재정과 조세의 역사 등을 알면서 구조적 특징과 배경까지 헤아리고 있어야 하는데, 단편적 지식을 갖춘 어설픈 의사들이 수술을 집도하겠다고 나섰으니 환자는 비명을 지르고 출혈만 계속되는 중이다. 그래서 적당히 봉합해 버리려는 의사가 있고, 자기가 유능한 의사라고 착각하고 전혀 엉뚱한 부위를 개복하려는 의사도 있다. 제대로 된 전문의가 나와야 할 시점이다. 이걸 작금 대통령제로 과연 풀 수 있는지 걱정하는 것이다.

3. 대통령의 무지는 '죄'가 된다

대통령이 어느 정도 경제 지식을 갖고 있어야 하느냐? 이것도 가장 많이 듣는 질문 가운데 하나다.

대통령이 모든 분야에 만능일 수는 없다. 그 많은 걸 어떻게 다 알겠는가. 경제도 그렇다. 그렇더라도, 적어도 흐름 정도는 알고 있어야 한다. "머리는 빌릴 수 있어도 몸은 빌릴 수 없다" 면서 열심히 운동하고 자신의 무지를 합리화하려는 듯한 대통령도 있었지만, '머리는 빌릴 수 있다'는 인식 자체가 위험하다. 곳간 열쇠를 맡겨놓고 알아서 하라는 식으로 국가 경제를 맡겨두는 꼴인데, 그래서야 대통령을 뽑는 이유가 무엇인가. 아무리 위임을 했더라도 최소한 어떻게 돌아가는지 정도는 알고 있어야 한다. 대통령에게 막강한 권한이 있는 만큼, 자신이 위임한 권한이 잘 작동하고 있는지 판단할 능력 정도는 갖추고 있어야 한다는 말이다.

경제 분야와 관련해서는 대통령이 과거에 단체장이나 기관장 정도 했다고 알 수 있는 것이 아니다. 국가(중앙) 경제와 지방 경제가 범위도 다르지만 성격 자체가 다르기 때문이다. 지방 경제는 거의 집행 위주로 움직이지만 국가 차원에서는 경제 상호 관계, 인과관계 등에 대한 인식이 있어야 한다. '내가 경제는 많이 안다'는 생각이 자칫 독이 될 수도 있는 것이다. 세상에서 가장 위험한 사람이 스스로 많이 알고 있다고 자신하는 사람이다.

가장 좋은 방향은 국가적 차원에서 경제를 다뤄본 경험이 있는 사람이 대통령이 되는 것인데 현실적으로는 그러기 힘들기 때문에, 최소한의 경제 지식은 갖고 있어야 한다. 특히 경제에 대한 대통령의 철학이 분명해야 한다. 가급적 많은 것을 시장의 자율에 맡겨두되, 어느 시기에 정부가 어떻게 개입해야 하는지, 정부의 역할에 대한 명확한 인식이 있어야 한다는 말이다. 대통령이 '주식회사 대한민국'의 오너 경영인이라도 된 것처럼 시장을 쥐고 흔들겠다는 생각도 위험하지만, 무작정 시장에 맡겨두면 된다는 사고방식 또한 안일하다. 역대 대통령 가운데 그런 균형점을 유지했던 대통령을 찾기 힘들다.

결국 경제에 있어 대통령의 성패 역시 균형감각에서 나오는 것 아닐까 싶다. 다른 모든 분야도 마찬가지지만.

시대는 21세기, 재정은 1970년대

특히 조세와 재정에 있어서는 대통령의 철학이 분명해야 한다. 가계부를 잘 정리하고 수입과 지출을 알뜰하게 유지하는 일이 가정 살림의 근간인 것처럼, 정부 또한 그렇다. 대통령은 기본적으로 나라의 살림꾼 역할을 하는 것이고, 국가가 더 부강해질 수 있도록 지휘자 역할을 하는 것이다. 그런데 우리나라 역대 대통령 가운데 나라 살림의 근간인 조세와 재정을 잘 아는 대통령이 없다. 그러니 경제 운용이 잘 될 리 없고, 관례로 정착한 운용의 틀을 크게 벗어나지 않는 범위 안에서 대충대충 국가를 이끌어간다. 큰 문제만 일으키지 않으면 된다는 식으로 사고한다.

대통령이 재정을 모르고 재정에 있어 결단을 내릴 줄 모르니 이른바 보수니 진보니 하면서 정권이 교체되어봤자 사실 내용상으로는 어떤 정부든 크게 다를 바 없이 나라가 굴러간다. 국가 재정에 있어서도 우리는 박정희 시대가 만들어놓은 기본 프레임을 깨지 못하고 어떤 정부든 그것을 그저 다듬기만 하면서 임기를 채워 왔다. 어떤 대통령도 근본적 혁신을 시도하지 않았다. 예결산 보고서 같은 것이나 간신히 볼 줄 알았지 재정의 기본 원리와 혁신 방향을 몰랐기 때문이다. 예산 장부의 기본을 아예 바꿔보겠다는 생각 자체를 하지 못한다. 세상은 사물인터 넷과 로봇, 인공지능의 시대를 향해 달려간지 옛날인데 국가의 재정은 언제나 1970년대 새마을운동에 머물러 있다. 내용과 형식이 맞지 않는다. 곪아 터지는 줄도 모르고 대충 붕대만 둘러매고 오늘을 살아간다.

특히 조세와 관련해서는 이른바 진보를 표방하는 정부일수록 문제가 많다. 노무현 정부도 그렇고 문재인 정부도 그렇고, 소위 진보주의자라는 대통령 임기 중에 항상 부동산 가격이 폭등하고 서민들이 고통을 겪고 민심이 흉흉한 판박이 같은 과정을 겪었다. 여러 이유가 있지만 근본적으로는 조세에 대한 인식이 잘못되었기 때문이다. 이들은 세금을 징벌적 수단 정도로 여기는 것 같다. 대단히 잘못된 사고다.

앞에서도 언급한 바 있지만, 조세 이론 어디에도 세금을 '벌금'이라 정의하지 않는다. 국민이 세금에 징벌적 성격이 있다고 생각하는 순간 그것은 세금이 아니게 된다. 국민이 세금을 '수탈당했다' 여기니, 그때부터 정부의 몰락은 시작한다. 그런데 세금을 벌금처럼 휘두르는 정권이 있다. 노무현·문재인 정부가 그랬다. 대통령이 그릇된 조세관觀을 갖고 있으면 지지자들 사이에도 그것이 확산되고, 국민 상당수가 세금에 대한 잘못된 인식을 갖게 된다. 특정한 정부의 몰락이 아니라 장기적으로는 국가의 몰락까지 불러올 일이다.

조세이론 어디에도 없는 종합부동산세

이들이 세금에 대해 얼마나 잘못된 생각을 갖고 있는지 대표적 예를 들어 살펴보자.

노무현 정부 때 '종합부동산세'라는 새로운 세금이 만들어졌다. 집값을 잡고 부동산 투기를 막겠다고 부동산을 여러 채 소유한 사람, 고가의 부동산을 소유한 사람에게 별도의 세금을 매긴 것이다. 그것도 국세로서 종부세를 도입했다.

원래 부동산에는 재산세를 징수해 왔다. 재산세는 지방세다.

국세와 지방세의 차이는 여럿이지만, 대체로 국세는 주로 소득(또는 소비)에, 지방세는 주로 재산에 과세하는 특징을 지닌다.* 쉽게 설명하자면 소득세는 국민이 국가라는 기구의 보호에 대해 일종의 대가로 납부하는 세금이라는 전통적 인식이 있고, 재산세는 특정한 지역에 건물을 갖고 있어 도로와 설비 등

---

*　물론 국세에도 재산과세tax on property하는 세금이 있고, 지방세에도 소득이나 소비에 과세하는 대상이 있다.

각종 행정서비스를 향유하는 대가로서 납부하는 세금이라 말할 수 있겠다.

따라서 국세(소득세, 법인세)는 대체로 응능應能의 원칙―즉 능력이 닿는 만큼 납세하고, 지방세(재산세, 자동차세)는 응익應益의 원칙―즉 이익을 누리는 만큼 부담하는 특성을 갖는다.

조세이론에 따르면 종합부동산세는 성격상 일반적으로는 지방세에 포함하는 것이 옳다. 그런데, 재산세가 이미 있는데도 부동산세를 또 걷으니, 애초에 종부세를 만들 때부터 이중과세 아니냐는 논란 또한 있었다. 종부세를 옹호하는 사람들은 "종합소득세가 있으니 종합부동산세도 있어야 마땅하지 않느냐"는 논리를 펼치기도 하는데, 분산된 소득의 과세 누락 우려 때문에 소득의 전체 규모를 따져 과세하는 것과 이미 각기 재산세를 내고 있는데 다시 그것을 합쳐 누진하듯 과세하는 것은 다르지 않은가. 게다가 부동산 가치가 올라간다고 당장 소득이 발생하는 것도 아닌데 종부세가 올라가면 그 세금은 도대체 어디서 구해 낸단 말인가. 과세의 기본 원리에 맞지 않는다. 노무현 정부는 수도권과 지방의 재정불균형 등의 이유를 들어 종부세를 국세로 신설하고, 그것을 지방에 교부하는 방식을 택했다. 여러모로 논리에 맞지 않는 세금이다.

종부세는 도대체 왜 만들었는지 이유를 알 수 없는 세금이다.

국세 수입이 부족해 종부세를 도입하였다면 모르겠는데, 종부세가 국세 수입에 차지하는 비율이 얼마 되지 않는다. 그저 세금으로 집값을 잡겠다는 발상 이외에는 설명이 안 된다. 그렇다면 세금으로 집값을 잡을 수 있는가. 이것 또한 조세이론에 근본이 없는 발상이다. 세금은 전가轉嫁되기 마련이다. 부가세가 올라가면 상품과 서비스의 가격이 영향을 받는 것처럼, 부동산과 관련된 세금이 올라가면 집주인은 세입자에게 그만큼 가격(임대료)을 떠넘기게 된다. 결국 최종적으로는 세입자에게 조세가 귀착돼, 사회적 약자들이 고통을 받는 세금이 된다.

한편 고가주택을 소유한 1주택자를 예로 들어보자. 주택을 소유하고 있을 뿐 소득에는 변화가 없는데 부동산 공시가격이 올라갔다는 이유로 재산세와 함께 종합부동산세까지 함께 올라간다. 재산과세는 재산의 원본을 해치는 수준으로 행해져서는 안된다. 직장생활 하면서 내 집을 장만해 은퇴하고 나니 가진 것이라곤 집 한 채밖에 없는 사람에게 재산세, 종부세 폭탄을 내리면 집 팔아 세금을 내라는 말인가.

그래서 조세이론에는 과세의 객체를 재산이나 자본이 아닌 소득에만 한정해야 한다는 주장마저 있다. 재산을 훼손하거나 자본을 잠식하는 과세를 원천적으로 차단하는 것이다. 이를 소득세 단일세론이라고 한다. 모든 세금을 소득세로만 받자는 것이다. 하지만 현실에서는 소득의 포착이 완전하지 않고 세수를 충분히 조달할 수 없기 때문에 재산세, 소비세 같은 여러 세금으로 재정의 누수를 보완하는 것이다.

　노무현·문재인 정부의 종부세에는 이런 조세이론에 대한 고민의 흔적이 전혀 보이지 않는다. 그저 세금을 뚝딱 만들기만 하면 되는 줄 안다. 세금을 징벌 수단으로 여긴다. 부동산을 여럿 가진 사람이 범죄자라면, 엄연한 범죄로서 처벌하면 된다. 세금을 매길 것이 아니라 벌금통지서를 보내면 되는 일이다. 하지만 그렇게 하지도 못할 거면서, 일종의 중간적(?) 범죄 정도로 취급하고 세금을 벌금처럼 활용한 것인데, 그렇다면 세금을 제대로 낼 자신이 있는 사람은 얼마든지 투기를 해도 된다는 논리인가. 여러모로 혼란스러운 사고방식이다.

정부에 '부동산 정책'이 없어야 한다

　세금의 역사는 정치혁명의 역사다. 지금껏 세계사에 기록이 남은 유명한 혁명들—미국의 독립혁명, 영국의 명예혁명, 프랑스 혁명 등은 모두 근원이 직간접적으로 세금에서 비롯했다. 박정희 정권이 무너진 것도 경제적 원인으로는 부가가치세에 대한 저항으로부터 시작되었다고 볼 수 있다. '철의 여인'이라는 별명을 갖고 있던 영국 수상 마거릿 대처가 장기집권을 하다 물러나게 된 것도 인두세人頭稅·poll tax* 라는 새로운 세금을 무리하게 도입한 것에서 비롯한다.

그런 사실을 잘 알고 있기 때문에 세계 어느 나라 어느 정권이든 세금에 대해서는 조심하고 또 조심하는 경향을 보인다. 자칫 잘못하다 정권을 잃을 수도 있기 때문이다. 새로운 세금을 도입할 때 충분한 조사와 검토를 거친다. 두드려보고 또 두드려보고, 다른 세원을 찾을 수 없어 반드시 이 세금을 도입해야겠다고 판단할 때 새로운 세금을 만드는 것이다. 그런데 한국에서는 진보를 자처하는 정부일수록 유독 세금을 거칠게 다룬다. 왜 그럴까?

사실 서구의 '의회'라는 기구는 국왕의 자의적 과세 권한으로부터 시민(혹은 귀족)의 재산을 보호하려는 과정에 생겨났다고 말할 수 있다. 민주주의가 세금으로부터 강화된 것이다. 따라서 민주 정부일수록 세금이 갖는 엄중한 의미를 각성하고 세금을 조심히 다룬다. 그런데 한국의 이른바 민주화 세력은 민주주의 발전의 역사를 경제적 배경에서 살펴보지 않고 오로지 자신들의 정치적 업적으로만 여기기 때문에 그러는 것이 아닐까 싶다.

---

* 주택 등 재산에 과세하던 지방세 과세 방식을 사람에 부과하는 방식으로 바꾼 것이다. 사실은 우리의 주민세도 인두세에 가깝다. 조세 이론 자체에도 잘 맞지 않지만, 가혹하면 반드시 문제가 된다.

자신들은 전지전능한 양심세력, 스스로 왕 같은 존재라고 생각하기 때문 아닐까? 뭐든 함부로 해도 된다고 생각하는 것 같다.

각설하고, 부동산을 세금으로 다스릴 수 있다는 발상 자체를 버려야 한다. 부동산은 세금으로 통제할 수 없다. 국민이 의식주 가운데 가장 많은 비용을 투자하는 분야가 바로 주住다. 서민들이 자기 인생을 걸고 장만하는 것이 '내 집'이다. 가격만 수억 원에 해당하는 부동산을 어떻게 세금으로 통제할 수 있다고 믿는가? 내 집 마련의 욕구를 거세하지 않는 이상, 세금이 아무리 올라도 서민들은 빠져나갈 방법을 찾기 마련이고, 그것은 결국 가격 상승만 부를 뿐이다. 세금을 가혹하게 만들어 부동산 가격을 잡겠다는 것이 노무현·문재인 정부의 일관된 방향이었는데, 가혹하게 만들어도 안 잡히니까 어떠했던가. 가격이 천정부지로 계속 오르니, 더욱더 가혹하게 만들겠다는 식으로 가혹에 가혹을 거듭했던 것이 그들의 엉터리 부동산 정책이었다. 문재인 정부들어 부동산 정책만 서른 번 가까이 발표했다. 강화하고 또 강화하며 발표했지만 효과가 없었다. 부동산 가격이 두세 배쯤 뛰어오르게 만들고, 나중에 일부 지역에서 가격이 약간 주춤하는 조짐을 보이니까, '부동산 시장이 안정되고 있다'고 자랑했다. 염치가 없는 것이다.

거칠게 말하자면, 정부는 부동산 정책에서 아예 손을 떼야 한다. 정부 산하에 '부동산 정책'이란 것이 존재하면 안된다. 그것이 역설적으로 부동산 가격을 안정시키는 길이다.

정부가 시장가격에 인위적으로 개입하려는 시도를 하면 안 된다. 시장을 더욱 교란하는 결과를 낳는다. 정부는, 정부의 역할에 맞게, 시장이 확대될 수 있는 길을 활짝 열어주면 된다. 부동산 공급이 확대될 수 있도록 인프라를 열심히 깔아주는 것이 정부의 역할이지 정부 자체가 부동산 가격을 잡는 주체가 될 수는 없다는 말이다.

당장은 가격이 잡히지 않아 아우성이더라도 장기적 관점에서 그렇게 바라보고 나아가야 한다. 가격 거품은 그럴 때 저절로 꺼지게 되어 있다. 가격에 거품이 있는지 없는지 여부도 시장이 결정할 일이다.

'선한 동기'는 변명이 되지 못한다

종부세와 부동산 시장에 관련한 이야기를 주로 예로 들었지만, 대통령이 조세와 재정, 시장과 정부의 역할에 대한 올바른 인식이 있어야 한다. 그것이 경제를 잘 운영하는 출발점이 된다.

관료 가운데 가장 정치성 없는 관료가 경제 관료라고 사람들은 말한다. 어떤 정부가 들어서든 충성하는 자세로 일하기 때문이다. 그러한 관료들이 있었기 때문에 경제가 이만큼 평상을 유지해왔지만, 또 그렇기 때문에 혁신적인 변화를 추구하지 못했다. 대통령이 경제를 좀 알아야 제대로 지시할 수 있을 텐데, 관료들이 보고하면 제대로 이해조차 못하는 대통령이 태반이었다. 거의 모든 대통령이 그저 맡기는 식으로 고개를 끄덕였다.

막스 베버는 "선한 동기만으로 행위의 도덕성을 평가하면 안 되고, 행위가 가져온 결과에 대해 엄중히 책임져야 한다"고 말했다. 스스로 경제를 망가뜨려야겠다고 생각하고 임하는 대통령은 없을 것이다. 자기 나름대로는 선한 동기라고 생각했는데 그것이 예상치 못한 결과를 초래하는 경우가 대부분이다. 그렇다고 그 행위가 용납될 수 있는가? 대통령의 무지는 양해의 대상이 아니다. 경제에 있어서는 더욱 그렇다.

4. 대통령은 측근이 없어야 한다

대통령이 되고 싶다고 찾아오는 정치인들에게 내가 항상 가장 먼저 하는 말이 있다. "당신은 지금부터 가족도 없고 친척도 없고 친구도 없는 사람이라고 생각하시라."

막스 베버가 말했다. "지도자에게는 측근이 있어서는 안 된다"고. 설령 측근이 존재한다면, 절대 측근을 믿어서는 안 되고, 측근일수록 의심하고 또 의심하는 눈초리로 바라봐야 한다고 강조했다. 우리 대통령들에게 반드시 권하고픈 말이다.

기본적으로 정치인, 특히 대통령은 가족, 친구, 친인척, 측근, 이런 개념에서 벗어나야 한다. "그럼 도대체 무엇에 의지해 살아갑니까?"라고 다시 묻는 사람들이 있는데, 대통령이라는 자리가 원래 지독히 외로운 자리다. 그것을 각오하고, 오로지 공적인 관계에만 의거해야 한다. 대통령은 검토해야 할 보고서와 결재 서류가 산더미처럼 쌓여있고, 자신이 결정을 내려줘야 할 일이 많고, 눈코 뜰 새 없이 많은 행사에 참석한다. 겉으로는 아주 많은 사람을 만나는 것 같지만, 사실은 흉금을 터놓고 이야기를 나눌 사람이 별로 없다. 업무시간이 끝나면 청와대라는 곳은 과묵한 경호원들에게 둘러싸인 적막한 구중궁궐일 따름이다. 상상 이상으로 외로운 자리다. 그러니 사람을 그리워하게 되는데, 그러면서 대통령의 실패가 시작된다. 또, 새로운 사람을 경계한다는 이유로 예전부터 알고 지낸 가깝고 익숙한 사람에게 의지하게 되는데, 그러는 순간 대통령의 몰락은 가속된다.

역대 대통령을 다시 보자. 하나같이 가족, 친구, 친인척, 측근들의 문제로 곤욕을 치렀다.

초대 대통령 이승만은 가족이나 친구 관계가 단출했다. 부인이 외국인이라 바다 건너 멀리 있는 처가가 한국에까지 찾아와 말썽을 부릴 일이 없었다. 둘 다 독실한 기독교 신자로, 청교도적인 청빈한 자세 또한 있었다. 앞에 소개했던 것처럼 프란체스카 여사가 외국인이라 당시 보수적 유교 사상에 젖어 있는 사람들이 어떻게 외국인이 국모가 될 수 있느냐고 수군거렸는데, 그때 우리 할아버지가 "처족이 떠들면 혼란스러울 텐데 차라리 잘됐지"라고 말씀하시던 기억이 난다.

이야기가 나온 김에 회고하자면 할아버지는 10년 가까이 대법원장으로 재직하는 동안 비서실장을 두지 않았다. 할아버지는 공직자가 스스로 알아서 준비하고 결정하면 됐지 거창하게 비서실까지 왜 필요하냐면서, "그런 걸 만들면 비서실장이 음지에서 대법원장처럼 행세하게 된다"며 비서실 구성을 아예 허락하지 않으셨다. 자잘한 심부름을 하는 실무 비서 한 명만 데리고 계셨다. 스케줄도 스스로 선택하고 연설문도 모두 손수 쓰셨다. 당시는 사법부의 소송 처리 건수나 대법원 구성이 지금보다 규모가 작은 탓도 있지만, 할아버지가 만든 그런 전통은 1960년대 말까지 이어졌다. 우리나라에 대법원장 비서실장이 생긴 것은 1969년 일이다.

정치인이나 관료에게 '비서'는 리더가 제대로 일할 수 있도록 실무적으로 돕고, 결단을 내릴 수 있는 자료를 준비하거나, 나아가 일상적인 작은 판단은 비서실에서 자체로 처리하여 수고를 덜어주는 역할을 한다. 비서의 역할과 숫자가 확대되면 그것이 비서실이 된다. 사실 청와대는 자체로 거대한 비서실이다. 청와대 공식 명칭이 '대통령 비서실'이다. 그렇게 비서실이 큰 의도와 의미는 무엇이며, 그래서 어떤 결과가 나올까? "비서실을 만들면 비서실장이 음지에서 대법원장처럼 행세한다"는 가인 김병로의 말에 담긴 의미를 어떤 대통령이든 되돌아봤으면 좋겠다.

주변 때문에 불행했던 역대 대통령

이승만은 가족이나 처가, 친족의 문제가 없었지만 엉뚱한 '정치적 아들'이 문제를 일으키는 바람에 비극적 운명을 맞았다. 1960년 3.15부정선거는 이승만 당선을 위해 기획된 부정선거가 아니라 이승만의 정치적 양자養子이자 후계자를 자처하던 이기붕을 억지로 부통령으로 만들기 위해 무리수를 두다 발생한 사건이다. 거기에 이승만의 책임이 없다고 말할 수 없다.

박정희는 막 정권을 잡았을 때는(이른바 혁명위 시절) 잠깐 군인 출신을 등용해 정부를 운영하다가 곧이어 전문가와 관료 위주로 내각을 구성했다. 박정희는 군인 출신이었지만 의외로(?) 군인들을 정부 요직에 앉히지 않았다. 국방, 치안, 정보 관련 부처를 제외하고는 모두 비非군인 출신들로 임명했다. 박정희가 잘한 점이 있다면 우리나라에 그렇게 전문 관료 시스템을 확립한 일이다. 그러다 박정희가 몰락한 것은 부인 육영수가 사망한 후 정신적으로 흔들리기 시작하고 다시 군인 출신들을 곁으로 불러들이면서 시작했다. 이른바 측근 정치가 강화된 것이다. 결국 그들은 박정희가 듣고 싶은 이야기만 들려주고 보고 싶은 것만 보여주다가, 그런 측근들의 알력 다툼 가운데 가장 믿었던 측근의 총을 맞고 박정희는 사망했다.

전두환도 초기 내각은 나름대로 잘 꾸렸다. 당시에는 장차관들의 출신 지역(고향)에 대한 정치적 균형을 크게 고려하지 않을 때인데 그런 점까지 의식하며 내각을 임명했고, 구舊 군부에서 일했던 관료들도 능력이 있으면 과거를 따지지 않고 등용했다. 정권이 바뀌어도 관료 시스템의 기본적 안정성을 유지한 것이 전두환이 잘한 점이다. 그리고 쿠데타로 집권한 것에 대해 민심을 회복하고 싶었는지 집권당 이름에 '정의'라는 용어를 집어넣었다. 사회정의를 실현하겠다고 만천하에 선언했다. 새로운 국가를 건설New nation building하겠다며 여러 유화정책을 펼치기도 했다. 그런 전두환 정권이 몰락하기 시작한 계기가 장영자-이철희 사건이다. 정의를 앞세운 정권이 도덕성에 치명타를 입은 것이다. 전두환의 입장에서는 좀 억울한 사건이기도 했다. 장영자는 가까운 친척이 아닌, 부인의 삼촌의 처제였기 때문이다. 하지만 그렇게 친척이라고 부르기도 힘든 먼 인척이 권력자와 관계를 앞세워 허세를 부릴 수 있을만큼 당시 친인척 관리가 제대로 되지 않았다. 전두환은 특히 처가 쪽이 잘 통제되지 않았는데, 부인인 이순자의 권세가 대단했고, 장인(이규동)과 장인의 동생 등이 각종 이권과 인사에 개입했다. 전두환 막내동생(전경환)의 부패도 널리 알려진 일이다.

전두환이 친인척 문제로 워낙 골머리를 앓고 국민 여론도 좋지 않아 노태우는 선거 당시 '친인척 배제'를 공약으로 내걸고 배우자가 아예 공개적인 활동을 하지 않았다. 그럼에도 공약을 제대로 지키지 못했다. 무엇보다 노태우 자신이 재벌들과 사돈이 되면서 돈과 권력의 유착이 심화됐다. 대통령 임기 중에 딸은 선경그룹(현 SK), 아들은 신동방그룹(나중에 CJ로 매각) 자녀들과 결혼해 혼맥을 맺었다. 대한민국 정치사에 다시는 있어서는 안 되는 일이다.

민주화 이후에도 계속된 측근 비리

민주화 이후 대통령이라고 다르지 않다. 아니, 부패의 수법이 더 조잡하고 치졸해졌다.

김영삼과 김대중 대통령은 똑같이 아들들이 문제를 일으켰다. 그들이 사치와 향락을 일삼고 각종 인사에 개입하며 이른바 '소통령'처럼 군림했던 기록을 보면 한심해서 말이 나오지 않을 정도다. 졸부가 갑자기 돈벼락을 맞아 정신없이 흥청망청하는 모양새다. 비교하자면 전두환-노태우 같은 경우는 처가나 장인, 처남 등이 문제를 일으키긴 했지만 자녀들은 오히려 상대적으로 조용했다. 야당 생활과 민주화운동을 오래한 탓일까, 김영삼과 김대중은 자녀들을 엄격하게 교육하는 데 약간 소홀하지 않았나 싶다. 그리고 그런 소홀은, 소위 민주화 정부에 대한 국민의 기대에 큰 배신감을 불러왔다.

노무현은 형과 부인, 자녀 등이 문제를 일으켰다. 노무현 퇴임을 전후해 불거진 각종 부패 의혹은 새로운 정권에게 잘 보이고 싶은 검찰이 무리한 수사, 창피주기식 수사를 했다고 알려져 있고 고인의 죽음으로 수사가 중단되었지만 전혀 근거 없는 조사를 했던 것만은 아니라고 봐야 한다. 가장 서민적이라고 믿었던 대통령에게 발생한 문제였기 때문에 국민이 느낀 배신감의 무게는 더욱 컸다. 노무현 스스로 그에 좌절해 극단적 선택을 하지 않았는가. (다시 강조하지만, 다시는 그런 일이 있어서는 안 된다. 지도자는 설령 억울한 일이 있더라도 사법 심판대에 올라 공동체의 시스템을 존중하는 자세를 보여야 한다.) 차제에 말하자면 "그 사람이 그럴 리 없다"는 평판이 무슨 의미가 있을까 싶다. 세상을 살아보면 '그럴 리 없다'던 사람이 그러는 경우가 너무 흔하고, 국민은 그런 과정을 거치며 실망을 넘어 정치적 회의주의에 빠지는 법이다.

이명박은 형(이상득)이 동생을 등에 업고 '민사형통'이라 불리며 전횡을 일삼았고, 그로 인해 퇴임 후에 대통령 본인까지 구속됐다. 국가를 사私기업처럼 여기고, 권력의 힘을 이용해 축재하는 것에 익숙한 사람들이다 보니 친인척이나 측근 관리를 할 생각이 애초에 없었던 것으로 보인다.

박근혜는 가족관계가 그리 원만하지 않고 챙겨줘야 할 친인척도 많지 않아 오히려 그것을 장점으로 여기는 사람이 많았다. 하지만 박근혜에게는 '가족보다 질긴 관계'가 배후에 있었다는 사실이 훗날 낱낱이 밝혀졌다. 많은 국민이 그런 보도를 보며 경악했다. 이른바 '비선실세'와 '국정농단'이라는 용어가 박근혜 정부가 몰락하는 과정을 통해 국민에게 널리 알려졌다.

왜 특별감찰관을 없앴나

그렇다면 박근혜 정부를 끝으로 비선실세와 국정농단은 사라졌는가.

박근혜 정부 시기인 2014년 6월 특별감찰관법이 시행되었다. 대통령 친인척 및 특수관계에 있는 사람들의 비위 행위를 감찰하는 임무를 지닌 정무직 공무원을 별도로 마련한 것이다. 2015년 3월, 검사 출신 이석수 씨가 초대 특별감찰관에 임명됐다.

사실 대통령이 친인척 발호를 강력히 통제해야겠다는 의지만 있으면 이런 감찰관이 특별히 필요없다. 민정수석실의 기능만 제대로 돌아가도 되는 일이다. 하지만 개인의 선한 의지에만 기댈 수 없으니 법과 제도가 만들어지는 것이고, 서로를 감시하고 견제하는 시스템을 구축하는 것이다. 특별감찰관은 박근혜의 대선 공약이었다. 어쨌든 그것은 잘한 일이라고 본다.

박근혜 정부 시기 특별감찰관이 한 일이 없다고 하지만, 민정수석 우병우의 비위를 밝혀낸 것이 특별감찰관이었다. 박근혜

동생 박근령을 사기 혐의로 고발하기도 했고, 청와대 정책기획 수석비서관 안종범이 대기업을 압박해 비선실세 최순실(최서원)이 이사장으로 있는 재단에 기부금을 내도록 강요했다는 사실 또한 특별감찰관이 조사했다. 그런 사실이 외부로 알려지면서 이른바 국정농단 사건의 전모가 차근차근 드러나기 시작했고, 대통령 탄핵으로 이어졌다. 이석수 감찰관은 우병우와 개인적으로 가까운 사이였다. 그럼에도 자기 직분을 잊지 않고 정직하고 용감하게 행동한 것이 역사적 사건의 단초를 이룬 것이다.

문재인 정부 들어 특별감찰관은 더이상 임명되지 않았다.

박근혜는 특별감찰관이 제대로 일을 하는 것에 격분해 감찰관실을 거의 해체하는 수준으로 보복했다. 감찰관실 직원들에게 월급마저 지급하지 않았다. 문재인이 박근혜 탄핵의 교훈을 제도적으로 인식하고 친인척과 측근 비위 근절에 대한 명확한 의지가 있었다면 당장 감찰관부터 임명하고 감찰관실을 제대로 복원하는 일부터 시작해야 마땅했다. (검찰이 자기 측근의 비위를 수사할 때도 적극 칭찬해줬어야 한다.) 그러나 그렇게 하지 않았다. 문재인은 임기 내내 한 번도 감찰관을 임명하지 않았다. 그러한 시늉조차 제대로 하지 않았다. 문재인이 내세운 명분은 공수처(고위공직자범죄수사처)가 생기면 그 기관이 감찰관 역할을 하면 된다는 것인데, 그것참 이상한 논리다. 일단 감찰관을 임명하고 공수처가 생기면 그 역할을 이관하면 되는 일이다. 이런저런 핑계를 대며 5년을 어영부영 흘려보냈다. 대체 무엇이 두려워 그랬던 것일까? 게다가 그렇게 만들어진 공수처는 대통령 친인척과 측근에 대한 조사는 한 번도 하지 않고 오로지 야당에 대한 수사만 집중하면서, 고위공직자와는 아무런 상관없는 기자와 민간인의 통신 내역까지 전방위적으로 수집하는 사찰 의혹을 받았다.

감찰 시스템이 제대로 작동하지 않기를 바라는 대통령의 마음에는 역시 무언가 특별한 의도가 있기 마련이다. 권력의 힘을 이용해 5년간 잠시 감시를 멈추었을 뿐이지, 정권이 바뀌면 어떻게든 밝혀지게 되어 있다. 역대 많은 대통령들은 여당이 집권하면 자신의 비리가 감춰질 것이라 예상하고 여당 대통령 후보를 당선시키려 물심양면 노력했다. 하지만 부패 근절과 정권 교체에 대한 국민의 열망은 가로막지 못했고, 설령 다음 정부는 어물쩍 넘어가더라도 그다음 정부에서라도 언젠가 자신의 죗값을 치렀다. 현직 대통령은 물론 모든 대통령에게 해당하는 이야기다.

대통령은 스스로 불행해진다

흔히 정치인의 능력으로 '사람을 끌어모으는 능력'을 이야기한다. 하지만 사람을 모으는 능력보다 어려운 것이 사람을 냉정하고 단호히 떼어내는 능력이다. 정치인에게는 특별히 그런 자질이 필요하고, 정치인 중에서도 가장 높은 직위에 있는 대통령은 냉정함과 단호함이 탁월한 사람이어야 한다. 대한민국에서 대통령으로 성공하려는 사람이 갖춰야 할 역설적 능력이다.

노무현의 비극은 자신과 산전수전 다 겪은 사람들을 단호히 떼어내지 못한 것에 있다. 노무현은 많은 부분 자기 자신의 힘으로 대통령 자리에 올랐으니 정치적 부채가 별로 없다고 사람들은 생각했으나 그것은 착각이었다. 오히려 사사로운 개인적 관계에 더 얽매이지 않았나 싶다.

청와대가 여당과 분리되어 '여당 위의 여당', 유신 시절 유신정우회처럼 군림하는 현상이 도드라진 것도 노무현 정권 때부터다. 대통령비서실 비서관과 행정관이 장관보다 우위에 있는 듯한 행태를 여러 번 보였다. 다들 '장관을 하느니 행정관이 낫다'는 기묘한 풍토가 생겨나기 시작했다. 문재인 정부에서는 이런 현상이 극에 달해 청와대 행정관이 육군참모총장을 휴일에 커피숍으로 불러내 지시하는 일까지 벌어졌다. 국가의 시스템과 위계질서를 완전히 무시하는 행위다. 그 행정관은 대체 어디에서 그런 담대한 용기가 생겨난 것일까. 여론이 분노하자 나중에 행정관은 면직 처리되었지만, 사건 초기 청와대 대변인은 아무렇지도 않은 일이라는 듯 태연히 논평했다. 이런 문제를 바라보는 대통령의 시각을 알 수 있는 대목이다.

대통령이 측근에게 단호하지 못하면 나중에 모든 것은 자신의 비극으로 돌아온다.

5. 대통령중심제를 바꾸자

사람이 잘못인가, 제도가 잘못인가? 이런 질문을 숱하게 들어왔다.

지금까지 우리나라 역대 대통령이 모두 불행하고 실패했던 이유에 대해, 대통령중심제라는 제도가 잘못인지, 우리가 지금껏 대통령을 잘못 뽑았던 것인지, 혹은 대통령만 되면 사람이 달라지는 것인지 묻는 질문이다.

특정한 자동차가 계속 사고가 난다면 무엇이 잘못일까? 자동차가 잘못일까, 운전자가 잘못일까? 처음 한두 번은 운전자 과실을 의심해볼 수 있겠으나, 사고가 반복되면 자동차 자체의 성능 이상을 검토하는 것이 마땅하다. 그것을 계속 운전자 탓으로만 돌리는 사람이 있다면, 합리적인 사고관이 결여된 사람이거나, 무언가 다른 의도를 가졌다고 의심할 만하다.

원래 대통령은 명예직

워낙 오래 대통령제만 겪다 보니 우리 국민 중에는 대통령중심제를 유일한 제도인 것처럼 아는 분들도 계시는데 실제로는 그렇지 않다. 지구 전체 면적으로 보면 대통령제를 채택하고 있는 나라는 1/3이 되지 않는다. 그것도 미국을 제외하면 작은 나라이거나, (미안한 표현이긴 하지만) 후진국이거나, 전체주의 성향이 강한 국가들이 대체로 대통령제를 유지한다. 우리나라처럼 경제 규모가 크고 민주주의가 발달한 나라 가운데 대통령제를 택한 나라는 별로 없다. 게다가 대통령에게 왕처럼 절대적 권한을 주고 있는 나라는 세계에 우리나라가 유일하다. 이승만을 초대 대통령으로 인정하지도 않으려는 사람들이 '제도'에 있어서는 이승만이 만든 것을 맹종하는 현상이 기괴하다.

대통령이라는 제도를 발명한 나라는 미국이다. 그런데 미국의 대통령제는 좀 독특한 이력을 갖고 있다. 미국은 원래 왕을 모시던 나라다. 영국의 식민지였지 않은가. 독립전쟁을 치른 끝에 미합중국을 만들긴 했는데, 오랫동안 왕을 모시던 습관 때문인지, 통합의 상징이 필요하다고 판단해 대통령이라는 새로운 자리를 만들었다. 프레지던트President라는 용어에 알 수 있 듯, 원래 미국의 대통령은 회의를 주관하는 '선임자' 정도 의미 로 출발했다. 그것이 동양권으로 넘어와, '대통령'이라는 거창 한(?) 이름으로 번역되는 바람에, 뭔가 엄청난 권한을 갖고 있어 야 하는 자리처럼 인식되었다.

초창기 미국 대통령은 권한이 거의 없는 명예직에 가깝다가, 남북전쟁 등을 거치면서 흩어진 연방을 하나로 뭉치게 만드는 통솔자로서 기능을 차차 대통령에게 부여했던 것인데, 그러한 역사적 배경에 대한 이해 없이 미국의 영향을 받은 국가들이 대 통령이라는 제도를 제멋대로 수입해 왕처럼 변용했다. 귤이 회 수를 건너니 탱자가 된 격이다. 뭐든 그렇지만, 제도를 수입할 때는 그것을 만든 배경부터 똑바로 알아야 한다.

일본보다 독일식이 낫다

우리나라 국민들은 내각책임제에 대한 부정적 인식이 적지 않다. 이유가 여럿인데, 1990년 3당합당의 트라우마가 있고, 이웃나라 일본의 제도를 내각제의 전형으로 오해하는 경향도 있는 것 같다. 또, 한 번도 겪어보지 못한 시스템에 대한 원천적 거부감 같은 것도 있는 것으로 보인다.

앞에 소개한 바대로 3당합당은 노태우의 가장 큰 실수다. 3당 합당을 결정하면서 내각제 이행 각서를 작성한 것이 드러나, 그때부터 우리 국민은 '내각제 = 정치인들끼리 권력을 나눠가지면서 장기 집권하려는 수작'쯤으로 오해하는 사람들이 적잖다.

일본의 내각제는 내각제 중에서도 굉장히 특이한 케이스다. 대체로 내각제는 잦은 내각 교체로 인한 권력의 불안정성이 문제가 될 정도인데, 일본의 내각제는 전후 80년동안 거의 정권이 바뀌지 않은, 자민당 1당 집권의 상징처럼 되었다. 우리가 설령 내각제를 실시한다고 하더라도 일본처럼 될 가능성은 없다고 본다. 일본과 우리는 국민성 자체가 많이 다르기 때문이다. 우리가 내각제를 한다면 독일식에 훨씬 가까울 것으로 예상한다.

독일 내각제는 제법 역동적인 내각제다. 글을 쓰고 있는 이시각, 독일 사민당이 총선에 승리해 연립정부를 구성하는데, 자민당, 녹색당을 포괄하는 '신호등 연정'을 펼칠 것이라는 보도가 들린다. 사민당의 상징색이 빨강, 자민당이 노랑, 녹색당이 녹색으로, 3당의 색깔을 나란히 붙여놓으면 신호등 같다고 하여 만들어진 이름이다.* 그런데 여기서 특이한 점이 있다. 이번 연정의 한 축인 자민당은 친기업적인 정당이다. 경제단체 및 기업가의 이익을 대변한다. 반면, 알다시피 사민당은 친노동 정당이다. 노조의 이익을 대변한다. 우리 상식으로는 말도 안 되는 조합으로 보이지만, 그런 정당이 서로 연합하는 것이다. 그것이 내각제가 가진 힘이다. 다양한 정치세력이 무지갯빛 정치를 펼친다.

그렇다고 우후죽순 막무가내 정치를 하는 것이 아니다. 이번에 신호등 연정을 만들면서도 3당이 작성한 연정 합의서가 무려 177페이지에 이른다. 연립정부를 구성하면 국가 주요 정책을 어떻게 이끌어 갈 것인지 미리 다 정해놓고 시작하는 것이다. 그런 합의 아래 내무, 법무, 국방은 어느 정당이 맡고, 환경과 농림은 어느 정당, 경제 부처는 어느 정당, 하는 식으로 각자 자신 있는 분야의 내각 부처를 맡는다. 이번에도 경제는 자민당, 환경 및 농업은 녹색당, 나머지는 사민당이 맡는 식으로 구성이 이루어졌다. 연정 합의서는 외부에 공개되기 때문에 다소 이질적인 정당이 연합했더라도 국정 운영에 대한 예측 가능성

---

*   참고로, 양대 정당인 기민당과 사민당이 연립정부를 구성하면 '대연정'이라 부른다. 한편 기민당이 자민당, 녹색당과 연합하면 '자메이카 연정'이라고 부른다. 기민당의 상징색이 검정으로, 검정-노랑-녹색이 자메이카 국기 모양과 같다고 하여 붙은 이름이다. 그러한 몇 가지 연정 모델이 있다.

이 굉장히 높고 절차가 투명하다. 그러한 합의 내용에 따라 정권이 작동하고, 합의 정신이 깨졌다고 판단할 때 내각이 해산하는 것이다.

내각제 하에서 정치 갈등이 극심할 것 같지만 실제로는 그렇지 않다. 내각제를 실시하면 할수록 서로 합의하고 조정하는 문화가 뿌리를 내리기 때문이다. 책 한 권 분량의 연정 합의서를 만드는 일도 그렇다. 우리 정치 풍토로 볼 때 과연 그런 합의가 가능할까 싶겠지만, 처음엔 어려워도 한번 전통으로 잡히면 그리 복잡한 일도 아니다. 민주주의는 그런 과정을 통해 성숙하는 것이다. 사실 우리는 무언가를 얻어내고 관철하는 것만 민주주의라고 생각하는 경향이 있어, 토론하고 합의하는 민주주의 훈련에 대단히 취약하다.

내각제에서는 국민의 뜻과 다르게 정당이 마음대로 이합집산할 것 같지만 결코 그렇지 않다. 이미 총선을 치를 때부터 각 정당은 어떤 정책, 어떤 연정을 펼칠 것인지 국민에게 공개하고, 유권자들은 연정에 따른 정치적 변화에 관심을 기울이며 투표한다. 따라서 인물 중심 선거가 아니라 정책 중심 선거가 자연스레 이루어지는 것이다. 그런 풍토 가운데 연동형 비례대표제 같은 제도도 효과를 발휘한다. 책의 맨 앞에서 소개했지만, 우리가 선거제도만 그렇게 베껴 온다고 정치 풍토가 변할 수 있는 것이 아니다. 승자독식의 골격이 그대로 있는데, 선거제도만 바뀌어 뭘 한단 말인가.

소수자일수록 권력구조 개편 요구해야

사실 나는 내각제보다는 '의회중심제'라는 용어를 선호하는데, 그것이 내각책임제의 본질을 더 잘 설명하기 때문이다. 우리는 강력한 지도력 위주의 대통령중심제만 익숙하지만 기실 정치가 발전하려면 의회 정치가 발전해야 한다. 정치인들이 밑바닥에서부터 차근차근 성장하고, 의회와 내각에서 국정운영의 경험을 두루 쌓을 수 있어야 한다. 의회가 정치의 중심에 있어야 하는 것이다. 그것이 민주주의와 공화주의에 부합한다.

사실 내각제라는 것은 그리 특별할 것도 없는 시스템이다.

우리나라에 내각제를 실시하는 방법은 간단하다. 현행 헌법에서 대통령이라는 자리는 남겨놓되 권한만 빼면 된다. 앞에 소개했던 것처럼, 원래 우리나라 헌법은 내각제를 원형으로 했다. 이승만이 하루아침에 그것을 대통령중심제로 뒤바꾼 것이다. 그래서 사람 몸에 퇴화된 꼬리뼈처럼 내각제의 흔적이 우리 헌법에 남아 있다. 대표적인 것이 총리 제도다. 사실 총리는 내각제의 상징인데, 대통령중심제 헌법에 어색하게 갖다붙인 것이다.

따라서, 좀 과도하게 정치적 창조성을 발휘하자면, 현행 헌법을 그대로 두고도 내각제적인 운용을 할 수도 있다. 대통령이 헌법에 보장된 총리의 권한을 완전히 인정하고, 총리가 실질적으로 내치를 이끌 수 있도록 보장해주면 되는 것이다. 대통령이 마음만 잘 먹으면 가능한 일이다. 하지만 정부 수립 이후 70년 동안, 민주화 이후로도 30년 동안, 그런 일이 있었던가? 개인의 선의에 국가의 운명을 맡길 수는 없는 일이다.

좀 이해가 되지 않고, 심지어 측은하게 느껴지는 현실이 있다. 우리나라 청년 정치인과 소수 정당이 내각제로의 권력구조 개편을 소리 높여 주장하지 않는 점이다. 정치에 입문하려는 청년이나 소수 정당 입장에서 오늘날 우리의 양당 정치구조와 대통령중심제는 그야말로 기득권 적폐다. 돈 없고 배경 없는 입문자들은 영영 주류에 편입할 수 없는 구조가 현재의 정치 시스템 아닌가. 내각책임제로 바뀌어야 청년과 소수정당도 의회에 진출할 수 있는 기회의 문이 열리는 것이다.

지금 우리나라 정치권은 능력 있고 비전이 있는 사람(정당)이 기성 정치판에서 이상을 펼칠 기회를 충분히 얻지 못하는 구조다. 기회가 없으니 경험을 통해 능력이 자라날 조건 역시 얻지 못한다. 그러한 무명, 무無기회의 악순환을 언제까지 견딜 것인가. 권력구조 자체를 바꿔야 한다. 새판을 짜야 하는 것이다.

그럼에도, 아무런 기득권이 없는 청년 정치인이 대통령중심제를 마치 민주주의 최후의 보루인 것처럼 옹호하고 내각제에 대한 잘못된 인식을 고집하는 모습을 볼 때마다 불쌍함마저 느낀다. 자신을 옭아맨 쇠사슬을 스스로 찬양하는 모양새다.

대통령제를 버리는 대통령을 기대한다

우리나라 역대 대통령들은 하나같이 경제에 있어서 박정희 콤플렉스를 벗어나지 못하는데, 정치에 있어도 그렇다. 박정희가 만들어놓은 무소불위 대통령 권한을 결코 내려놓지 않으려 한다.

다들 후보 시절에는 대통령의 권한을 내려놓겠다고 말한다. 통합 정부를 만들겠다거나 총리의 권한을 보장하겠다는 구상 등을 내놓는다. 승자독식 대통령중심제를 바꾸겠다고 말한다.

민주화 이후 단 한 명의 대통령 후보도 빠짐없이 그렇게 말했다. 그러나 당선증을 받자마자 사람이 달라진다. 단 한 명도 그것을 제대로 실천하는 대통령을 못 봤다. 사람이 정직하지 못해서 그런 것이다. 그럼 왜 우리나라에는 그렇게 정직하지 못한 사람만 대통령이 되었던 것일까? 그래서 나는 이것이 사람의 문제가 아니라 제도의 문제라고 보는 것이다. 단순히 좋은 사람을 뽑아서 그의 선의에 기대 대통령중심제의 문제점을 치유할 수 있으리라는 기대를 버려야 한다.

권력 구조를 바꾸려면 현실적으로는 헌법을 바꿔야 새로운 권력구조를 제도적으로 정착할 수 있다. 국회의 압도적 동의가 있어야 하고, 국민 과반수의 찬성 투표도 있어야 한다. 당연한 헌법 절차다. 그런 모든 과정이 결코 쉬운 일은 아니다.

1987년 헌법 개정 이후 2022년 현재까지 우리나라에는 모두 7명의 대통령이 거쳐 갔다. 40년 가까운 시간이 흘렀다. 하지만 노태우도 6공화국이고 문재인도 6공화국이다. 헌법이 바뀌지 않았으니 공화국도 그대로인 것이다. 헌법을 지나치게 자주 바꾸는 것도 문제이고, 좋은 헌법이라면 100년이라도 유지해야 겠지만, 사실 6공화국 헌법은 그리 정교하게 만들어진 헌법이 아니다. 적잖은 숙의 과정을 거치긴 했지만, 전두환이 갑자기 호헌을 선언하고, 시민 항쟁에 놀라 다급하게 여야 합의가 이루어지다 보니, 대통령 직선제에 초점을 맞춰 좀 날림으로 통과한 측면도 없지 않아 있다. 당시 국민도 오로지 '직선제를 실현했다'는 점에 환호해 개헌 찬성표를 던졌던 것이다. 일종의 원포인트 개헌이라 말해도 과언이 아니다.

이제 헌법을 바꿀 때도 되었다. 충분히 되었다.

6공화국 헌법 이후 많은 대통령이 임기중 개헌을 하겠다고 약속했지만 모두 시늉만 하다 끝났다. 정말 개헌을 하겠다는 진정성 있는 태도를 보이지 않았기 때문이다. 개헌을 하면 국회의원 임기가 단축될 수 있기 때문에 (새로운 공화국이 창출되기 때문에 관례에 따라 의회가 해산하고 총선이 다시 실시된다) 의회도 쉽게 동의하지 않는다.

그렇게 개헌과 관련해서는 여야를 막론하고 정치적 이해관계가 일치하기 때문에 지금껏 어우렁더우렁, 현실에 대한 아무런 문제의식 없이, 30년 넘도록 낡은 헌법에 기대 살아가는 것이다. 자꾸 시동이 꺼지고 사고가 나는 자동차에 억지로 시동을 걸어 고속도로로 끌고 나가는 행위를 반복하는 셈이다.

권력구조뿐 아니라 현행 헌법에 바뀌어야 할 부분이 많다. 권위주의 시대에 만들어진 '국민국가' 개념에 의거해 개인보다 국가를 지나치게 앞세우는 듯한 조항도 많고, 새로운 시대의 변화에 맞게 추가해야 할 내용도 많은데 현행 헌법의 틀로는 역부족이다.

공화국이 바뀐다는 것은 결국 '혁명'이다. 무혈의 혁명을 거쳐 국가가 민주적으로 발전하는 것이다. 따라서 개헌은 어쩌면 혁명인데, 혁명에 대한 모멘텀이 없어 헌법이 바뀌지 않는 것인가 회의감을 느낄 때도 있다. 박근혜가 탄핵되었을 때 대통령중심제의 심각한 문제점을 깨닫고 개헌을 이룰 수 있는 적기였는데, 모든 것을 박근혜 개인의 일탈만으로 치부하면서 개헌의 동력을 잃었다. 이제 곧 권력을 손안에 쥐게 될 정치집단이 개헌을 도외시했다. 어쩔 수 없는 권력의 속성이 그렇다.

누군가는 브레이크를 걸어줘야 한다. '역사에 길이 남는 대통령'이 되고 싶다면 대통령 제도를 근본적으로 뜯어고치겠다는 시대적 결단을 대통령 스스로 내려야 한다. 이 글을 읽고 있는 미래의 대통령이 그런 결심을 하였으면 하는 바람이다.

6. '통일 대통령'의 꿈을 버려야 한다

통일이나 외교 부분에 있어서는 이론적 설명보다 현실에서의 경험을 먼저 이야기하는 편이 낫겠다. 외교야말로 가장 현실을 직시해야 하는 영역이기 때문이고, 식견이 부족한 정치인이 가장 몽상에 빠지기 쉬운 영역이 외교 분야이기도 하기 때문이다.

노태우 정부에서 이른바 북방정책을 실시할 때 나는 한소수교와 한중수교 실무를 일선에서 이끌고 참여한 적 있다. 그때 절실히 느낀 점은 약소국의 비애였다.

한소수교는 내가 협상단장으로, 처음 협상을 타진하던 때로부터 수교에 이르기까지 모든 과정을 준비하고 함께했다. 처음 소련 측이 우리에게 요구한 외교 관계의 수준은 완전한 형태의 국교 수립이 아니었다. 경제 협력 관계를 형성하는 정도였기 때문에 청와대 경제수석을 맡고 있는 내가 나설 수밖에 없었다.

소련 측에 수교 의사를 타진하고 첫 협상 테이블을 마련하는 일 자체가 낙타가 바늘구멍 들어가는 것처럼 어려웠다. 당시 소련은 미국과 세상을 양분하는 사회주의 패권국으로, 우리가 40년 가까이 제대로 상대해보지 않은 미지의 국가였다. 우리나라가 소련(러시아)과 외교적으로 마주 앉는 것은 대한제국 이래 처음 있는 사건이라 할 수 있었다.

1948년 대한민국 정부를 수립하고 우리는 곧바로 한국전쟁을 치렀고, 냉전의 소용돌이 가운데 반세기 가량 자유민주주의 진영에만 속해 있었다. 진영 외교를 할 때는 진영의 우두머리에 해당하는 국가만 잘 따라가면 되므로 사실상 우리는 제대로 된 '외교'라는 것을 경험할 기회가 별로 없었다. 그저 상대의 기분이 상하지 않게, 우리 대통령 자존심이 상하지 않게, 의전만 잘하면 됐다. 그래서 우리나라 외교는 상당히 의전 중심으로 발달해 왔다. 따지자면 우리 민족은 역사적으로도 오랜 기간 중화권 반경 안에 속해 있었으므로, 여러 나라와 교섭하고 타협하는 외교적 DNA가 충분히 축적되어 있지 못했다. 따라서 냉전 체제가 완전히 붕괴하기 직전 실시한 북방정책은 우리나라가 본격적으로 '제대로 된 외교'를 경험하는 출발점이었다고 표현해도 그리 과하지 않을 것이다.

미국이 물밑에서 다리를 놔주지 않았다면 소련과 첫 만남마저 쉽지 않았을 것이다. 최초 한소정상회담을 치른 장소 또한 모스크바도 서울도 중립적 제3국도 아닌 미국 샌프란시스코였다. 당시 상황을 조금 더 자세히 소개하자면, 한소정상회담을 한다고 우리나라 대통령이 미국에 가긴 갔는데, 현지 호텔에 도착하고 나서도 소련 대통령을 대체 만날 수나 있을지, 우리는 아무것도 확답받지 못한 채 무작정 미국행 비행기에 올랐다. 어느 찻집에 언제쯤 가면 누가 있을 것이라는 말만 듣고 상대방과 제대로 약속조차 하지 않은 채 불쑥 찾아간 격이다. 당시 우리의 국제적 지위가 그랬고, 북방정책이라는 국가적 프로젝트의 성격 자체가 그랬다.

소련 측은 회담 전날에야 정확한 시간과 장소를 (그것도 미국을 통해) 알려줬다. 작은 에피소드지만 회담장으로 올라가는 엘리베이터에 우리 대통령이 단독으로 탑승하지 못하고 소련 비밀경찰과 미국 안전요원들이 가득 찬 틈새에 납작하게 끼인 모양으로 이동했다. 우리는 '역사적' 회담을 진행한다고 자료를 잔뜩 준비해서 갔는데, 소련 측은 서류 한 장 없이 연필 한 자루만 달랑 들고 회담장에 들어왔다. 양측 대표단이 인사할 때 내가 경제 참모라고 소개하자 소련 대통령 고르바쵸프가 내 손에 든 서류 봉투를 가리키며 "이게 왜 이렇게 얇습니까?"라고 농담을 던졌던 기억이 생생하다. 당시 소련은 우리에게 경제적 지원을 받을 생각만 가득했던 것이다. 우리나라 경제가 그나마 어느 정도 성장했으니 그때 그렇게 소련도 만나고 외교적 성과를 쌓을 수 있었던 것이지, 그렇지 않았다면 북방정책 같은 것도 세계지도 위 망상에 불과했을 터이다. 힘없고 가난한 나라에게 외교는 없다.

한중수교를 추진할 때도 한소수교와 비슷했다. 사회주의 국가와 수교 관계를 맺으려면 공산당 내부에서 지위가 최대한 높은 사람을 만날수록 성공에 가까워지는데, 당시 중국 지도자 덩샤오핑鄧小平을 만날 방법이 도무지 생겨나지 않았다. 외교라인을 총동원해 온갖 사람이 중매쟁이처럼 나섰지만 소용없었다. 그렇게 허비한 비용과 노력만 상당하다. 대통령 친서도 여러 장 써줬던 것으로 기억한다.

1990년 8월 소련과 경협 협상을 마치고 귀국했더니 대통령 비서실장이 갑자기 나를 불렀다. 다시 해외 출장 채비를 갖추라는 것이다. 지금 막 소련에서 도착했는데 어딜 또 가라는 것이냐고 물었더니 중국이었다. 가족에게도 행선지를 알리지 않고 수행원 한 명만 대동한 채 일본을 거쳐 중국 베이징공항에 도착했다. 그저 호텔에 대기하는 수밖에 없었다. 누구를 어떻게 만날 것이라는 일정 자체를 중국 측이 가르쳐주지 않았다.

당시 나는 덩샤오핑 아들이 초청하는 형태로 방문했으니 덩을 만날 수 있을 것이라 기대했다. 실제로 만난 사람은 보이보薄

一波였다. 그즈음 우리는 중국 내부 권력구조에 대한 정보가 너무 없어 솔직히 나는 보이보가 누군지도 몰랐다. 중국을 이끄는 8대 핵심 원로 가운데 한 명이라는 사실을 나중에 알았다. 그를 만나자마자 한중수교 의사를 타진했다. 돌아온 대답은 "지금 당신 나라가 하는 행위를 보면 베이징 하늘에 시키면 구름이 몰려오고 천둥 번개가 요란한데 비는 한 방울도 떨어지지 않는 것과 같다"는 말이었다.

거칠게 해석하자면 요란스럽게 떠들지 말고 조용히 기다리라는 말이다. "당신들이 자꾸 찾아와 북한과 멀어지고 남한과 가까워지라고 하는데 북한과 우리 중국은 당신들이 생각하는 것처럼 간단한 관계가 아니다"라고 잘라 말했다. 중국과 수교는 북방정책의 맨 마지막에야 이룰 수 있었다.

'나는 다를 것'이라는 망상이 실패 원인

내 회고록에도 이미 소개한 이야기들을 다시 반복하는 이유는 역시 국제관계는 냉정한 현실에 뿌리를 두고 있다는 사실을 거듭 강조하기 위해서다. 이런 건 이론적 설명만으로는 불가하다. 직접 겪어봐야 깨닫는다.

물론 지금 우리나라의 국제적 지위는 그때와 많이 달라졌다.

이제는 세계 10위권 안에 들어가는 경제 강국이다. 하지만 이 대목을 돌아보자. 지금 우리는 스스로 '선진국'이라고 하지만, 거기에는 늘 '경제'라는 단서가 붙는다. '경제 강국'이라고 말이다. 종합적인 국력으로 우리나라가 세계 10위권 안에 들어간다고 자신있게 말할 수 있을까? 아직 많은 사람들이 회의적이다. 물론 지나친 비하도 좋지 않지만, 지나친 자긍심 또한 금물이다.

특정한 정치인이 대통령이 되었다는 것은 정치인으로서 올라갈 수 있는 최상의 직위에 올랐다는 뜻이다. 그럼에도 대통령은 또 욕심을 부린다. 성공한 대통령, 역사에 길이 남는 대통령이 되려고 한다. 물론 성공한 대통령이 되겠다는 다짐은 좋은 일이다. 하지만 '역사'에 남으려다 자칫 과욕으로 흐른다.

성공한 대통령이 되려면 경제에서 성과를 남기거나 정치에 업적을 세우거나 문화적 소양이 넘치거나, 어쨌든 특정 분야에 독보적 능력을 보여줘야 하는데 일반적인 대통령들은 그럴만한 자신이 없다. 그러나 우리나라에는 다른 나라에는 없는 남다른 미개척(?) 분야가 하나 있다. 전문성이 없는 사람이라도 한번 도전해볼 만하다고 용기를 갖는 분야다. 바로 '통일 대통령'이 되는 것이다. 남북이 통일되는 순간 대통령, 혹은 남북통일을 이루는 대통령으로 역사에 남고 싶은 야망을 갖는다. 그러나, 냉정하게 이야기하자면, 다른 분야에서 업적을 세울 자신이 없으니 통일이라도(?) 해보려는 것 아닐까 하는 의문을 갖는다. 자기딴에는 통일이 쉬워 보이는 것이다.

기대를 무너뜨려 미안하지만, 통일이나 외교 분야에서 우리가 할 수 있는 일이란 생각보다 많지 않다. 업적을 남기려다 오히려 실패를 자초한다. 세상 모든 실패는 욕심에서 비롯한다.

통일도 크게 보아 외교 영역에 속하는데, 지도자들이 가장 망상에 빠질 수 있는 분야가 바로 외교 분야다. 협상 테이블에 앉아 대화로 풀면 되는데 뭘 그리 어려울 것이 있느냐고 손쉽게 단정한다. 자신은 토론을 아주 잘하는 사람이라고 착각하며 살아가는 정치인도 적잖다.

세상일이 그렇게 쉬웠으면 누군들 못 풀었겠나. 특별한 능력이 없는 대통령일수록 이런 망상에 쉽게 빠진다. 잘만 하면 대박이 날 수 있다는 노다지의 꿈을 안고 통일과 외교를 대한다. 박근혜의 '통일 대박'론은 그래서 나오게 되었다. 문재인도 크게 다를 바 없어 보인다.

간단히 이야기해 통일은 우리 의지로 어떻게 할 수 있는 사안이 아니다. 궁극적으로 남북관계는 북한이 변해야 관계의 변화에 실마리가 생겨날 수 있는데, 북한이 변한다는 것은 북한 체제가 무너지는 것을 의미한다. 북한 정권 스스로 그것을 잘 안다. 그래서 1990년대에 우리가 북방정책을 실시할 때에도 그들은 맞대응하며 따라오지 못했다. 북한이 서방과 외교관계를 수립하려면 그동안 쌓은 폐쇄적인 장벽을 낮추거나 무너뜨려야 하는데, 그러면 체제가 무너진다는 사실을 너무도 잘 아는 것이다.

결국 우리의 선택은 하나다. 북한이 변화하기를 기다리는 수밖에 없다. 북한이 변하도록 우리가 내외부적인 접근을 시도할 수도 있겠지만, 북한은 우리 의도를 잘 알기 때문에 일정한 선 이상을 결코 넘어오지 않는다.

조급한 마음에 북한 입장에 최대한 맞춰주는 방법도 있다. 그렇다면 그것은 북한의 독재 권력을 엄호하는 결과가 되는데, 그런 행위가 지나치면 북한뿐 아니라 우리마저 국제적으로 고립되는 결과를 낳는다. 독재정권이 유지될 수 있도록 보장해준다는 것 자체가 윤리적으로도 맞지 않는다.

가장 위험한 선택이 이른바 '게임 체인저'가 되겠다고 나서는 일이다. 현 상황을 우리가 타개할 수 있다고 믿는 것이다. 문재인 정부가 꼭 그랬다. 그 일이 그렇게 쉬웠다면 누군들 못했겠나. 쉽지 않아도 나서야 할 일이라면 나서야겠지만, 구조적으로 결코 풀 수 없는 논리모순의 문제를 풀겠다고 덤비는 격이다. 그러다 북한에게 실컷 이용만 당하고 뒤통수를 맞았던 것이 민주당 계열 정부에서 반복된 대북정책이었다. 그 정도쯤 겪었으면 깨달아야 할 것 아닌가. 이 부분에서도 '나는 다를 것'이라는 망상이 실패의 원인이다. 대통령의 실패는 어떤 분야든 궤를 같이 한다. '나(우리)는 당신들과 다르다'는 자만과 허위에서 출발하는 것이다. "나는 다르지 않다. 똑같은 수준의 대통령일 따름이다. 기존 대통령과 기존 집권세력이 그리 우매한 세력이었던 것도 아니다." 차라리 이런 생각을 지녀야 한다.

가만히 내려둔다고 현상을 유지하는 데 큰 문제가 발생하지 않는 일은 무릇 그대로 내버려두고 시간의 순리에 맡기는 것이 상책일 경우가 있다. 남북관계가 그렇다.

평화 내세우는 정부에 대북 도발 더 많다

투 트랙으로 가는 수밖에 없다. 북한이 현상을 뛰어넘는 국제질서 교란행위를 하지 않을 정도로 제어하는 한편으로—사실 이 분야에 있어서도 우리가 할 수 있는 역할은 별로 없다—만일의 도발에 대비해 우리의 안보 태세를 튼튼히 하는 것이다. 그리고 역시 '기다리는' 수밖에 없다.

우리나라 민주당 계열 정부가 개발한 용어 가운데 하나가 이른바 '평화유지비용'이라는 용어다. 평화를 유지하기 위해서는 비용이 든다는 뜻이다. 그런데 그들은 이것을 '안보 태세를 튼튼히 한다'는 뜻으로 사용하지 않는다. 북한에 이른바 퍼주는 것을 평화유지 비용이라고 말한다. 그리하여 북한이 조용히 있을 수 있다면 그 정도 비용이야 아깝지 않은 것 아니냐고 강변한다. 일견 일리 있어 보이지만 그것이 오용되어 나라를 망치는 것이다. 영국의 체임벌린이 히틀러가 전쟁을 도발할 가능성이 없다고 섣불리 단정하여 돈으로 평화를 사는 방식을 선택했다가 맞이한 역사적 결과는 무엇인가.

2020년 6월 16일 북한은 판문점에 위치한 남북공동연락사무소를 폭파해버렸다. 2018년 남북고위급회담 합의에 따라 우리가 건설 비용을 전액 지원하여 설립한 건물인데, 동의도 없이, 백주대낮에, 다이너마이트로 폭파한 것이다. 연락사무소는 수교 관계가 수립되어 있지 않은 국가 사이에 대사관에 준하는 지위를 갖는다. 그러니까 일국의 대사관을 폭파해버린 셈이다. 정상적인 판단 능력을 갖는 정권이라면 있을 수 없는 일이고, 북한이 우리 정부를 내심 어떻게 생각하고 있는지 알 수 있는 대목이다. 북한의 이런 행태를 한두 번 본 것이 아니지만, 이른바 평화유지비용을 고집하는 정부에서 유독 이런 일이 잦다. 왜 그럴까? 그런 비용이 다 의미가 없는 것이다.

그런 일이 발생하고 나서 모습을 또 보자. 정책이 실패한 것이다. 정책이 실패했으면 대통령이 뒤늦게라도 국민에게 해명하거나 사과해야 하는데, 문재인은 이에 대해 아무런 반응이 없다. 마치 남의 나라에서 발생한 일처럼 대한다. 국민의 안위를 책임져야 할 지도자로서 대단히 무책임하고 불성실한 태도다.

이런 부분은 감추고 민주당 정부는 '과거 정부에서는 더 많은 냉전 비용이 들었다'는 식의 황당한 변명을 한다. 북한 문제에 원칙적인 정부가 들어섰다고 전쟁 위협이 더욱 고조되거나 하지 않았다. 이제는 우리나라에 어느 정부가 들어서든 북한의 도발은 거의 상수가 되었다. 어떤 대북정책을 취해도 결과는 거의 비슷한 수준으로 나오는 것이다. 굳이 민주당식 평화를 고집할 필요가 없는 이유다.

뭔가 그럴듯한 역사적 업적을 남기고 싶겠지만, 그런 생각부터 버려야 한다.

중국은 미국을 대체할 수 없다

허언을 즐기는 사람들은 이렇게 말한다. 우리가 국제질서를 바꾸고, 미국과 중국 그리고 북한 사이에서 중개자 역할을 할 수 있을 것처럼 말한다. 허황된 꿈을 버려야 한다.

기본적으로 우리는 한미동맹이라는 현상의 틀을 벗어날 수 없다. 한미동맹의 출발이자 요체는 군사적 동맹이고, 자유민주주의 질서를 함께 추구한다는 진영 의식이 동반한다. 그러는 한편으로 우리는 동아시아 대륙의 절반 이상 면적을 차지하는 중국이라는 나라의 동북쪽 끝에 위치한 반도 국가다. 교역량의 1/4을 중국에 의지한다. 2000년대 이래로 중국은 줄곧 우리의 제1 무역상대국이다. 그런 가운데 친미냐 친중이냐 하는 질문이 요즘 많은데, 극단적으로 무엇 하나를 고르라는 질문 자체가 잘못되었지만, 굳이 고른다면 친미 쪽이 분명한 선택이다. 지금껏 우리는 그렇게 생존하며 발전하였고, 앞으로도 극적인 패러다임 변화가 있지 않는 이상 그렇게 현상을 유지하는 것이 현명하다. 다만 중국과 지리적, 현실적 관계가 있기 때문에 지나치게 중국을 자극하지 않는 것도 중요한데, 그렇더라도 한중관계는 결코 한미동맹 이상을 넘어설 수 없다. 우리에게 미국을 중국으로 대체하는 일이 가능하다고 믿는 생각 자체가 역사와 현실의 배경을 전혀 이해하지 못하는 태도다. 나아가 우리 앞가림도 제대로 하지 못하는 상황에 미국과 중국 사이에서 그 무슨 중재자 역할을 하겠다는 것은 허언이나 망상을 넘어 국민을 기만하는 행위다. 지도자는 현실을 있는 그대로 바라보고 말해야 한다.

내가 평소 즐겨 사용하는 말이고, 회고록에서도 프롤로그를 통해 말했는데, 무릇 지도자는 '신의 발자국 소리'에 귀를 기울일줄 알아야 한다. 독일 통일을 이룩한 재상 비스마르크가 했던 말이다. "신의 발자국 소리에 귀를 기울이고 있다가 그가 지나갈 적에 기회를 놓치지 않고 외투자락을 잡아채는 것이 정치인의 책무"라고 했다.

통일은 기다리는 일이다. 그렇다고 하염없이 기다리라는 말은 아니다. 언젠가 '신의 발자국 소리'가 들릴 텐데, 그때를 놓치지 않고 재빨리 잡아채는 것이 대통령의 책무다. 나는 그것이 도리어 걱정된다.

역대 모든 대통령이 통일의 순간이 다가오면 바로 낚아챌 것처럼 말했는데, 실제로 그런 상황이 닥치면 과연 결단을 내릴수 있을까 걱정한다. 예를 들어 문재인을 보면 세계적 감염병유행이 분명한 상황에서도 헌법적 권한과 정치적 창의성을 충분히 발휘하지 않고, 자영업자들이 비명을 지르는 긴박한 상황에서도 '입법 절차' 같은 것을 운운하며 책임을 미루기에 급급했다. 한반도 급변 상황이 닥친다면 그런 지도자는 어떻게 행동할까? '헌법에 어떻게 명시하고 있나?' '국제 규약은 어떤가?'하면서 시간을 허비하지 않을까? 지금 말은 거창하게 하지만막상 그런 상황에 부딪히면 안절부절못할 것이다. 뒤이은 다른모든 대통령도 마찬가지다.

절차가 필요한 일에는 절차를 따르지 않다가 정작 결단이 필요한 일에는 결단을 내리지 않는 것이 우유부단하고 언사만 화려한 지도자의 특징이다. 부디 다음 대통령은 결단을 주저하지 않았으면 한다. 결단은 현실을 정확히 인식하는 것으로부터 시

작한다. 대체로 현실 인식 자체가 잘못된 것으로부터 대통령의
실패는 비롯됐다.

에필로그

대통령 제도하 마지막 대통령을 바란다

1.

막스 베버는 정치인의 자질을 세 가지로 꼽았다. 열정, 책임, 그리고 균형감각. 막스 베버 저작 '직업(소명)으로서의 정치 Politik als Beruf'에 등장하는 말인데, 여기서 '균형감각'은 독일어 원문으로 아우겐마스augenmaß에 해당한다.

그런데 이 아우겐마스를 균형감각이라 번역하면 의미를 완전히 전달했다고 말하기 어렵다. 아우겐마스에는 판단 능력이나 지혜 같은 의미가 복합적으로 담겨 있기 때문이다. 의역하자면 '안목' 혹은 '통찰력'에 가깝다. 사물과 현상의 본질을 궤뚫어 보는 능력 말이다. 본질을 제대로 파악하면서, 어느 한쪽으로 치우치지 않는다는 뜻을 동시에 담고 있다. 어떤 상황에서도 흔들리지 않는 굳건함의 의미 또한 포함한다. 꽤 괜찮은 개념어다.

개인적으로 '정치인의 자질'을 꼽으라면, 막스 베버가 말한 것에 '정직성'을 더하고 싶다. 특히 대통령의 자격으로 나는 '정직성'을 최우선으로 꼽는다. 내가 말하는 정직이란 영어로 인테그리티integrity에 해당하는데, '인테그리티하다'는 표현 또한 '정직하다'는 번역으로는 의미를 온전히 담지 못한다. 인테그리티는 단순히 '솔직하다'는 뜻을 넘어 말과 행동의 일치, 겸손, 일관성 등을 포함하기 때문이다. 일관성 있고 솔직한 정치인을 찾기 어렵다. 역사와 국민 앞에 겸손하고 솔직한 대통령이 드물다.

2.

역대 우리나라 대통령이 불행하고 실패했던 이유는 무엇보다 솔직하지 않았기 때문이다.

초대 대통령 이승만은 건국의 아버지로서 자신의 역할을 훌륭히 소화했다. 그가 역사 앞에 몸을 맞추고 국민 앞에 솔직한 사람이었다면 대한민국 정부를 수립하였다는 공로 정도에 만족하고 자리를 내놓아야 마땅했다. 그것이 개인적으로도 영광스럽게 역사에 남는 길이었고, 초대 대통령으로서 후대 대통령에게 남기는 귀감의 열쇠이기도 했다. 탐욕이 역사를 망쳤다. 그뒤로 다른 대통령도 하나 같이 권력을 탐하고 정직하게 않게 행동하다가 스스로 무너졌다.

이승만과 박정희는 재선만 하고 그만했으면 어느 정도 양해를 받을 수 있었을 텐데, 그 약속마저 지키지 않고 3선 4선을 거듭하려다 쓸쓸한 최후를 맞았다. 전두환과 노태우는 '새로운 나라'를 만들겠다 선언했고 그것을 지켰다면 어느 정도 양해를 구할 수도 있었을 텐데, 그 약속마저 제대로 지키지 못하고 국민의 신임을 잃었다. 보통 사람의 시대를 열어가겠다, 신한국을 건설하겠다, 제2의 건국을 하겠다…… 대통령의 숱한 약속에 국민은 지쳤다. 서민 대통령이라고 해서 믿고 뽑았더니 실망했고, 경제 대통령이라고 해서 믿고 뽑았더니 또 실망했다.

경제민주화를 하겠다고 해서 뽑았더니 당선과 동시에 그 약속을 버렸고, "기회는 평등하고, 과정은 공정할 것이며, 결과는 정의로울 것"이라고 하더니 평등도 공정도 정의도 없었다. 다들 말만 번드르르했다. 자신의 말이 아니라 누군가 써준 글을 아무런 생각 없이 그냥 읽기만 했기 때문이다. 차라리 연기라도 잘하면 모르겠는데 뒤죽박죽 엉망으로 국정을 헝클어 놓다가 후임 대통령에게 폭탄을 넘기고 또 넘기고 있는 것이 최근 우리나라 대통령의 역사다. 국가적으로 언제 터질지 모르는 뇌관을 여럿 껴안고 있다.

3.

우리나라는 3권분립이라 하지만 구조적으로는 4권이 형성
되어 있다. 대통령이 행정부 수반이라 하지만, 행정부는 물론
이고, 현실적으로는 입법부, 사법부의 꼭대기에 군림하고 있다.
'권력 위의 권력', 어떤 헌법기관으로부터도 제대로 통제받지
않는 무소불위 권력이다.

어쩌면 일개인이라 말할 수 있는 독립적 인격체 한 명에게 그
런 엄청난 권한을 줬다는 사실 자체가 본질상 반反민주적이다.
사실상 왕을 두고 있는 셈이다. 아무리 탄핵소추라는 제도가 있
다지만 일종의 정치적 도박에 가깝다. 그렇게 아슬아슬하고 위
태로운 제도를 우리는 70년 넘게 유지하고 있다. 털털거리는
엔진을 고치고 또 고치면서 (아니, 수리조차 하지 않은 채) 고속도로
를 질주하는 것이다. 또 언제 어떻게 대형 사고가 일어날지 모
른다.

대통령 혼자 그 많은 일을 할 수 없다. 그래서 '비서실'이라고
부르는, 어쩌면 초헌법적이라고 말할 수 있는 기구가 생겨났다.
물론 대통령비서실은 법률에 의해 설치 운영되고 있지만 그 어
떤 헌법기구보다 막강한 힘을 발휘한다. 과거에도 비서실은 있
었지만 가면 갈수록 대통령비서실은 비대해지는 중이다. 왜 그
러는 걸까? 모든 대통령이 겉으로는 분권, 참여, 위임 같은 용

어를 그럴듯하게 사용하지만 '대통령 권력'이 강해지는 본질은 내용상 더욱 심화하고 있다는 증거다. 대통령제 중에서도 최악의 대통령제로 치닫고 있다.

3권 위에 군림하는 '대통령권'이 그리 막강한 줄 알기 때문에 장관보다 차라리 청와대 말단 행정관 자리가 더 낫다고 생각하면서 거기에 기를 쓰고 들어가려 애쓴다. 최근 몇 년간 유독 도드라진 현상이다. 이게 과연 정상적인 국가의 풍경인가? 민주주의 국가라면 있을 수 없는 일이다.

4.

어떤 대통령이든 자신이 대통령이 되면 권력을 나누겠다고 말한다. '책임 총리제' 등을 운운한다. 한 번도 지켜진 적 없다. 사람들이 '인테그리티'하지 못하기 때문이다. 당면해 불리한 상황을 순간적으로 모면해보려고, 표를 얻으려고, 화려한 언술로 국민을 유혹하는 것뿐이다.

승자독식의 대통령제는 양당 구조를 고착하게 만든다. 베팅을 할 때 50:50의 확률이 낫지 33:33:33 구도에 기대려는 사람은 없다. 우리나라에 이른바 제3당이 생길 수 없는 이유가 그렇다. 잠시 3당이 생기더라도 단일화를 통해 곧 양당 구도로 수렴

된다. 어쩔 수 없는 게임의 법칙이다. 제도 자체가 다양성을 거세하는 것이다.

따라서, 승자독식 대통령제 하에서, 양당 가운데 한 정당의 대통령 후보가 되었다는 것은 승률을 절반쯤 쥐고 있다는 말이 된다. 스스로 '1/2 대통령'이 되었다고 생각한다. 권력의 부나비들은 그때부터 기를 쓰고 후보를 엄호한다. 절반쯤 청와대 권력에 다가갔기 때문이다. 그들은 승리보다 '자기 일자리job'가 우선이다. 이기든 지든 어차피 절반의 승률이고, 내가 청와대에 들어갈 수 있으냐 없느냐, 그것을 가장 중요하게 생각한다. 선거 승리보다 권력투쟁을 우선하는 이유가 그것 때문이다.

나는 민주화 이후 많은 대통령을 겪어봤다. 대통령 출마를 결심하기 전부터, 출마를 결심하고, 당내 경선에 이름을 올리고, 경선을 통과하고, 후보가 되고, 당선인이 되고, 대통령이 되고…… 그런 제반의 과정을 보고 겪었다. 거기서 발견한 사실이 있다. 분명 똑같은 인물인데, 과정마다 사람이 달라진다. 경선 때 사람이 다르고, 후보 때 사람이 다르고, 당선인 때 다르고, 대통령에 취임했을 때 또 다르다. 시간이 갈수록 인의 장막에 둘러싸이면서 사람이 이상하게 변한다. 말의 억양이 달라진다. 약속이 변한다. 어제 했던 말과 오늘 하는 말이 다른 사람도 있다.

대통령이 각고의 노력을 해야 할 부분은 그것이다. 자신이 일관성을 갖고 있는 사람인지, 스스로 정직integrity한 방향으로 나아가고 있는지, 끊임없이 돌아봐야 한다. 앞에서 수차례 강조한 바 있지만 측근일수록 의심하고 또 의심해야 한다. 측근일수록 더욱 멀리해야 한다. '측근'이라는 존재 자체를 아예 만들지 않는 것이 좋다.

겪어보니 대통령 혹은 대통령 후보의 일관성을 흩트리고 사리분별력을 흐리게 하며 공로를 무너뜨리는 것은 대부분 지도자 개인의 성정性情에서 비롯된 문제가 아니었다. 측근에서 발생한 일이었다. 개인으로서 대통령은 다들 나름대로 똑똑하고 착실했다. 물론 그렇게 측근을 제대로 관리하지 못한 것이 대통령의 오롯한 책임이고 문제다.

5.

정직하다는 것은 '상황인식을 제대로 한다'는 뜻이기도 하다. 객관적 상황은 분명히 위기를 가리키고 있는데 "그럴 리 없다"고 하는 것은 지도자로서 정직하지 못한 태도다. 자기가 보고 싶은 것만 보고, 듣고 싶은 것만 들으면서 현실을 인정하지 않는 태도 역시 현실 앞에 정직하지 못한 자세다.

국가적 위기 상황을 제대로 인식하고 대통령으로서 적절한 책임을 대하는 것도 물론 정직한 태도다. 한편, 권력 내부의 위기 상황을 제대로 파악하고 대처하는 것도 대통령으로서 분명히 갖춰야 할 정직한 자세다.

　대체로 많은 대통령이 측근의 문제를 보고받으면 그것을 모함으로 받아들인다. 후보나 당선인 시절에도 그렇다. 대통령에게 집중된 권력이 워낙 크다 보니 권력 내부의 모함이나 질시 같은 행위가 대단히 많긴 하다. 그렇더라도 그것을 가려 보고 가려 들을 줄 아는 것도 대통령의 중요한 자질 가운데 하나다. 안목과 통찰력 말이다. 하지만 어느 순간, 혹은 어떤 특정한 집단에 의해, 그런 이성적 판단의 끈을 놓아버린다. 그때부터 대통령이 불행해지는 것이다. 후보 시절부터 그러한 대통령이 많다.

　6.

　개인에게 너무 많은 기대를 걸어놓고 있는 이 제도의 모순이 근본적으로 바뀌기를 바라는 마음이 간절하다.

　대통령이 아니라 '대통령 너머'를 진지하게 고민할 때다. 보기 싫거나 듣기 싫다고 이 논의를 회피해서는 안된다. 나는 우리 국민이 언제나 현명한 국민이라고 믿는다. 일시적 판단의 잘못도 있었지만, 역사의 굴곡마다 우리 국민은 대체로 올바른 판단을 해왔고, 그런 국민이 있었기에 오늘날 이만큼 발전한 대한민국이 탄생할 수 있었다. 우리 국민은 교육열도 높고, 대학 진학률을 비롯한 교육 수준도 세계적으로 높다. 한편으로 우리 국민은 착하고 순응하는 국민이다. 많은 것을 너그럽게 이해하고 감싸 안으려 한다. 그래서 대통령중심제의 문제와 모순이 몇 번이나 반복되는 와중에도 '사람을 교체해 고칠 수 있다'는 낙관주의 비슷한 심정으로 이 제도를 유지하는 것 아닐까 싶다. 이제는 권력구조 자체를 바꾸어야 할 때가 되었다.

선한 권력은 선하게 작동할 것이라는 환상을 버려야 한다. 절대 권력은 절대적으로 부패하기 마련이고, 절대 권력은 국민의 힘으로만 바꿀 수 있다.

민주화 이후 많은 대통령이 개헌을 약속했지만 매번 시늉만 하다 끝났다. 다들 정직하지 못한 사람들이었기 때문이다. 한번 잡은 권력을 놓기 싫었던 것이다. 내각책임제를 실시하겠다는 각서같은 것도 정치인들이 정직하지 못하기 때문에 서로가 서로를 속이는 배신 행위로 끝났다. 이제는 정치인들의 밀실 야합이 아니라 국민이 적극적으로 권력구조 개편을 요구해야 한다. 이런 대통령제는 제발 끝내자고 말이다. 최악 중에 최악인 사람들끼리 경쟁하는 대통령 선거도 이젠 끝내자고 말이다.

권력구조가 달라지더라도 대통령이라는 자리는 남을 것이
다. 모쪼록 다음 대통령은 대통령중심제 하에서 마지막 대통령
이 되기를 바란다. 현명한 국민이 역사의 정도正道를 선택하리
라 믿는다. 적자생존, 승자독식의 낡은 시대는 이제 그만 역사
의 뒤안길로 보내줘야 하지 않겠나.

KI신서 10100

왜 대통령은 실패하는가

1판 1쇄 발행 2022년 1월 28일
1판 2쇄 발행 2022년 2월 4일

지은이 김종인
펴낸이 김영곤
펴낸곳 (주)북이십일 21세기북스

TF팀 이사 신승철
TF팀 이종배
출판마케팅영업본부장 민안기
마케팅1팀 배상현 한경화 김신우 이보라
출판영업팀 김수현 이광호 최명열
제작팀 이영민 권경민
진행·디자인 다함미디어 | 함성주 홍영미 유혜진 유예지

출판등록 2000년 5월 6일 제406-2003-061호
주소 (10881) 경기도 파주시 회동길 201(문발동)
대표전화 031-955-2100 **팩스** 031-955-2151 **이메일** book21@book21.co.kr

© 김종인, 2022
ISBN 978-89-509-9931-5 03340

(주)북이십일 경계를 허무는 콘텐츠 리더

21세기북스 채널에서 도서 정보와 다양한 영상자료, 이벤트를 만나세요!
페이스북 facebook.com/jiinpill21 포스트 post.naver.com/21c_editors
인스타그램 instagram.com/jiinpill21 홈페이지 www.book21.com
유튜브 youtube.com/book21pub